Christoph Dieckmann
Time is on my side

Christoph Dieckmann

Time is on my side

Ein deutsches Heimatbuch

Ch. Links Verlag
Berlin

Meinen langsamen Lesern, und meinen ZEIT-Kollegen (vor allem Margrit Gerste) für einen Journalismus der Geduld.

Die Deutsche Bibliothek – CIP-Einheitsaufnahme

Dieckmann, Christoph:
Time is on my side : Ein deutsches Heimatbuch /
Christoph Dieckmann. –
1. Aufl. – Berlin : Links, 1995
ISBN 3-86153-093-7

1. Auflage, September 1995
© Christoph Links Verlag – LinksDruck GmbH
Zehdenicker Straße 1, 10119 Berlin, Telefon: (030) 449 00 21
Reihenentwurf: TriDesign, Berlin
Titelfoto: Halberstädter Dom (Privatarchiv Christoph Dieckmann)
Satz: LVD GmbH, Berlin
Schrift: New Century Schoolbook
Druck- und Bindearbeiten: Wagner GmbH, Nördlingen
ISBN: 3-86153-093-7

Inhaltsverzeichnis

Die Taten des treuen Heinrich
Eine Ermannung   7

Das alte Nest im Kopf
Wolf Biermann will seine Ostberliner Wohnung
zurück – oder auch nicht   83

Eine Liebe im Osten
Der FC Carl Zeiss Jena unterwegs zum Glück   87

Das dreißigste Jahr
Jenas letzte Reise   95

Holetschek oder Die Kunst der Heimat
Jena besiegt den Tod   103

Der Bundesadler auf dem Broiler-Grill
Das zweite Länderspiel DDR–BRD   110

Der Schnee von gestern
Ostalgie   115

Weil der Trabi uns gehört
Ein Manifest der DDR-Identität   123

Das Salz der Erde und der Markt (I)
Der Tod von Bischofferode   125

Das Salz der Erde und der Markt (II)   130

Meines Kanzlers Land
Fünf Jahre Freiheit   134

Die Mühen am Harz
Halberstadt baut endlich auf   141

Dresden klagt nicht an
Zum 13. Februar 1995   150

Unsere liebe Stadt
Skins, Nazis und Vertriebene besuchen Rudolstadt   159

Die Welt im Heim
Rudolstadt erliegt dem Völkersturm   168

Ein Aufstand alter Männer

Rory Gallagher: Bullfrog Blues   173

Michael Hurley: Die Erscheinung des Wolfes   176

J. J. Cale: Der Schweiger von Oklahoma   180

David Munyon: Der Sohn des Salomo   184

Der Garten Eden
Woodstock II: D-Day des Rock'n'Roll   190

Time is on my side   198

Quellenverzeichnis   209

Die Taten des treuen Heinrich

Eine Ermannung

*Frühe Jugend muß hoffen, wo käme sie sonst hin. Auch ist
für jede Gegenwart die Zukunft offen; sie muß es sein. Ob
sie es ist, philosophisch gesehen, hängt von den Launen des
Philosophen ab und hat für das Handeln keine Bedeutung.*

(Golo Mann)

1

Du aber warst nicht tot. Du lagst nicht am Grunde des At-
lantik, die Lungen geflutet, Fischfraß, Muscheln in den
Augen und Quallen im Hirn. So moderte in seinem Wrack
Sir Francis, Englands Schwein zur See. Im Herzen unterm
Rotrock rosteten zwei Spannen Stahl, um die der Degen
seines Töters fortan kürzer war.

Zehntausend Fuß über Sir Francis' Häupten segelte der
Degen. Er stak an deiner Seite, wie du, die Hände auf dem
Rücken, gefällig über Deck spaziertest. Die Brigg nahm
gute Fahrt. Passatwinde hatten die Segel gebläht. Wir
können's heute noch schaffen, Kapitän! rief der Steuer-
mann herüber. Du hobst die Hand zu Gruß und Dank.
Gischt spülte die Stiefel, salzte die Haut und netzte dir den
roten roten Kopfverband. DuBoise, der erste Offizier, nahm
dich beim Arm: Robert, ich weiß, an wen du denkst. Du
nicktest und wischtest dir verstohlen übers Aug', daß niemand sähe, wie die Pupille Robert Surcoufs, Korsar Seiner
Majestät des Königs von Frankreich, eine Träne gebar.
Da schrie's vom Ausguck: Land! Wahrhaftig, Cap Fréhel
schimmerte im Abendlicht, die Bernsteinküste, Heimat,
Marie-Catherine ... Links glomm die Felsenburg des Kleinen Bé vorbei, vorn leuchteten die Mauern von Saint-Malo.
Die Kathedrale ragte auf. Draußen aber, auf der Mole,
tanzte alles Volk, jauchzte Willkommen und sang:

Freund, reih dich ein,
daß vom Hunger wir die Stadt befrein!
Über Gräben, die des Krieges Hader schuf
springt der Ruf:
Surcouf! Surcouf!

Und sie entluden den »Höllenhund von Saint-Malo«, verteilten die Säcke mit Korn und Mehl und speisten die darbende Stadt, die, seit England sie blockierte, nur von Luft und Liebe hatte leben müssen. In leichten Fesseln, mit gesenktem Haupt trotteten die Briten von Bord, geschmäht vom Mob, doch du sahst zu, daß den Gefangenen kein Leids geschah. Schon trug dich die Masse brausend durch die Stadt, an deinem Denkmal, deinem Grab vorbei. Da sahst du Marie-Catherine am Wege stehn. Du hobst den Arm: Die Menge stand und schwieg. Du sankst ins Knie, zogst den Degen, legtest ihn zu Füßen und sprachst: Verzeih mir, wenn du kannst. Verzeih, Marie-Catherine. – Verzeihen? Was, Robert? so frug sie sanft und strich dir übers blutumwundne Haupt. Du wußtest selber nicht, was zu verzeihen wäre, doch Vergebung wollen ist ein köstlich Ding und braucht, sehr groß zu werden, Sünde. So sagtest du (denn Frauen lieben keineswegs den ungesündigten Mann): Frag nicht, Marie-Catherine. Ich rede später, vielleicht, falls eines fernen Tags ein Herz den Kopf mir von der Seele wälzen kann. Da hob Marie-Catherine dich auf, sank ihrerseits dir an die Brust und wisperte: Ich will dein treues Weib sein, hörst du wohl? Und rüttelte dir sanft die Schulter.

Ja Mutti, sagte der Korsar, erwachte und mußte zur Schule. Es war auch besser so, da er für Marie-Catherine, offen gesagt, jenseits nautischer Sehnsucht kaum Verwendung wußte. Bis zur Vergebungsszene aber lief es wunderbar. Er träumte sie alle Nächte, vielfach variiert bis hinein ins Nibelungenhafte. Der Vorlagenspender hieß Gerard Barray und prägte in den sechziger Jahren den sogenannten Mantel-Degen-Film wie heute Michael Douglas Hollywood. Nichts Filmisches ist jemals wieder auch nur in die Nähe jener französisch-italienischen Schöpfungen gelangt, die damals das DDR-Landkino dominierten. Pirat und Musketier zu werden bedurfte es einer Barschaft von fünfzig Pfennigen – nicht immer vorhanden, aber selbst am Samstagnachmittag noch zu verdienen, falls in der Dorfkirche eine Hochzeit anstand. Der Bräutigam warf nach der Trauung Münzen. Die Jugend stürzte den Groschen und Pfennigen hinterher und balgte wie toll. In der Gosse liegend, kralltest du den Sechser, der zum Eintritt in das Kinoparadies noch fehlte. Der lange Endemann mit seinen Nagelschuhen trat dir auf die Hand. Du aber zerrtest die wunde Klaue samt Dreck und Sechser in die Tasche und hinktest eilends zum Dorfkrug, dessen Saal bereits verdunkelt war. Es gongte dumpf, der Projektor schnarrte an, Trompeten schmetterten, Shanty-Chöre männerten Ohé! Die Leinwand flammte auf: GERARD BARRAY in DER TIGER DER SIEBEN MEERE!

Ach, er hatte eine Neue im zweiten Teil (»Donner über dem Indischen Ozean«). Margret hieß sie und war englisch und brünett. Sie vor ihrem nichtswürdigen Gatten zu schützen, hieß es für Surcouf wieder eine Tötung vornehmen – vermutlich auch, um bei der Wiederkehr nach Saint-Malo Marie-Catherine endlich mit Vergebungsgründen zu erfreuen. Was aber tat jene? Saß sie daheim, weinte sich die Augen aus und trug, wozu ja Marien neigen, unter ihrem Herzen unschuldsvoll ein Kind? Roberts Kind? Nichts dergleichen ward bekannt. »Donner über dem Indischen Ozean« hatte Marie-Catherine vergessen.

Ähnlich trieb's Gerard Barray als »Der Ritter von Pardaillan«, wo er den Surcouf zu Pferde gab. Im ersten Teil entriß er die blonde Violetta den Fährnissen der galanten Welt, in Teil II rupfte er einer braunen Metze am Mieder und lutschte ihr derart die Brüste, daß von Vergebung keinerlei Rede mehr sein konnte. Ging denn das nicht: ein Held *und* treu zu sein? Und jedwedes auffällige Verhalten erklärte der Ritter von Pardaillan mit mächtigem Gelächter, wobei er seinen Degen zog: Hoho, ich bin ein Gascogner, Sire! Ich durchbohre Sie!

Du warst kein Gascogner. Du warst der treue Heinrich.

2

Es war des treuen Heinrichs Lebensleistung (und gelang nicht vielen in der Bürokratischen Republik), bei größter Seßhaftigkeit ein noch größeres Heimweh auszuprägen. Hierzu nutzte Heinrich nicht nur die seltenen Entfernungen von daheim. Heimweh gelang ihm auch zu Hause, in dem kleinen Harzort, wo sein Vater das geistliche Amt versah. *Kreismissionspfarrer* durfte sich der Vater nennen und ermutigte in diesem Berufe die ansässige Bauernschaft zum Sammeln von Briefmarken und Stanniolpapier für die Weltmission. Es hieß, die Chinesen wären scharf auf Ulbrichtmarken.

Eines Abends kam die Weltmission zu Besuch. Auf der roten Couch, unter den wallebärtigen Aposteln Cranach des Älteren, saß Fräulein N'Dougoubougou, stammte aus Ghana oder Kamerun und war rabenschwarz, respektive perlweiß, da sie dauernd lachte. Sie nippte am Hordorfer Apfelsaft, ihr zu Ehren entkorkt (sonst gab es Hagebuttentee), strahlte und sprach: Iiiest ein biiießchen sauer! Heinrichs Mutter kochte eilends Hagebuttentee und bat Fräulein N'Dougoubougou, derweil Heinrichs Gute-Nacht-Zeremonie abzuhalten. Da saß sie ihm am Bett, lachte und duftete nach Zimt. Statt aber »O Haupt voll Blut und Wunden« anzustimmen oder »Ein Lämmlein geht und trägt die Schuld« (denn es war Passionszeit), raunte sie mit kehligem Alt:

Awunikunikau awuni,
awunikunikau awuni.
Aiaiai iki aika imis,
aiaiai iki aika imis.
Awu.
Awu.
Awunikitschi.

Und ehe sich's Heinrich versah, war Fräulein N'Dougoubougou über ihn gebeugt und drückte ihm auf die Stirne einen zimtenen Kuß. Ihre gelbe Batikbluse hing vor. Heinrichs Augen prallten auf ein paar Brüste, wie sie bislang ausschließlich dem Ritter von Pardaillan vorbehalten gewesen waren.

Andertags beim Kochen fragte Mutter fast wie nebenbei: Wie fandest du sie denn? – Och, nett, sagte Heinrich, pilgerte auf den Trockenboden und sägte von zwei Wäschestützen die Spitzen ab. Die verdrahtete er zu einem Kreuz und nagelte es über Mutters Herd: Damit wir immer schön an den Herrn Jesus denken. – O du mein frommes Kind! rief Mutter und dachte: Meine schönen Stützen! Dann falteten sie die Hände und sangen, und der Kessel summte, und die Linsensuppe gluckste Heinrichs Lieblingslied:

Jesu, geh voran auf der Lebensbahn,
und wir wollen nicht verweilen,
dir getreulich nachzueilen,
führ uns an der Hand bis ins Vaterland.

Heimweh sagten wir dem treuen Heinrich nach und nann-
ten dieses eine Lebensleistung. Er vollbrachte sie erstaunlich früh. Heimweh ist den Menschen aber allgemein und
wird, je älter sie werden, immer allgemeiner. Denn sie
können, was ihnen geschah, nicht ruhen lassen in seiner
Einzigkeit. Sie müssen's, fern vom Ursprung, wiederholen,
größer machen, typisieren, müssen *Motive* sammeln in Alben und falsche Singulare in Atlanten, auf denen *Heimat*
steht, *Erinnerung, Ära, Generation* und was der nachträg-
lichen Verschmelzungen mehr sind. Sogar von *Nation* und
dem *Gefühl einer ganzen Epoche* sprechen sie – war je einer *Nation* und hat *die Epoche* gefühlt? *Patriot* wünschen
sie zu sein oder daß *Deutschland* verrecke; dabei ist
Deutschland ein milliardisches Pluraletantum, und was
der einzelne hofft und haßt, weiß kaum einmal sein Näch-
ster. Und könnte wer Gedanken lesen, wie's in der Bürokratischen Republik das Ministerium für Innereien sich
unterfing, so würde er doch nichts begreifen. Das wirklich
Einzelne hat nur sich selbst, so wußte Heinrich vor der
Zeit. Es ist dem Vergleich entzogen; nur die Erinnerung
verwandelt alles einander an und malt *Geschichte* und
gründet *unsere Partei.* Einzeln bleiben und die Einzelhei-
ten hüten, das war Heinrichs früher Beruf. In Gruppen
fühlte und erfuhr er nichts. In seinem Heimweh wünschte
er sich selbst zu finden als ein Zweites – was ein Parado-
xon ist, aber Liebe würde es vollbringen. Er würde lieben
und liebte bereits, denn Sehnsucht ist das Angeld der
Liebe. Man muß es sparen, statt es zu verplempern in Gejammer.

Soll's uns hart ergehn, laß uns feste stehn
und auch in den schwersten Tagen
niemals über Lasten klagen;
denn durch Trübsal hier geht der Weg zu dir.
Ja, er würde lieben. Würde nichts vergessen und ver-
schmelzen, sondern als der Eine seiner Einzigen alle Ein-
zelheiten schenken: Dann wären sie *in summa*, und er hätte

sich erlöst. Diese Einzige dachte er sich nach dem Bilde Jesu, hoffentlich aber weiblich und leiblich und von ganzer Kraft begabt zu hören, wie Fräulein N'Dougoubougou mich berührte und ich den kranken Hasen an der Chaussee nach Anderbeck. Und auch du würdest mir erzählen, wie dich der Vater schlug, oder tröstete die Mutter? Du siegtest immer, oder quälten dich die Kameraden auf der Schulfahrt zur Steinernen Renne, so daß du Deine *Kindheit* anders *Heimat* nennen mußt als jene Überlegenen von damals und heute? Vorerst aber und solange man drinnen lebt, ist weder *Heimat* noch *Kindheit*, nur Stunde um Stunde. Die einen kommen, die andern kann keiner mehr nehmen.

Rühret eigner Schmerz irgend unser Herz,
kümmert uns ein fremdes Leiden,
o so gib Geduld zu beiden;
richte unsern Sinn auf das Ende hin.

Seltsam, wie die Werdenden wünschen, Gewordene zu sein. Meist lebt der Mensch banal. Er schläft, er raschelt mit Papier, er kritzelt am Steuerbescheid, er wühlt im Supermarkt in den Konserven, er wartet auf den Bus. Doch woran er denken muß, wovon er schweigt, ist Liebe oder sonst ein fernes Licht. Darum befinden sich fast alle, die wir treffen, keineswegs am Bus oder im Supermarkt, sondern ganz woanders. Die Kinder träumen sich voraus, die Alten saufen sich zurück, hastdunichtgesehen über Stock und Stein, durch Wände und Wenden, durch tausend Nächte wie durch einen Rausch, der *Epoche* nicht kennt und keine *Partei* – zurück in das türkise Klassenzimmer mit Aquarium und Stummer Karte und der weißen Parole auf dem roten Fahnentuch, die keiner je geglaubt hat und Heinrich niemals vergessen, denn Samstag war es, und der Ofen glühte. Von links fiel Winterlicht durchs Fenster und vergoldete Angelikas Zöpfe. Was sang sie rein, sein Brautkind unter den Menschen, die heute alle sangen: Heinrichs Geburtstagslied.

Die Heimat hat sich schön gemacht,
und Tau blitzt ihr im Haar.
Die Wellen spiegeln ihre Pracht
wie frohe Augen klar.
Die Lerche singt, die Tanne rauscht,

sie tun geheimnisvoll.
Frisch das Geheimnis abgelauscht,
das uns beglücken soll.

3

Allen psychotisierenden Lebensdeutern zur Freude sei erzählt, wie der treue Heinrich Kenntnis davon erhielt, daß er der treue Heinrich wäre. Dreieinhalb war er und nachts immer noch nicht zuverlässig trocken, als die Mutter dringend einer Erholung bedurfte. Drei Geburten in vier Jahren hatten sie *erschossen*, zumal das Pfarrhaus achtundzwanzig Zimmer maß; die waren täglich zu bohnern. Heinrich wurde mitsamt seinem jüngeren Bruder nach Wernigerode verbracht, ins evangelische Kinderheim Heinrichstift. Diese Stätte protestantischer Gastlichkeit unterstand der Diakonisse Roswitha, welche einem Frauentypus zugehörte, für den auch im kirchlichen Bereich die Bezeichnung Dragoner zulässig ist.

Der Morgen graute, da ritt sie in den Schlafsaal ein, riß die Rollos hoch, kommandierte: Herrlicher Tag, Kinder! und trat an Heinrichs Bett. Nun? fragte sie süßlich unter ihrem Schnurrbart, nun, sind wir heute trocken, mein Kind? Heinrich dachte abwärts, schloß die Augen und schwieg. Die Dragonerfaust riß ihm das Bettdeck fort. Aha! schnob Roswitha, na was haben wir denn da! Kinder, kommt mal her! Stellt euch alle um Heinrichs Bett und lacht ihn kräftig aus. Und nun rufen wir gemeinsam: So ein großer Junge, pfui pfui pfui!

Diese Verwendung des Jesuswortes *Lasset die Kindlein zu mir kommen* mißhagte Heinrich so sehr, daß er Speis und Trank verweigerte und Galle erbrach, weswegen er am nächsten Morgen trocken war. Das prämierte Schwester Roswitha mit einem kakaogefüllten Lutscher der Marke »Lolliball«. Am folgenden Morgen wurde Heinrich befunden wie ehedem. Weil du wieder DAMIT angefangen hast, grimmte das Weib, darfst du bis auf weiteres dein Brüderchen nicht sehen! Heinrich weinte nach Mutti. Roswitha triumphierte: Mutti ist nicht da!

Als Mutti wiederkam – nach Wochen? oder Jahren? – und

erfuhr, was vorgefallen war, versprach sie Heinrich auf dessen Begehr, fortan niemals wieder ohne ihn zu sein. Es scheint, daß du mein treuer Heinrich bist, so neckte sie und hielt ihn auf dem Schoß. Ach Mutterwort! Gar nicht lange, und Heinrich wurde den Großeltern in P. zugeführt. Selbdritt spazierten sie am Ufer der Stepenitz – Heinrich, Omi und der Teddy Petz. Omi lobte den Frühling: Sieh, Heinrich, die Forsythien! – Horch, Omi, die Kreissäge! – Ist es nicht wundervoll am Fluß? sprach Omi und sog schwärmerisch Mailuft. Heinrich schmiß den Teddy in die Strömung, um, wenn nicht gar mit Petz zu sterben, so doch zur Mutter heimgeschickt zu werden, moribunder Einfälle wegen. Omi zeigte das Geschehnis Großvater Hugo an, dem Superintendenten von P. Der donnerte: Wo ist der Bär? – Weg, greinte Heinrich, untergegangen. – Soso, *aquis submersus*, orgelte der Gewaltige, Storm-Liebhaber auch in pädagogischer Bewährung. Heinrichs Mutter hatte er vor dreißig Jahren den verschmähten Suppenteller in die pommersche Dorfschule hinterhergetragen, so daß die Tochter im Angesicht der kichernden Klasse schluchzend Graupen mampfen mußte. Heinrich hörte nun, auch er solle *Mores!* lernen, spürte die Haselrute und verschwand ungeatzt im Bett, wo er sofort ein entzündliches Fieber entwikkelte und ohne Unterlaß nach Mutti wimmerte. Sie lag im Kindbett, zweihundert Kilometer entfernt, aber Tante Inge kam und holte Heinrich nach Hause.

Es geschah hinter Stendal. Ein furchtbarer Schlag schmetterte von draußen ins Abteil. Das Fenster lag in Splittern und auf dem Boden ein mächtiges Stück rostigen Stahls, das hatte Heinrichs Schläfe gestreift. Tante Inge, starr: Junge, du hast einen Schutzengel! Heinrich nickte und sprach: Ich werde Mutti heiraten.

4

Von jeher hat der treue Heinrich darauf bestanden, seine Kindheit sei glücklich gewesen. Mit Eifer möchte der Mensch, dies zur Differenz hochbefähigte Wesen, seine Herkunft gröblich nach Glück oder Unglück scheiden und unterwirft sich somit dem Geschick. Gut läßt sich dies be-

merken an den Memorierern der Bürokratischen Republik. Versuche doch mal ein Vermittler, im Sperrfeuer al-
ternierender Ideologien sein unbehelmtes Haupt zu erhe-
ben! Dem Gewesenen und den Seinen kam das Mögliche
abhanden: daß nämlich Zukunft wäre. Nur Deutung steht
noch frei, umrungen von Untoten, die sich Grabinschriften
dichten, weil sie das Dämmern und Erinnern mehr be-
heimelt als draußen der namenlos offene Tag. Aber *das
Wertvollste, was der Mensch besitzt, ist das Leben*, lernte
der treue Heinrich in der Schule aus einem kanonischen
Buch der sozialistischen Literatur, *und er muß es nutzen,
daß ihn am Ende seiner Tage nicht sinnlos vertane Zeit
schmerzlich gereue*. Nikolai Ostrowski hatte dies geschrieben, ein jung gestorbner Rotarmist, den Totenvogel der
Minerva schon im Zimmer. Heinrich las von großen roten
Kämpfen gegen Weiß, von Liebesqual und beßrer Zeit, die
ein gesetzmäßiger Ertrag der großen roten Kämpfe sei, und
verdichtete sich all dies zum Abenteuer. Surcouf schwenkte
den Degen, denn Ostrowskis beßre Zeit war jetzt, glückhaft
und unwiderruflich entstanden durch Häufung einer kom-
fortablen Summe von Jahren auf den letzten Krieg.

Noch Mutter *mußte fliehen*. Noch Vater *war Soldat*. Heinrich erschien Krieg als Torheit der Älteren. Nie wäre ihm
eingefallen, seinesgleichen könnte später barmen, man
habe selber in der falschen Zeit gelebt und also Menschen-
mögliches verpaßt. Heinrich wohnte in der besten aller
Zeiten und in ihrer Fülle, dem rotweißen Glück der Seßhaftigkeit. Nichts trieb ihn fort. Das Leben war ein großes
Haus am Wald, darin Heinrich noch für unendliche Kindheit zu bleiben gedachte. Die lebenden Alten standen als
Schutzwall wider die flutende Zeit. Zwei Generationen
hielten Wacht. Gerade erst hatte Großmutter Heinrichs
Frage, ob alte Leute geschlachtet würden, engagiert ver-
neint.

Wenn Heinrich eins besorgte, dann war's die Lebensuhr
des kleinen Muck, seines Katers, dessen Jahre mit sieben-
fachem Menschenmaß enteilten. Vordem hatte Heinrich
das Huhn Braunhälschen geliebt, ein gleichmütiges Wesen vom Stamme Leghorn, das nie recht zu erkennen gab,
ob das seltene Hühnerglück, an ein menschliches Herz gerührt zu haben, in seinem Bewußtsein eingetroffen war.

Braunhälschen siechte, seit es sich eine rostige Reißzwecke in den rechten Huf getreten hatte. Eines frühen Morgens streifte Heinrichs Vater seinen grauen Kittel über, setzte die Baskenmütze auf, ging zum Hühnerstall, ergriff Braunhälschen, welches matt argumentierte, und führte es zum Richtblock. Am Verzehr des Geliebten nahm Heinrich nicht teil. Das Haupt wurde ihm zur Bestattung freigegeben. Halb waren die Lider geschlossen, die Pupillen trübe wie von Milch. Angstvoll berührte Heinrich den welken roten Kamm, umkränzte den Kopf mit Himmelschlüsselchen und begrub ihn unterm Haselstrauch in einem Schuhkarton der Weißenfelser Firma »Banner der Einheit«. Ein Backstein wurde aufgestellt und mit einem Kreuz beritzt, nebst den Jahreszahlen 1960–1963. Unter Tränen verfüllte Heinrich das Grab und sang:

Kleine Tropfen Wasser,
kleine Körner Sand
machen's große Weltmeer
und das weite Land.

Am Abend setzte der Vater sich an Heinrichs Bett und verhieß, *alle seufzende Kreatur*, auch Tiere also, könnten in den Himmel kommen und würden dort ewiger Heimat teilhaftig. Daß Braunhälschen geseufzt hatte, war durchaus wahrscheinlich. *Gott aber gibt einem jeglichen Samen seinen eigenen Leib*, las Vater vor. *Ein anderes Fleisch ist der Menschen, ein anderes des Viehs, ein anderes der Vögel, ein anderes der Fische. Und es gibt himmlische Körper und irdische Körper. Und wie wir getragen haben das Bild des irdischen, so werden wir auch tragen das Bild des himmlischen.* Dann sangen sie (denn es war wieder Passionszeit):

O Haupt voll Blut und Wunden,
voll Schmerz und voller Hohn,
o Haupt, zum Spott gebunden
mit einer Dornenkron,
o Haupt, sonst schön gezieret
mit höchster Ehr und Zier,
jetzt aber hoch schimpfieret:
gegrüßet seist du mir!

Heinrich dachte an das Haupt im Schuhkarton.

Dann wurde als Ersatzhuhn Muck, der Kater, angeschafft – per Zivilisationskonsens nicht zum Verzehr bestimmt, aber ein Streuner. Daß ihn Wollust außer Hauses trieb, erfuhr Heinrich spät. Er ahnte nicht, was in der sinnenfrommen Ehe seiner Eltern kaum zu fürchten war: daß erwachsener Friede umschlichen wird vom Partisanenkrieg der Geschlechter; daß in der Lust *Heimat* Verzicht bedeutet. Es balzt die Welt; nur Gott, ihr Aberbild, ist in sich selber treu, also daß ER sein Paradies verschließen mußte; und die Geschichte begann; und zeugte Kain, den Meuchler SEines Friedens, der unstet, flüchtig, heimatsüchtig draußen jagen soll und drinnen einen guten Gatten geben. *Das* also beichtete Heinrich Surcouf Marie-Catherine kniefällig unter der Mauer von Saint-Malo. Und hatte ein Wissen um Sünde, längst ehe er Geschlecht schien und Neil Youngs Lamento kannte: *We all have to sin someday.* Vorerst suchte er wieder mal den Kater. Fand ihn schließlich hinterm Regenbassin auf dem Rücken einer Kätzin. Rief: Mieze, Mieze! Rief aus Leibeskräften, wie er immer tat. Und der Kater, zitternd, gehorchte und stieg ab. Heinrich umfing ihn fremd. Der Kater kratzte, aber zart. Wahrlich, es ist nicht solche Liebe unter den Menschen, nur solche Eifersucht.

Auf dem Hofe wucherte Dickicht und verbarg ein altes Mauerwerk. Eines Tages gewahrte Heinrich Schurren und Schaben hinter einer tiefen Ziegelspalte. Er stakte seinen Stock hinein: panisches Getschiepe! Heinrich grauste. Er floh. Er kam am nächsten Tag, als ob er müßte, wieder zum Gemäuer. Stieß wieder den Stock hinein. Hörte die fiepende, flatternde Angst, die auch die seine war. Tat es wieder, und wieder, und wieder, und wollte ein Ende. Dann blieb es in der Mauer stumm. Heinrich war ein Mörder.

5

Es kam die Zeit, da er nicht länger im Hause der Eltern bleiben konnte. Die Schule war vorüber. Die Abschlußfeier hatte in ein Besäufnis gemündet, wobei Heinrich erstmals nennenswerte Mengen Bier verzehrte: zehn Gläser zu je einem Viertelliter. Nicht für die Schule habe man gelernt, sondern für das Leben, sprach eingangs der Feier der Direktor Rüdiger; fürderhin sei es *an Ihnen, das erworbene Wissen tagtäglich in revolutionäre Praxis umzusetzen.* Mächtig rockte die Band des Klassen-Hippies Horst, der einmal im Staatsbürgerkunde-Unterricht des Genossen Rüdiger geäußert hatte, Rauschgift kräftige die Erektion, doch eine Langspielplatte der amerikanischen Formation Creedence Clearwater Revival sei ihm lieber als *jeder Orgasmus*. Heinrichs Erschütterung entsprach der des Genossen Rüdiger. Was trieb Horst, und wie, und wo? Was geschah im Häuschen hinterm Kohlenhandel? Auch Heinrich war längstens behaart; auch er hatte vom Westradio etliche CCR-Songs aufgenommen. Lieber als die orgiastischen Grölgesänge des Tom Fogerty waren ihm jedoch die symphonischen Rockgespinste der Gruppen King Crimson und Yes, welche eher an den Morgenglanz der Ewigkeit gemahnten denn an Leiberei. *Jeder Orgasmus!* Sogar der Milchbart Heiko gab ja an, er sei schon mal bei einer Bergmannswitwe *voll eingeritten*, bei welchem Ausdruck er die Lippen leckte. Seit etlicher Zeit taxierten Heinrichs Kameraden sämtliche *Weiber* nur nach *Arsch* und *Titten*. Heinrich bemühte sich, auf den Charakter zu achten. Er galt als ritterlich. Das war ihm nicht ganz lieb.

Nach dem siebten Bier tanzte er mit Monika Wässrich, der *Schärfsten* der Klasse. Sie federte und flog, er hottete eckig durch das flackernde Getöse und fühlte sich verloren. Nichts, worin er führte – reden, denken, dichten –, ließ sich gebrauchen in dieser Hölle der Verrenkung. Horst brüllte »Hey tonight« ins Mikrophon, dann »I Put A Spell On You«; das war langsam. Monika packte Heinrich, drückte ihn an ihre Festigkeit, lachte, schwitzte köstlich, roch verworfen, und Heinrich wußte, was Horst ihm unlängst geflüstert hatte: Moni *tut es* jeden Tag.

Die Lichter verloschen. Die Band packte ein. Moni entwich. Auf dem Heimweg schwankte Heinrich in einem Pulk Bezechter. Plötzlich holte Elternbeirat Wässrich ein Messer aus der Tasche, schnäppte es auf, stach's in Heinrichs jäh gestreckte Hand und brüllte: Du bist auch bloß 'n Ficker, du Ficker! Dann schluchzte Wässrich auf und rannte ins Dunkel. Es war nur ein Ritzer, aber Heinrich leckte Blut. Moni hätte er in dieser Nacht *genommen* als ein Krieger, statt kinderkeusch ins Knie zu sinken wie vor Marie-Catherine. Nicht länger träumte er Heimkehr. Er mußte hinaus.

Auch in diesem Sommer besuchten die Eltern das lutheri-
sche Erholungsheim in der Märkischen Schweiz. Heinrich
machte dort die Bekanntschaft eines Frauenvertilgers.
Dieser Steffen – sechzehn war er und aus Dresden – bekundete beim Bier, welches Heinrich immer noch sehr in
Maßen genoß, *Käthen* seien nur zu einem gut: *zum Uffbok-
ken.* Weder teilte Ritter Heinrich diese Ansicht, noch war
er sattelfest im Gegenstand, weshalb er Steffen sportlich
umzulenken suchte:

Gehst du in Dresden manchmal zu Dynamo?

Manchmal, sagte Steffen, eher selten. Höchstens zum
Käthen abgreifen. 's gibt bärische Käthen bei Dynamo. Da
pimpern alle, sogar die Spieler. Der Boden hat die Schwester vom Schade geschwängert, da wollte der Schade von
Dynamo gehen.

Sag mal, wenn du so viele Mädchen kennenlernst, das ist
doch dann mehr flüchtig, stimmt's?

Meinst'n das?

Na, da kann sich doch gar nichts Tieferes entwickeln.

Wieso, was'n Tieferes?

Na, die meisten Mädchen wollen ja doch, daß es einem
Ernst ist.

Logisch mach ich Ernst. Volle Knolle.

Und wie lange bleibt ihr durchschnittlich zusammen?

Woche oder so.

Wenn du dich so schnell von den Mädchen wieder trennst –
da ist doch wohl nichts zwischen euch?

Was soll sein? Krach oder was?

Na, stöhnte Heinrich, du *schläfst* doch bestimmt nicht
mit den ganzen Mädchen?

Immer, sagte Steffen fassungslos.

Und was hast du von so flüchtigen Begegnungen?

'n bärischen Trieb, sagte Steffen. Du bist 'n Komiker, was?
Nä, du bist Jungfrau.

Dies zu beheben, und zwar bei unbefleckter Ritterschaft,
war künftig Heinrichs dringendes Ziel. Als Sofortmaßnahme
legte er, bis dato Hochdeutscher, sich ein derart tierisches
Sächsisch Dresdner Prägung zu, daß Heinrichs Mutter
drohte, den familiären Verkehr zu unterbrechen, bis er der
menschlichen Zunge wieder mächtig sei. Und dieser Steffen *ist ein Bock, das kann ich riechen. Nimm dir an Vati ein*

Beispiel! Der war ein schüchterner Mann, unerpicht auf maskuline Insignien, was sich mit der leiblichen Entsagungsfreude seines Glaubens gut vertrug. Einst fragte ihn Heinrich nach seinem liebsten und seinem unliebsten Schauspieler. Er sagte: Heinz Rühmann und Hans Albers. Heinrich aber verwünschte, was von seines Vaters Scheu auf ihn gekommen war. Lange hielt er die Christenkeuschheit wie die *sozialistische Moral* für das Übliche der Welt und sich für ihren kommenden Überwinder. Nun lernte er, daß der *gangster of love* kein edler Einzelgänger ist, weil tatsächlich *alle pimpern bei Dynamo.* So ging die Welt, und statt sich für unerlöst zu halten, erklärte sie die Unzucht für den hundsnormalen Trieb zu bleiben, was man war, und nichts zu erstreben als die organisch formulierten Rechte der Kreatur. Selbstredend war die Bürokratische Republik *normal* im Sinne der Mehrheit, nur Heinrichs Vater unterhielt zu keinerlei Mehrheit Kontakt. Undenkbar, daß seine Kinder *Massenorganisationen* beitreten sollten, seit er unter Hitler deutsches Volk gewesen war.

Solismus, nicht Männlichkeit, hieß also Heinrichs Erbe. Niemals war sein Einzelgängertum in einer Masse aufgehoben – nicht bei den 160 000 im Springsteen-Konzert, nicht bei der staatsstürzlerischen Halbmillion am 4. November 1989 in Ostberlin; und als die Mauer platzte, versäumte er, sich bei den neuen Landsmannschaften zu sammeln, als gäbe es Heimat auf eigene Faust.

Jetzt aber war er sechzehn und ein Sommerfrischling im Lutherstift. Sie hieß Bettina, Arzttochter aus Gera, mit ihrer Mutter angereist. War sie hübsch oder schön? Beides, fand Heinrich nach zwei Tagen süßen Schauders und verstohlener Beschau. Dann paddelten sie auf dem Weißen See. Das Boot schabte an Schilf und schurrte glucksend über Wasserrosenblätter. Sie kamen heim bei Sonnenuntergang. Er hatte wild erzählt, aber ohne Aufschnitt; den mochte sie nicht. Sie zeigte ihm den Haubentaucher und ließ ihn siebenmal vergeblich raten, wo das submarine Huhn wohl wieder auftauchen mochte. Sie lachte viel und zwinkerte ihm zu.

Was sich neckt, das liebt sich, jubelte der innere Heinrich, zog das Boot aufs Land, sagte zu Bettina gute Nacht und stürmte, irgend jemand zu umarmen, die Stiege hoch zur Dachkammer des Lutherstifts, wo das Brüderchen schlief. Es rieb die Augen: Was is'n? – Liebe ist! jauchzte Heinrich, drückte den Kleinen, küßte ihn, deckte ihn wieder zu und wandelte nochmals schwärmerisch allein zum See. Morgen, morgen würde er sich offenbaren.

Sie wollte ihn nicht. Als *guten Freund* sehr gern, *für mehr* sei sie – zu jung. Sie saßen am Steg; es dämmerte wieder. Heinrich zog sämtliche Register juveniler Düsternis und sprach geläufig über Einsamkeit. Es gibt eine Hölle, redete er dumpf. Die Hölle – das sind *die anderen*. Bettina äußerte, zu jenen würde sie nun gern gehen, in den Gemeinschaftsraum, Canasta spielen. Bleib noch, sagte er und faßte – Wagnis! – ihre Hand. Sie entzog sich. Fünf Minuten, bat er. Warum magst du mich nicht?

Aber ich mag dich doch. Ich finde dich nett.

Warum willst du mich nicht?

Ja warum? dachte sie. Muß ich das sagen und ihn kränken? Soll er sich kennen, so dünn in diesem unmöglichen Hemd, mit der Hornbrille und den strähnigen Zotteln, auf die er so stolz ist? Vielleicht bin ich, was er ja für das Schlimmste hält: eine Spießerin. Ich liebe Ordnung, Sauberkeit und Maß. Ich mag nette, hübsche Jungs. Der hier ist maßlos ungestüm, vor allem aber ist er dünn, dünn, dünn.

Also sagte sie: Du weißt es doch. Ich bin zu jung.

Das ist es nicht.

(Schweigen.)

Also warum?

Laß es gut sein, Heinrich.

Warum? Warum? Warum? Warum?

Du bist zu dünn.

Heinrich war vernichtet. Er machte sich ein paar schöne Trauertage, wobei er Jochen Kleppers »Vater« las, dessen Motto, der Leitspruch Friedrich Wilhelm I., seiner Herzenslage würdig schien: *Könige müssen mehr leiden können als andere Menschen.*

Er las und las, siebenhundert Seiten Kleindruck. Fuhr mit dem Boot hinaus, suchte Winde, ließ sich treiben, las von des Preußenprinzen Flucht und Haft, von Kattes grausem Ende zu Küstrin, von Gundling und v. Creutz, von Fritzens Unzucht zu Dresden, von der seichten Seele der königlichen Mutter: *Sind Briefe aus England?* Über allem aber waltete der Vater und gebot dem Land, indem er den Trieben seines Volks entsagte. *Aber dazu war er zu jung, um zu ermessen, wie verändert von Jahr zu Jahr König Friedrich Wilhelm zum Herbste seinen Einzug auf Schloß Wusterhausen hielt. Er kam nicht mehr als der Blühende, Leidenschaftliche, der kühn und kraftvoll Neues plante, wirkte, ordnete und flüchtige Ruhe bei den Seinen suchte: Frau, Kinder und Jagdkumpanen. Er kam als einer, der das längst Begonnene und zu vielen Malen schon Zerstörte immer wieder von neuem aufnahm: Das Heer. Den Staat. Die Kassen. Die Felder. Die Fabriken. Die Provinzen. Die Erziehung des Einen. Die Ehe.*

An einem der Klepperschen Abende begleitete Heinrich die Eltern in die Kurlichtspiele. Bergmans »Berührung«: Die Arztfrau Karin – verläßlicher Gatte, zwei treffliche Teenie-Töchter – begegnet David, einem Archäologen, der nahe ihrer Kleinstadt gräbt. Eine hölzerne Madonna fördert er zutage, Jahrhunderte verborgen und geschwängert von Termitenlarven ... Heinrich süchtelte neuerdings nach Symbolik. Er wohnte jetzt im doppelten Boden der Welt und schaute kundig zu, wie sie einbrach, die intakte Ehe. Ach, wie die Gatten milde miteinander scherzten; wie sie beim Frühstück die Dinge des bürgerlichen Tages planten und abends resümierten; wie sie herbstlich Äpfel lasen unterm bunten Baum. Und dann kommt Krieg, kommt David, bärtig und labil, und hat nichts zu bieten als den fremden Männerleib in einem alten Eisenbett in räudig kalter Kammer. Die Kammer wird Karin zur Welt. Erstmals, nach fünfzehn Jahren, betrügt sie ihren Mann, stöhnt, vögelt, liebt ja *wirklich*, dachte Heinrich schaudernd. Andreas, der Gatte, ahnt alles und hält stille, bis er irgendwann das Ultimatum stellt. Karin verläßt ihn, wie sie David verläßt, als der seinerseits die Dauer will. Da geht sie fort, schwanger, ihr egal von wem, über die kleine Brücke im Park, geleitet nur von einem Hirtenlied auf Flöte und Klavier, dessen wehe Skandinavik Heinrich nie vergißt.

Was sollte er werden? Ein Gatte und Ernährer wie sein Vater? Oder David: *born to be wild*, zu keiner Heimat bestimmt als der Freiheit des Augenblicks? Heinrich wollte

Freiheit als seßhaftes Glück. Er wußte nicht, daß da keiner zu entscheiden hat. Es wird entschieden.

Sie gingen noch auf ein Bier. Ich fand diesen David unerhört, zürnte Vater, selten aufgeregt. Diese Karin sowieso. Was fehlte der Person? Die hatte doch alles. Und Andreas hat sich bewundernswert verhalten. – Mutter schwieg und sagte dann: Man steckt nicht drin in den Menschen. Manches sieht von außen eben anders aus. Der Vater: Trotzdem darf man niemals seine Schuldigkeit vergessen! *Nachts stand der König lange vor der Schwelle, die ihn von der Gattin und einer Vergangenheit trennt, die ihm sehr weit schien. Der Regen rauschte nun doch so schwer und voll und ebenmäßig, als vermöchte er die verbrannte Erde noch einmal fruchtbar zu machen. Als dann der König vor die Gattin trat, den Leuchter über sie erhebend, gewährte ihm diese Nacht den letzten Irrtum seiner einstigen Liebe. Als hätte sie Monat um Monat auf diese Stunde gewartet, blickte Sophie Dorothea beseligt lächelnd zu ihm auf ... Es war zuviel gewesen zwischen Herbst und Herbst.*

Ein Neues wuchs in Heinrich auf: Größe. Freilich klappte sie zusammen, sowie sich Heinrich von den Vorlagen seines erhabenen Fühlens entfernte. Solch hohen Pump hatte er schon empfunden über der Lektüre von Heinrich Manns »Henri Quatre«, wobei er sich in den guten König Heinrich von Navarra schmolz und den Franzosen seine *pax Henrici* schenkte und sonntags ein Huhn in den Töpfen. Derlei Bürgerkönigtum demokratisch vervielfacht zu haben, war ja die Staatsdoktrin der Bürokratischen Republik. Heinrich aber, elitär bedarft, nicht egalitär, wünschte der Welt Audienzen zu gewähren. Er ließ Bettina nochmals vor sich treten und sprach, von Würde gepreßt:

Man muß ja wirklich nicht dauernd händchenhaltend rumrennen. Wichtig ist zu wissen, daß wir zusammengehören. Das zu gestehen (und Heinrich lachte gütig), fehlt dir ein bißchen der Mut, stimmt's?

(Er fängt schon wieder damit an, dachte Bettina.)

Was allgemein für normal gilt beim miteinander Gehen und so, kann uns ja gar nicht kümmern. Das sind die Spießersitten von Gesinnungsbauern. Davon hab ich absolut nichts an mir; du weißt das. Ich denke über Grenzen hinweg. Weißt du, ich tu mich nicht damit dicke, aber ich bin leider wirklich der klügste Mensch, den ich kenne. Bloß all diese Klugheit ist tieftraurig in mir vergraben. Du könntest sie heben. Ich hätte keinerlei Geheimnis vor dir. Alles, *alles* würde ich dir sagen ...

(Bloß nicht! dachte Bettina.)

Bettina sagte: Ich habe zu Hause in Gera eine gute Freundin, Sabine, mit der kann ich über vieles reden. Die anderen Sachen bespreche ich mit meiner Mutter oder mit meinem großen Bruder. Wir beide können Brieffreunde sein, das habe ich dir aber schon mehrmals gesagt. Wenn du mich wirklich gern hast, dann halte dich ein bißchen zurück. Die anderen Gäste gucken mich schon dauernd an, als ob ich schuld bin an deiner Leidensmiene. Das ist peinlich. Nimm's einfach ein bißchen locker.

Locker! heulte Heinrich auf; es würgte im Hals. Versprich mir wenigstens, daß du nächsten Sommer keinen andern hast!

Das kann ich nicht versprechen, sagte Bettina freundlich.

Ich könnte das! rief Heinrich. Ich wäre treu!

Ja, viel zu sehr, sagte Bettina, sprang von der Schaukel und ging ins Haus. Zurück blieb der zerschmetterte Monarch. Besudelt lag das jüngst erlesne Throngefühl im Dreck. *Die Ärzte standen über das Haupt des toten Königs gebeugt ... Bis zu der Sektion, so hatte der Vater befohlen, sollte man ihn waschen, mit einem weißen Hemde bekleiden und auf einem hölzernen Tische aufbahren ... Die Ärzte mußten lernen an ihm, der so unermeßlich litt und viele Tode starb.*

Es war entschieden. Er sollte doch kein Vater sein. Das Schicksal hatte Heinrich zum Rock'n'Roller berufen. Er war David, nicht Andreas, und mußte tragisch leben, stolz und frei. In dieser hohen Mission reiste er nach Berlin. Die Hauptstadt der Bürokratischen Republik wurde gerade heimgesucht von jener weltoffenen Atmosphäre, die der Vorsteher des Landes schon seit längerem plante. Berlin, die Räuberin unter den Städten, tanzte, wimmelte und sang, denn Hunderttausende von internationalen Gästen, der progressive Nachwuchs sämtlicher verfügbaren Nationen, begingen die *X. Weltfestspiele der Jugend und Studenten.*

Selbst in diesem Tollhaus fiel Heinrich auf. Er hatte sich

in seine Kutte geworfen, den Parka mit dem großen polnischen Black-Sabbath-Aufnäher. Lässig Gummi kauend hinterm Existentialistenblick, behaart mit der coolsten Matte der Stadt, so lungerte er am Fuße des *Telespargels*, im Volksmund auch Fernsehturm genannt. Bald war er weiblich umringt, grunzte Anglizismen und schrieb Autogramme. *Where you want my writing?* fragte er entzückte Blauhemd-Maiden in einem Amerikanisch, das seiner Harzer Abkunft durchaus inne war. Hier, hier, *on arm!* quietschten und drängelten die Dirnen, und Heinrich signierte mit Schwung: DANNY JOE BROWN, MANHATTAN!!! Auch Russinnen sowie Kämpferinnen von MPLA, FSLN, GST und dergleichen mehr spendete er unvergeßliche Impressionen vom Anderen Amerika.

Sodann betrat er das Kaufhaus »Centrum« am Alexanderplatz und daselbst die Damenkonfektion. Dort entblößte er sich weidlich und bestieg eine glitzernde Abendrobe, bis er den schrillen Ruf *Gitti kucke mal, das giiiiibt's doch nicht!* vernahm und sich zum Verlassen der Abteilung aufgefordert fand. Er eilte ins Männerklo und schnürte sich den rechten Unterschenkel aufs Gesäß. Derart versehrt hüpfte er zur Herren-Schuhabteilung und verlangte *einen* Rinds-Boxcalf-Slipper der Größe zweiundvierzigeinhalb – den linken bitte! Die Verkäuferin stammelte, man gebe nur komplette Paare ab. Darauf schalt Heinrich die Bürokratische Republik einen Betrug am behinderten Menschen. Verhaftung unterblieb, wegen weltoffener Atmosphäre.

Das waren die ersten Taten des treuen Heinrich in der großen Welt. Er hatte bestanden. *First we take Manhattan / than we take Berlin.* Abends reiste er zurück. Kurz vor dem Lutherstift betrat er eine Kneipe, um die triumphale Heimkehr spirituell zu dehnen. Am Ecktisch saßen drei Kerle, die rochen nach Stall und redeten grob. Heinrich klopfte auf den Tisch und wurde eingeladen. Sie sahen auf seiner Kutte das Black-Sabbath-Emblem. »Paranoid«, sagte der eine, »Iron Man«, feine Dröhnung, aber Purple ist besser. Jethro Tull ist besser, sagte der zweite. Der dritte kippte Pfeffi, krampfte Grimassen und markierte wüste Soli. Geht klar, Ete, sagte der erste, du bist Hendrix. Sie soffen die Nacht herbei. Dann stolperten sie durch Felder und Wälder – Stunden, wie es Heinrich schien, bis hinter Bäumen gelbe Lichter blakten. Das war Bollersdorf, wo Ete eine Kate behauste. Hau dir hin, hörte Heinrich. Ick bin Ete, biste petete? Hier is beim Bauern. Heinrich krachte in eine speckige Couch und war weg. Gegen drei weckte ihn ein brüllendes Gebell. STILLSTANN! schrie Ete. AUGEN AUS! und hob langsam den rechten Arm zum Hitlergruß. WOODSTOCK HÖRT DIE HYMNE! Er schaltete am Tonband: Frijid Pink, »House Of The Rising Sun«.

Früh wanderte Heinrich durch den Sommermorgen zurück zum Lutherstift. Er grüßte die goldenen Felder und im Tal den blinkenden See, und daß man ihn gewiß vermißte, freute ihn von Herzen. Als er jedoch die Tür zum Frühstückssaal aufstieß – kühl, elastisch, Matt Dillon im Saloon –, da ruckte nur die Mutter: Wo bist du gewesen? Ein fröhliches Gebrummel rollte im Raum. Bruder P. erzählte: Walter geht's schlecht. Das Politbüro besucht ihn im Krankenhaus. Honecker tritt ans Bett: Walter, wie fühlst du dich? Walter röchelt unter seinen Schläuchen, bis Honecker kapiert, daß Ulbricht was notieren will. Er ruft nach Schreibzeug, Ulbricht pinselt unter Krämpfen, schwillt violett und sackt weg: Exitus. Honecker liest den Zettel vor: Erich, geh von meinem Luftschlauch runter!

Auf dem Postpult links der Tür stand der Brotkorb, daneben die Emaillekanne mit dem Muckefuck. An der Kanne lehnte eine Zeitung. Um die erste Seite war ein dicker schwarzer Rand gezogen, der rahmte den Alten Lächler, das Briefmarkengesicht. Daneben der Konvolut genormter Trauer: Die Nachricht. Das ärztliche Bulletin. Die Kondolenz der KPdSU.

Eine klamme, schielende Freude strich an diesem Tag durchs Lutherstift, vom Bootssteg bis zum Garten, wo das protestantische Urlaubsvolk der alten Schwester Annemarie bei den Johannisbeeren half. Na Bruder P., was sagen Sie denn zu Ulbricht?

Biblische Planerfüllung, Bruder F.: Unser Leben währet siebzig Jahre, und wenn's hochkommt, so sind's achtzig.

Na, mir ist es schon lange hochgekommen.

Hoho, Bruder F., so hat der Psalmist das aber nicht gemeint.

Heinrich liebte das Fiebrige der gewaltigen Nachricht,

und daß *jene* sterblich wären, wünschte er längst erprobt.
Doch er verbot sich das und war geekelt von der Häme.
  Vati, freust du dich, daß Ulbricht tot ist?
  Man kann sich über eines Menschen Tod nicht freuen.
  Bist du traurig?
  Trauer läßt sich nicht verordnen. Aber man kann schweigen.

Der Sommer nahm ab. Die Gäste reisten heim. Heinrich mußte in die Lehre, dreihundert Kilometer nach Süden. Am letzten Abend daheim schrieb er Bettina einen Brief, der keine Antwort finden konnte. Siebzehn Seiten schrieb Heinrich bei der Kerze. Schrieb schamlos, wie er sich selber nicht kannte. Das Tonband hämmerte »In A Gadda Da Vida«. An der Zimmerdecke kreisten, riesig vergrößert, die Spulen. Durch ein Nachtgewitter lief Heinrich zum Bahnhof und warf den Brief ein. Da pfiffen die Lokomotiven.

6

Vierundzwanzig solcher Kinder nahmen an diesem Abend Abschied von ihrer Kammer – in Rostock und in Heringsdorf auf Usedom, in Güstrow und Grevesmühlen, in dem Dörflein Rova in Mecklenburg, in Halle, Sangerhausen, Zeitz, in Bad Langensalza und Dahme in der Mark, um südlich fern der Heimat Kinotechniker zu werden. War zum Lebewohl ein Liebstes zu umarmen, so hatten beide ein banges Gefühl. Sechzehn sein und für zwei Jahre auseinander, das klang nicht treu, mochte man auch schwören und sich verloben, wie's damals unter Kindern üblich war, wenn von zweien eins nach Sachsen mußte.
  Hat einer Heinrich schon entdeckt in der scheuen neuen Meute, wie sie da um Vierertische hockt im Speisesaal der *Zentralen Berufsschule des Lichtspielwesens* und Mischbrot-Scheiben mit geriffelten Butter-Quadraten, Schmelzkäse und kaltem Braten bepflastert? Fürwahr, da sitzt er ja, prinzlich gekleidet in die blauen Cord-Schlaghosen und das weiße Hemd, worüber er sein bestes Stück gezogen hat: die knallrote Weste aus Igelit mit Aluminium-Knöpfen, für nur 17 Mark erstanden im Ausverkauf der *Jugend-*

mode. Heinrich forschte im Kreise: Wo saßen die Mädchen? Wer war Konkurrenz? Der hier am Tisch wohl nicht mit seinen Schlabberjeans und dem Helanca-Rollkragenpulli. Ekliges Violett! Wie heißt denn du? fragte Heinrich den Mißgewandeten.

Gotthold.

Das ist aber ein schöner Name.

Gotthold mißtraute knurrend: Is doch kei scheener Name!

Heinrich landete in einem Sechserzimmer mit den Herren Weiße, Gäbler, Fredrich, Jarmuskewicz und Schlaube. Alle markierten sie am ersten Abend Müdigkeit. Nur Weiße zeigte Forsche: Also Männer, ich denke, wir werden die Sache hier schon schaukeln. Ärmel hoch und los! Gute Nacht, Männer.

Am nächsten Morgen begann die Arbeit an den Apparaten. Heinrich hatte einen schlechten Start. Nicht nur, daß er dem Internatsleiter Riediger, einem anämischen Schleicher, die Heimordnung als *Menschenwerk und darum relativ* erklärte, was diesen wenig freute – es überfiel Heinrich auch vom ersten Tage an eine lähmende Müdigkeit gegenüber *der Praxis.* Daß die Welt nicht wäre, sondern werde, war seiner betrachtenden Seele kein fröhlicher Gedanke. Ich setze hier die Feile an das Stück Metall, so dachte er. Ich löte diese beiden Stücke Blech zusammen. Ich klebe den gerissenen Film; nun gut, das muß wohl sein. Auch diese Kisten will ich für die Gruppe in den Schaltraum tragen, auf daß mich keiner keinen Kameraden schilt. Aber Bettina ... aber die Königsbücher ... aber die Musik ... wie ist das hier banal! Man muß doch *eigentlich* leben, statt die Mittel Zweck zu nennen, wie's die hier tun mit ihrem technischen Horizont. Wie fühlt der elektrische Strom, was denkt sich das Relais, wer kapiert denn diesen Atlas von Schaltplan, dessen achtundachtzig Karten keinen Kosmos zeichnen, nur einen einzigen Verstärker.

Sie kapierten alle prompt, außer Heinrich und den Mädchen. *Die Männer sind mir fremd,* hatte Heinrich günstigerweise jüngst bei Rilke gelesen, *ich sehe sie dauernd unverständliche Aktionen machen. Die Frauen rühren mich.* Kamerad Fredrich brüstete sich, abzüglich elektrotechnischer Literatur habe er noch nie ein Buch gelesen; allerdings besaß das Pionier-Magazin *Fröhlich sein und singen* in ihm einen seiner älteren Abonnenten. Kamerad Schlaube lötete die halbe Nacht. Toxische Nebel umhüllten die Schläfer, derweil Schlaube ein gewaltiges Tonbandgerät vom Typ »Smaragd« nacheinander in einen Kinoverstärker, ein Radio, ein Film-Umspulgerät verwandelte und, nach Totaloperation, in einen Kasten für sein Schuhputzzeug. Zuvor war der Umbau zum Diaprojektor gescheitert, was Schlaube deprimierte. Es gab unter den Filmvorführern der prüden Republik die Leidenschaft, sogenannte scharfe Szenen um ein Bildchen zu kürzen, welches dann, zum Dia gerahmt, seinen heimlichen Betrachter mit fleischlichen Gedanken beschenkte.

Sie wohnten jetzt eine gute Woche miteinander und hatten im Zimmer die Rollen verteilt. Heinrich galt als Spinner; das war lieb gemeint. Männer, sagte Weiße, nachdem an diesem Abend das Licht gelöscht war. Männer, wie findet ihr die Weiber?

Ick findse jarnich, sagte Jarmuskewicz. Sind ja man bloß sechse. Eins zu vier.

Ilka find ich scharf, bekannte Gäbler aus Leipzig. Das is 'ne Süße. Ob die zu Hause 'n Freund hat?

Garantiert, sagte Weiße, Solche Weiber brauchen was zwischen die Beine. Na, ich ja auch. Gäbler, deine Chance ist, daß die's bestimmt keine sechs Wochen bis zur Heimfahrt aushält. Männer, ehrlich: Wer von euch hat schon? Fredrich?

Ich seh nicht ein, was dich das angeht, schnaufte Fredrich. Er hatte Polypen.

Wir sagen's alle, versprach Weiße. Keiner fing an. Dann Schlaube, vom Fenster her: Könnt ihr schweigen?

Is doch selbstredend.

Also, ich hatte noch nie 'ne Freundin. Muß auch nicht sein. Ich onaniere jeden Tag dreimal. Dann hab ich Ruhe, immer so vier bis fünf Stunden. Ich will nur meine Ruhe. Man macht sich sowieso viel zu sehr verrückt.

Du machst uns verrückt nachts mit deinem Gebastel, schnuffte Fredrich.

Sonst hab ich keine Ruhe, sagte Schlaube. Bevor ich nicht fertig bin, kann ich nicht schlafen.

Dann wichs doch lieber noch mal!

Das kränkte Schlaube; fortan schwieg er. Fredrich erklärte ländlich resolut, er habe noch nicht gebumst und sei auch noch nie verliebt gewesen, außer in Antonella Lualdi in »Der letzte große Sieg der Daker«. Da sei beim Landfilm *allen einer abgegangen*. Nun beichtete Heinrich, er habe, und gerade erst!, heftig gefühlt, aber das sei eine ganz tragische Geschichte, so groß und schlimm, daß sie *nicht in den Plapperwörtern einer gängigen Unterhaltung wohnen* könne.

Uns interessiert hier nur die Nagelei, sagte Weiße.

Es war mehr als Sex, raunte Heinrich. Es war Liebe.

Jarmuskewicz furzte und sagte: Pardon. Gäbler war letzten Sommer in einem Kinderferienlager Schwimmhelfer gewesen und hatte einer Pädagogin beigelegen. Bis ich die Möse gefunden habe, klagte er, bin ich bald wahnsinnig geworden.

Hättst dir manches ersparen können, lehrte Weiße. Man kann Frauen durchaus bitten, daß sie sich den Schwanz selber reindrehen. Erzähl ich gleich. Jarmuskewicz?

Jarmuskewicz brubbelte, er sei ja aus Berlin, *und da bumst es schon mal hier und da.* Er stehe aber *uff Jefühl,* welches leider selten sei.

Jetzt also Weiße: Ich geh mit meiner Kleenen seit'n halben Jahr. Ich geb's ja zu: Die ersten drei Wochen nur Petting. Sie war achtzehn, noch Jungfer. Dann hatt ich sie so scharf gemacht, daß sie naß rumrannte, wenn sie bloß an mich dachte. Sie bettelte. Sie wollte es. Ich gab es ihr. Sie hat mir den Rücken zerkrallt bis ins Fleisch.

Andächtiges Schweigen. Dann sagte Schlaube: Das wär mir nichts.

Es geschah der Putsch in Chile. Herr Dömmel trat vor die Klasse, der Ausbildungsleiter. Das Unfaßbare sei geschehen. Der Klassengegner versuche, das Rad der Geschichte zurückzudrehen. Es werde ihm nicht gelingen. Ich verrate euch, sprach Dömmel, aber ihr müßt schweigen, daß schon im nächsten Frühjahr die Rote Armee in Chile landen wird. Gleich geht das leider nicht. So ein siegreiches Unternehmen will ja vorbereitet sein. Ich schlage als Sofortmaßnahme vor, wir schicken eine Protestresolution an die Militärclique in Santiago, diese Mörder-Marionetten der

CIA. Wer verfaßt den Text? Bangemann, Heinrich, Weiße?
Danke. Morgen haben wir bitte den Text, dann unterschreiben alle.

Erst fünf Wochen war es her, da hatte Heinrich bei den
Weltfestspielen der chilenischen Gruppe Inti Illimani ge-
lauscht. Die weichen Trommeln, die andischen Flöten be-
törten sein sehnendes Herz, und daß der Volkspräsident
Allende *gut* sei, wollte er immer glauben. Von jeher schätzte
er die exotischen Beigesellen der Bürokratischen Republik.
Mikis Theodorakis eingekerkert? Heinrich bedrängte die
Athener Junta mit selbstgetuschten Protest-Nelken. An-
gela Davis vom Gastod bedroht? Heinrich protestierte vermittels einer Postkarte, die dem Pionier-Organ *Die Trommel* beigegeben war. Was Allende betraf, so hatte er den
Sozialismus demokratisch an die Macht gebracht. Selbstverständlich schätzte Heinrich keinerlei blutige Revolution. Philosophisch pflegte er derzeit einen Determinismus
des milden Blicks: mit seelisch-ästhetischen Ausbuchtun-
gen, wo etliche Erwählte in der Nähe Gottes nisten könnten, bis der kausale Sturm vorüber war. Ob Gott die Wel-
ten lenke, mochten Fahrschüler fragen. Heinrich steuerte
nirgendwohin. Er behauste die Wälder der Ahnung.

Nischenmentalität hieß derlei später vulgär: der Mensch
als Brutvogel observiert. Dömmel nannte es *subjektiven
Idealismus*, als Heinrich vor versammelter Klasse mal
schildern sollte, was er denn so denke. Der subjektive Idealist, wußte Dömmel, rennt mit seiner Birne gegen die Wand
und sagt nicht: Aua!, sondern: Da ist gar keine Wand, alles
spielt sich nur bei mir im Koppe ab. – Da ward die Klasse
erfüllt vom überlegenen Gelächter der wissenschaftlichen
Weltanschauung. Heinrich aber fragte: Wissen Sie, was
geschieht, wenn ich das Fenster öffne? – Es wird kalt, sagte
Dömmel, also lassen Sie das. Heinrich hob mahnend den
Finger und sprach: Nein, es kommt ein Pferd vorbei. Dömmel eilte zum Fenster und riß es auf: Wo ist das Pferd? –
Ich sagte nicht, es komme hier vorbei, verwies ihn Heinrich; die Klasse griente. Aber irgendwo auf der Welt geschieht es gewiß. Oder wollen Sie *ernstlich* behaupten, es
gäbe in irgendeiner Sekunde auf diesem Planeten ausschließlich reglose Pferde, die nirgends vorbeikommen? Das
Wichtigste ist der Standpunkt des Betrachters – wenn Sie

so wollen: Parteilichkeit, gemäß der Lehre von Marx, Engels und Lenin.

Dömmel verrammelte das Fenster. Wäre das Pferd hier und jetzt aufgetaucht, sagte Heinrich, so hätte ich es Eberhard genannt. – Setzensesich! brüllte Eberhard Dömmel. Wir sprechen uns! Solchen wie Sie gehört die Zukunft nicht!

All dies war noch gar nicht vorgefallen, als Heinrich, Weiße und der kleine Bangemann anderntags zwei Resolutionen vorlegten. Weiße und der kleine Bangemann hatten sich vom *Neuen Deutschland* inspirieren lassen, Heinrich von seinem Originalitätsbedürfnis. *Die Unidad Popular*, hatte er geschrieben, *bewies jedermann, daß die Welt Gewaltlosigkeit und guten Willen braucht, nicht Blutvergießen, Revolution und Konterrevolution. Salvador heißt: Erlöser. Salvador Allende zeigte, daß die Arbeiterklasse auch friedlich, also durch Wahlen, an die Regierung kommen kann. Der Putsch in Chile erschüttert uns so sehr wie unsere Eltern vor wenigen Jahren ein anderes Ereignis in der ČSSR.*

Das ging nicht gut aus. Hier spreche der Klassenfeind im Schafspelz, eiferte Dömmel und erteilte der Klasse für den Rest der Stunde Rauchgebot, wegen Gefechtssituation. Vielleicht sei Heinrich selber nicht bewußt, wie stracks er schon auf falscher Fährte wandle – gewiß auch eine Folge gegnerischer Rockmusik. Heinrich erbleichte, als fast alle Kameraden diese filigrane Analyse benickten; oder sie schwiegen: schwiegen im Kleinen das Große Republikanische Schweigen, wie es Heinrich immer wieder hören sollte, von so vielen Landsgenossen und noch sechzehn Jahre lang, bis hin zum Großen Vaterländischen Gebrüll. Jetzt stammelte Heinrich was von Inti Illimani und den Weltfestspielen, worauf der kleine Bangemann bedeutsam in die Klasse sprach, auch er sei letzten Sommer in Berlin gewesen – gewiß intensiver als Heinrich, und er könne das beweisen. Man quakte. Der kleine Bangemann präsentierte den Beweis bei jedem Umtrunk im »Gartenheim«: einen Tripperschein.

An diesem Septembertag des Jahres 1973 erfuhr König Heinrich, daß die Weisheit seiner *pax Henrici* hier nicht mehrheitsfähig wäre, dankte mangels Volk einstweilen ab und verkroch sich ins Philosophenhäuschen. Dort residierte er in selbstgerechter Bitternis, empfing aber Jünger. Gotthold beispielsweise, der das Orgelspiel beherrschte und dem neuapostolischen Glauben anhing statt der FDJ. Wie denkst du über Krieg und Revolution? forschte Heinrich. – Gotthold wußte: Sie sind Sünde. – Warum hast du bei Dömmel geschwiegen? – Man muß nicht dauernd den Kopf raushalten. – Und wenn jeder so dächte? – Der HErr wird's wohl richten, sagte Gotthold leise. Sei beruhigt, Heinrich. Reg dich nicht immer so auf. Gott schreibt auch auf krummen Linien gerade. – Und wie rettest du die Welt? Gemütlich vom Klo aus? – Gotthold: ER rettet, ER regiert.

Monotheistisch geprägte Kulturen neigen zum Singular, denn sie begreifen als Erstes Gebot die Erkenntnis des Höchsten. Unser Begriff vom Krieg ist absolut; darum setzen wir dagegen absoluten Frieden. Wie Liebe Staatsräson sein könnte, hatte sich Heinrich schon während seiner romantischen Regentschaften als Henri Quatre und als Soldatenkönig gefragt. Damals verfügte er die Absetzung der Todesstrafe, da er lieber noch als mächtig wünschte, ohne Schuld zu sein. Wie viele ihm ähnelten in der Verachtung jeglicher Gewalt, erfuhr Heinrich erst während der Herbstrevolution von 1989. Hier aber stand Dömmel, mit Arg und viel List: Ist Gott allmächtig? – Was ER so nennt, nicht ich. – Kann Ihr Gott einen Stein erschaffen, so groß und schwer, daß er ihn selber nicht hochkriegt? – Satan sprach zu Jesus in der Wüste: Mach aus Steinen Brot. – Großartig. Hat er's getan? – Er vermehrte zwei Brote und fünf Fische und speiste fünftausend. – Und die Hungertoten in Afrika? – Die brauchen nicht ein- oder zweimal was zu futtern, sprach Heinrich und reckte das Kinn, die brauchen Gerechtigkeit: Sozialismus! – Kichernde Klasse; Dömmel war baff. Wo ist Gott in Stalingrad gewesen, fragte er, seltsamerweise. Heinrich sagte: Am Kreuz. – Wollen Sie behaupten, er war auf der Seite von Hitlers Wehrmacht? – Nein. – Wo ist er jetzt? – In mir und in Ihnen. – Letzteres war Dömmel gar nicht recht. Er mußte ein Ende machen: Könnten Sie uns Ihr Glaubensbekenntnis erklären, aber bitte ohne Bimbamborium, auf eine für wissenschaftliche Menschen zumutbare Art! Heinrich sagte: Energie kann nicht verlorengehen.

Sie fuhren alle heim. Sechs Wochen waren um – eine kleine
Weile in bewegter Zeit, eine Ewigkeit für diese Kinder, denen soviel durcheinanderpolterte, während Heinrich nach
altem Dünkel dachte, er erlebe alles ganz allein. Alle standen sie neben ihren dicken Taschen am Internat. Heinrich
zerrte Vaters alten Vulkanfiberkoffer. Rechts ragte die
Halde. Gegenüber lagerte das herbstlich kahle Feld, am
Horizont bemessen von der alten Bahn. Hinter ihnen dunkelte der Wald. Nicht einmal das nahe Dörfchen war in
Sicht, so einsam lebten sie.

Jetzt hielt der Bus. Sie fuhren bis Freiberg; da waren drei
von ihnen fast zu Haus. Der Pulk reiste weiter nach Dresden und teilte sich dort nach Leipzig und Berlin. In Leipzig
war's fast Nacht. Wenige mußten noch nach Halle. Und nur
zwei, Heinrich und der kleine Bangemann, harrten dort in
der Mitropa ihrer Züge Richtung Harz. Fettflockige Gu-
laschsuppe löffelten sie, mit weißen Plaste-Eierlöffeln, und
tranken Bier um Bier. Sehr klein war der kleine Bangemann, und wünschte als Ersatz ein großes Maul zu haben,
und war so tragisch wild verliebt in Elke, das verlobte Mädchen aus Berlin, daß er sprach, wie zu sprechen Heinrich
nie gelang, denn der hielt noch Rilke für die höchste Form
der Brunst. Ich liebe sie, sagte der kleine Bangemann. Ich
träume nur von ihr. Du hörst mich öfter Scheiße reden, bei
Dömmel oder so; das bin ich nicht. Ich bin in Wahrheit ganz
woanders. Ich streichle sie. Ich reiß ihr die Klamotten runter. Ich pell sie aus den Jeans, zerfetze ihren Slip und ste-
che sie ab. Sie wimmert und wirft den Kopf hin und her. Ich
laufe völlig aus. Jetzt streichle ich sie wieder. Ganz naß ist
sie. Ihre schwarzen Locken kleben an der Stirn. Sie lächelt
ins Leere, wo ich auch bin – hier und dort und überall.
Dann schmiegt sie sich an mich, und wir schlafen ein, und
schlafen und schlafen. Das träume ich, schniefte der kleine
Bangemann und tupfte sich mit den Handballen die Augen.
Jetzt ist sie schon lange in Berlin, und ihr Kerl hält seinen
stinkenden Schwanz in sie rein.

Heinrich suchte im Tausch ein wenig Bettina beizusteu-
ern. Es klang verblasen und arm. Haste 'n Bild? fragte
Bangemann. Sieht'n bißchen schmal aus untenrum, aber
ganz wacker. Heinrich, du fährst nach Gera! Renn ihr die
Bude ein! Mach was Irres! Du darfst bloß nicht artig wir-

ken oder immer mit deiner intellenten Macke rummachen. Das finden Frauen lahm. Frauen wollen EINS! – Zwischen gekrümmten Fingern erschien, geschwärzt von Ausziehtusche, Bangemanns Daumen. Du mußt WOLLEN, sprach der Däumling. Dein Wille geschehe!

Ist es für dich ein Problem, daß du, also, öhm, nicht allzu groß bist?

Meinst'n, warum ich saufe, sagte Bangemann. Aber Elke ist demnächst fällig. *Under my thumb*, Alter.

Ich glaube, der Bettina bin ich zu dünn.

Ja, druffpacken mußte. Sonst wissen die Weiber ja nicht, wo se sich festhalten sollen. Bier, Alter, Bier, Bier, Bier! Bringt mehr Masse wie jeder Sport.

Dann fuhr auch Bangemann. Heinrichs Zug ging erst um halb drei. Mit nächtigen Augen schweifte Heinrich durch den trüben Saal, über die blätternden Wände, die Fresken von Fett und Fliegendreck, die welken Speisen in den Vitrinen. Eisig zog es von der Tür. Der Filzvorhang klaffte schief. Unendlich gemach ruckte der Zeiger. Ein krüppliger Schieler kam geschlurft und wischte Heinrichs Tisch mit einer seifigen Jauche. Voller Strandgut hockte der Raum – schiefe, hängende Gestalten in speckigen Anoraks, grindige Schädel, wunde Lider, greuliche Gebisse, die schlabberten Bier und sabberten Leid: offne Beene, Saukälte und Husten, Wally ooch jestorben, mit'n Russen bumsen is 'ne Sauerei. Wieso, is doch ihre Sache, wen se rinläßt. Meiner, du bist ooch bloß 'n Stücke Fleisch. Haste Ahnung von Buna? Und klappt es nich uff dieser Welt, dann sehn wir uns in Bitterfeld.

Kurz vor vier erreichte Heinrich die Heimat. Die Häuser standen schwarz und stumm. Noch immer flackerte am Schulhof die Laterne wie eine alte gelbe Ampel: an – aus, an – aus. Niesel überrieselte das arme Licht und lackierte den Asphalt. Heinrichs Schritte hallten matt. Er fand den Haustürschlüssel im Stamm der Kastanie und den zur Wohnung unter Vaters grauem Kittel im Flur. Er zog sich aus und kroch in sein kaltes Bett. Fast wollte er weinen, da schlief er ein.

Das wurde eine andere Bahnfahrt vier Tage darauf. Als Heinrich wieder packen mußte, tat er das mit Eifer, und als er in den Zug stieg, war er froh. Vater brachte ihn zum Bahnhof, wie er das noch zwanzig Jahre machen würde. Selbst als er nur noch halb bei seinen Kräften war, blieb ihm dies Bedürfnis: seine Kinder an die Züge zu geleiten, die sie so fern nicht tragen konnten in dem kleinen Land, aber immer hintern Horizont. Also dann mach's man gut Junge, sagte er, Kuß, und lächelte scheu unter der Baskenmütze. Winkte lange hinterdrein. Wich nicht, solange man ihn sah. Denn er war treu. Andere gingen; er blieb. Verlust war nicht zu hindern; da wollte er, daß keiner *ihn* verlor.

Doch, Heinrich bestaunte den eigenen Drang zum Aufbruch. Ging es ihm in Sachsen denn so wohl? Nein, aber *Heimat* wollte sich dehnen. Ein souveränes Schwadronieren hatte Heinrich daheim bei den Mahlzeiten angeschlagen und fortgeführt in etlichen Briefen an Urlaubsfreunde aus dem Lutherstift. Bettina? Hatte geschrieben. Heinrich riß auf. *Du kannst ja ganz schön offen sein*, las er. *Ich war aber nicht geschockt oder so, nur erstaunt. Ich habe schon öfters Briefe geschrieben und dann nicht abgeschickt. Es ist gut, daß Du's getan hast.* Der Rest ging ihn weniger an. Sie hatte eine West-LP von Emerson, Lake & Palmer bekommen, »Pictures At An Exhibition« nach Mussorgsky. Sie hatte ihre erste Party organisiert. Sie war bei einem Omega-Konzert gewesen. Die 10. Klasse hatte angefangen. Der Brief wies keinen Rechtschreibfehler auf, was Heinrich wohlgefiel. Seine Antwort verschob er auf einen Zeitpunkt literarisch-existentiellen Hochgefühls.

Wieder durchwachte er die Nacht vor der Reise in seiner Kammer. Wieder hämmerte »In A Gadda Da Vida«, siebzehn ewige Minuten lang, aber diesmal verhallte alles wüst und leer. Hohl schrillte die maurische Orgel; das Schlagzeugsolo war ein lästiges Geratter; selbst die kreischende Reprise, die ihn immer süß geängstigt hatte wie ein wohlvertrauter Alp, überhörte er zerstreut. Er mußte sicher trinken. Drei große Flaschen »Mammut-Bräu«, das war für ihn noch viel. Er trank, durchspulte Bänder und lauschte seiner Liturgie: »Telling Your Fortune« von Chicken Shack, »Oh Well« von Fleetwood Mac, Emersons »Tarkus«, »Military Madness« von Graham Nash ... Danach war er so voll erborgten Gefühls, daß er Bettina schreiben wollte. Es ging nicht. Er kritzelte Zeug. *Sie* fühlte er nicht.

In Halle stieg der kleine Bangemann hinzu. Man sprach praktisch. Die Nacht in der Mitropa wurde nicht erwähnt. In Leipzig und in Dresden schwoll der Pulk, schnatternd überdreht wie Heinrich, und als sie dann ins Internat einrückten, mit viel Kraft für viel Radau, da hätte eine Fete steigen müssen. Es erschien aber Heimleiter Riediger und mahnte zur Nachtruhe. Der morgige Tag, sprach er in seiner beherrschten Art, verlangt von allen Beteiligten vollste Konzentration. Sie sind doch reife junge Menschen!

Licht aus. Wie war's, Männer? rief Weiße. Heinrich sah sich außerstande, das feine Weben seiner Seele derart bündig zu raffen. Indessen Weiße wollte selber reden: Mit meiner Kleenen ist Schluß. Scheiße. Hab geflennt, geb's zu. Aber nicht vor ihr. Jetzt hatse 'n Ringer. Hat gleich angefangen, wie ich weg war, die Nutte. Ich brettere mit dem Moped die Straße runter, da seh ich die beiden. Ich bremse haarscharf, schieb die Sonnenbrille hoch und sage: Hallo Süße. Sie war total erschrocken, und der Macker glotzte blöd. Ich sage noch: Vergiß die hübschen Sachen nicht, die ich dir beigebracht habe. Weißt du übrigens, wie sie unser schönes Städtchen anderswo nennen? Nutten-Z. – Dann zieh ich die Sonnenbrille runter und mach 'n Kavaliersstart.

Fredrich schnaufte: Lässig, eh!

Gäbler: Wenn die Weiber zu läufig sind, kann keine vertrauensvolle Partnerschaft entstehen.

Jarmuskewicz erklärte, es gebe warme Kühe und kalte Ziegen; zum Bumsen seien aber kalte Kühe klasse, zum Heiraten warme Ziegen.

Heinrich fand, Weiße hätte mit dem Mädchen reden müssen. Bestimmt sei alles viel komplizierter.

Schlaube sagte: Absolut idiotisch, Ende Oktober mit Sonnenbrille Moped fahren.

7

Sie hieß Gerda. Heinrich hatte sie einfach übersehen. Sein endlich genesenes Interesse am Weibe war zunächst der Berlinerin Marina zugefallen. Marina, schon achtzehn und ein Kumpeltyp, trug Igel, Turnschuhe und Jeans, rauchte

»Alte Juwel« und *konnte mit jedem* – sogar mit Dömmel,
sogar mit dem zotigen Elektro-Ausbilder Stülpner, sogar
mit Heinrich, in dessen Arbeitsgruppe sie täglich lötete
und fräste. Warum bist du immer so müde? fragte sie ihn,
und er verriet, daß er sich jede Nacht ins Klassenzimmer
schleiche, um bei kleiner Lampe Shakespeare zu lesen. Ick
find Agatha Christie jut und Harry Thürk, sagte Marina.
Shakespeare kenn ick nich. Is garantiert langweilig, so wie
»Faust«. Heinrich fühlte ähnlich, verspürte aber, wenn er
den königlichen Wahnsinn las, ein Rauschen und Brausen,
von welchem Vater einmal geschwärmt hatte, dies wäre
das Numinosum; er sei ihm begegnet, als er 1935 mit der
Hitlerjugend eine Wagner-Aufführung besuchte. Schweigend, numinos vergattert, seien sie damals ins nächtliche
Zeltlager heimmarschiert. Schweigend marschierte Hein-
rich nebst Marina durch die Dämmerung, wild entschlossen, sich für neuerlich verliebt zu halten. Sie liefen die alte
Chaussee entlang, über die Schwellen der Bahn, der Loch-
mühle zu, dem Wald. Ein Käuzchen schrie. Heinrich dachte:
Jetzt kommt mein Pferd vorbei, denn es ist ein Beweis für
die Ewigkeit Gottes, nicht für seine Existenz, daß zu allen
Zeiten immerfort Gleiches geschieht, aber mit anderen
Menschen. Marina wußte längst, daß neben ihr an einer
Resolution des Herzens gebastelt wurde, und sagte im letzten Augenblick: Weeßte Heinrich, ick hab 'n Problem. Ick
mag den Lothar.

Marina war ein Medium für Bettinas Verschwinden. Heinrich, statt zu leiden, mußte also Gerda finden. Sie hielt sich
am Rande, ein Neubau-Mädchen aus Frankfurt an der
Oder, nach den Klassengesetzen der Bürokratischen Republik ein *Arbeiterkind*. Heinrich zählte, wie von seinem
alten Klassenlehrer Grenzebach bestimmt, *der sozialen
Herkunft nach zur Intelligenz, allerdings nicht zur Bünd-
nisintelligenz der Arbeiter und Bauern.* Dies Bündnis mit
der Arbeiterklasse endlich zu schließen, schien Heinrich
angesichts von Gerda täglich dringender. Sein Herz ent-
flammte leicht wie Nitro-Film, aber hatte es nicht Gründe?
Wie schlicht sie war, wie *rein*! Wie selten sie lachte! Wie
schön sie schwieg! Wie weltverloren sie die Unterlippe
schürzte, als ginge sie fort, wo andere kommen. Wie ihr
das Technische mißlang – dies vor allem war Heinrich eine

Wärmung in der kalten Welt von Ohm und Faraday. Und gerne lauschte Gerda seiner Predigt, sonderlich während der Pausen in der Metallwerkstatt. Wenn das lüsterne Kreischen und Reißen der Maschinen verstummte, rührte Heinrich türkischen Kaffee und orakelte von Kunst. Heute abend kommt im Fernsehen »Erziehung vor Verdun«, mahnte er die Kameraden. Den müssen wir sehen! – Mußten sie nicht. Alle, bis auf Heinrich und Gerda, votierten für's andere Programm. Dort lief »Das Superhirn«, Gaunerkomödie mit Belmondo, und ward von jedermann für köstlich befunden. Gerda aber saß im hinteren Trakt des Internats bei Heinrich auf dem Küchenschalter, und Heinrich las ihr vor: *Da richtete ich mich auf, die feuchten Pflastersteine taten den Händen wohl, und ich stelle fest, rechts und links von mir, vor und hinter mir: lauter tote Leute. Blaue, erstickte, geschwärzte Gesichter, eine unheimliche Masse … Ich möchte nicht gehängt werden, ich möchte auch nicht erstickt werden, ich werde keinen Gashahn aufdrehen, und unsere Gasangriffe erregen mir Übelkeit, wenn ich daran denke. Nein, einen anständigen Granatsplitter im Kopf oder einen guten Herzschuß, das ist alles, was ich mir wünsche.*

Ist das zynisch? fragte Gerda.

Nein, sagte Heinrich, das ist der Krieg.

Der ungerechte, imperialistische Raubkrieg sicher. Aber wird hier nicht unzulässig verallgemeinert? Was ist mit Chile und den Befreiungskämpfen in den jungen Nationalstaaten?

Es gibt kein gerechtes Schlachten von Menschen.

Und wenn man überfallen wird? Was soll unsere Republik tun, wenn der Westen einmarschiert?

Gar nichts. Stillhalten. Kein Blutvergießen, das ist immer das Wichtigste. Die neue Macht kann mit den Menschen auch nichts anderes machen als die alte.

Und wenn die Nazis kommen würden?

Sie kommen aber nicht. Bloß die hier wollen, daß du so fragst und glaubst, die drüben wären Nazis. Ich glaube, daß rein menschlich zu allen Zeiten immerfort Gleiches geschieht, obzwar mit anderen Menschen. Das ist auch der Beweis für die Ewigkeit Gottes, wenngleich nicht für seine Existenz.

Gerda sagte: Das verstehe ich nicht. In der nächsten

Viertelstunde tränkte Heinrich sie mit dem Sprudel seiner Gottesahnung. Gerda fragte: Warum hat Gott erlaubt, daß das Baugerüst meinen Vater erschlug?

Da mußte Heinrich schweigen. Auch hatte er ja nicht ganz reinen Herzens vorgelesen, sondern zur Rührung des ihren. Er war doch noch ein Kind Surcoufs und dachte, wenn überhaupt im Kriege, so unter Gerdas Augen zu sterben und wie Volker von Alzey, der Rock'n'Roller aus Rudolf Herzogs »Nibelungen«: *Ein brüllender Löwe, so lief Hildebrand Volker an, und so hageldicht fielen des Alten furchtbare Hiebe, daß Herr Volker von Alzey für immer das Singen vergaß. Lebt wohl, ihr Herren vom Rhein! rief er und sank mit zermalmten Gliedern in sein Blut.* Noch bevor er so veredelt nach Walhalla reiten konnte, klirrte die Glastür vorn am Gang. Klack, klack, auf spitzen Hufen tackte Elli Riediger herbei, des Heimleiters giftiges Weib. Aber runter vom Küchenschalter! kreischte es. Denken Sie, wir wollen essen, wo Sie mit Ihrem dreckigen Hintern ... Nein? Sie denken nicht? Haben den Kopf nur zum Grinsen?

Gute Nacht, Heinrich, sagte Gerda. Keins von unseren Mädchen liest je solche Bücher. Heinrich ging auf sein Zimmer und vertiefte sich in jenes andere Werk des Arnold Zweig, das ihm viel lieber war und das er Gerda noch verschwieg. *Seine Küsse erstickten ihr im Mund etwas, das ein Stöhnen sein konnte und auch ein jauchzendes und triumphierendes Gelächter: eins, das aus tiefsten Gründen und Dickichten hervorsprang, ein Elf. Es lachte über alle Ängste und alle Schwierigkeit, über Claudia und Walter, über den ganzen Geist und alle Scheidungen und Hemmnisse; es lachte über die ganze Seele. Ans Fenster stieß der Wind. Er flog von Berg zu Berg unter der schwarzen Brücke des sternfunkelnden gewölbten Himmels und rührte das ebene Wasser des Sees zu kleinen Wellen auf. Sie liefen an den Strand mit hellem Klickern, das wie Gezwitscher klang, und schaukelten sacht ein Boot und die Herden stiller Fische, die im schwarzen Wasser standen und schliefen.*

Fortan saßen sie oft beieinander. Sie sprach von sich, der Kindheit, vom Tode des Vaters, von Stiefvaters grober Hand, der sich die Mutter füge. Sprach von den beiden Brüdern, von all der Enge ringsum; und daß sie niemals *gesprochen* habe. Heinrich lernte hören. Kennst du das? lachte sie: *Heinrich, der Wagen bricht / nein, o Herr, der Wagen nicht / es ist ein Band von meinem Herzen / das da lag in großen Schmerzen / als Ihr in dem Brunnen saßt / da Ihr noch ein Frosch gewast.* Heinrich, dieser Frosch war ich.

Er wurde ihr bester Freund. Sie traute ihm völlig. Froh sah sie ihre Welt durch seine Augen. Sie machte ihn zu ihrem Lieblingsbruder. Aber Heinrich suchte anderes. Warten konnte er noch und zeigte vorerst Treue, Unschuld, Rittertum. Fälschlich hielt er Liebe für die Evolution der Freundschaft. Er wandelte geduldig als Licht vor ihren Wegen. An einem Sonntagmorgen im Dezember fuhren sie in die Stadt und besuchten die katholische Messe. Sie war noch nie in einer Kirche gewesen; er genoß den Schritt vom protestantischen Wege. Der Priester lud zum Sakrament. Bleib auf deinem Platz, beschied Heinrich Gerda, ging zum Altar und empfing die Oblate. Von fern gedachte er der Stimme des Vaters: *Desselbigengleichen nahm ER auch den Kelch nach dem Abendmahl …* Hier trank nur der Priester *das Blut.* Heinrich war darob erhaben. Schon als Kind hatte er sich öfters selbst sakramentiert; Vaters Abendmahlswein stand in der Speisekammer. Er ging hin in Frieden. Gemessen kehrte er zurück an Gerdas Platz. Sie saß mit geschlossenen Augen und lauschte der Orgel.

Dann wanderten sie lange durch Winterland. Fahl hing die Sonne in der bleichen Luft. Es war ganz still und schneite immer mehr. Schnee sank auf Schnee. Jeglicher Laut ertrank. Kaum hörten sie hinter sich die Wagen kommen. Am Forsthaus hinterm Gatter blaffte der Hund; weiß rauchte sein Rachen. Im Wald begann bereits die Dämmerung. Vor ihnen die mächtige Fichte kippte plötzlich ihre Last auf den Weg; das sah so eisig aus und klang so warm. Erleichtert schwangen die Zweige. Gerda fror und stapfte leider zügig aus. Ein Zeichen will ich, dachte Heinrich, denn bald wären sie daheim. Er gewahrte keines, auch nicht die beiden Elstern bei der alten Scheune.

Am Abend saß Weiße auf dem Bettrand und kraulte sich die Hoden, was er *eine Grundvoraussetzung* nannte *für fruchtbares Denken.* Wenn du an Gerda wirklich interessiert bist, sagte er, dann mußt du dich beeilen. Axel bewirbt sich auch.

Es konnte nicht sein. Es stimmte. Binnen zwei Monaten trug Gerda einen abscheulich breiten Verlobungsring. Axel war ein Eigenbrötler aus dem zweiten Lehrjahr und Heinrich bislang nur durch mecklenburgischen Sarkasmus – nein, nicht aufgefallen. Diesem verband sich Gerda. Sie kamen von der Heimfahrt und hatten sich verlobt. Der Klatsch war dankbar und erwähnte den hinterbliebenen Heinrich mit schmählichem Trost. Heinrich tobte in den Wald und heulte vor Zorn. Stürmte heim, stellte Gerda, zerrte sie ins unbelauschte Freie und brüllte unter hellen Tränen: Warum? Warum? Warum? Liebst du ihn?

Das weiß ich nicht, sagte Gerda.

Warum dann?

Weil er mich braucht.

Ich auch!

Nein, nicht so. Du kennst ihn nicht. Er ist – arm. Du bist nicht arm.

Doch! Weißt du nicht, daß ich dich liebe, wie einer nur lieben kann?

Das weiß ich, Heinrich. Aber denkst du, ich könnte mit meinem Bruder schlafen?

Was hat er mehr als ich?

Er hat weniger, das ist es ja. Dich hab ich lieber. Du bist mein Bruder. Er wird nur mein Mann.

Und wenn ich dein Bruder nicht länger sein will, falls du bei diesem öden Fischkopp bleibst?

Da wäre sehr sehr sehr schlimm für mich und würde nichts ändern.

Nach diesem erfrischenden Auftritt floh Heinrich zum kleinen Bangemann und mit diesem ins »Gartenheim«. Heinrich soff vor Kummer, Bangemann vor Glück, denn Elke hatte ihr Verlöbnis gekündigt und hielt sich neuerdings zu des kleinen Bangemanns geschlechtlicher Verfügung. Erstmals trank Heinrich *sto gram*, den Zahnputzbecher Klaren. Sein Hirn ward Watte.

Bangemann berichtete ihm am nächsten Tag. Heinrich sei laut geworden, habe die ländlichen Produktivkräfte *Gesinnungsbauern* geschimpft und mit einem hünenhaften Traktoristen zum Showdown den Schicksalsgang *nach draußen* angetreten. Die ganze Kneipe habe angstvoll hinausgelauscht, indes Frau Martin, die Kneiperin, Heinrichs Brille verwahrte, denn sein Duellant wurde im Dorf *der Brecher* genannt.

Ich hab gebrochen, sagte Heinrich. Scheißschnaps. Ich weiß jetzt wieder. Ich hab dem Typen erzählt, daß ich unwahrscheinlich unglücklich bin. Da hat er geheult und gesagt, er auch.

8

Man hat in der neuen Zeit den treuen Heinrich oft gefragt, ob er *gegen das System* gewesen sei. Natürlich, sehr. Anderseits ... Was waren Systeme? Er löste sie sich auf. Sein Denken war von Anbeginn Erinnerung, seine Analyse das Erzählen, sein Axiom die fabula rasa. Wir lasen, er habe damals nach Symbolen gesüchtelt; das meinte nicht die Glaubenskürzel einer Sozietät, sondern ureigene Assoziationen, Raunwörter, Merkzeichen am Wege, die keiner hätte deuten können als Heinrich ganz allein. Er war nicht begabt zum kategorialen Schluß. Er sah den Wald vor Bäumen nicht, vor Ästen keinen Stamm, und weil da so viele Blätter waren, kam er als Systematiker auf keinen Zweig. Gott ging es ähnlich. *Weißt du, wieviel Sternlein stehen / an dem blauen Himmelszelt / weißt du, wieviel Wolken gehen / weithin über alle Welt / Gott der Herr hat sie gezählet / daß ihm auch nicht eines fehlet / an der ganzen großen Zahl / an der ganzen großen Zahl.*

Nach der *Wende* sah sich der einzelne Heinrich unangenehm umringt von der Genossenschaft ganz anderer Systemkritiker, die immerzu *Ja aber!* riefen, wenn die Übeltaten der Bürokratischen Republik nicht einfach aufgezählt, sondern systematisiert werden sollten. Die BR ein Unrechtsstaat? *Ja aber* man darf doch nicht vergessen, daß ... *Ja aber* man soll auch erinnern, was ... *Ja aber* man muß doch berücksichtigen, wie sehr ... der Kalte Krieg ... und drüben der Verfassungsschutz ... und der Mensch als solcher. Hätten wir wollen gedurft, müßten wir mögen sollen, aber so? Das reißen die Westler nämlich gern aus dem Zusammenhang, bloß die Wirklichkeit, die läßt sich nicht vergleichen. *Weißt du, wieviel Mücklein spielen / in der heißen Sonnen-*

glut / wieviel Fischlein auch sich kühlen / in der klaren Was-
serflut / Gott im Himmel hat an allen / seine Lust, sein Wohl-
gefallen / kennt auch dich und hat dich lieb / kennt auch
dich und hat dich lieb.

Individuen wie Generationen sollen ihre Zeit den Späteren zur Einsicht und zum Urteil öffnen. Wer vergleichen
lernt, der kann auch unterscheiden. Schon eingangs wäre
man Heinrich gern in die Parade gefahren bei seinem Plä-
doyer fürs unvergleichlich einzeln Erfahrene, wider die gro-
ben entlebten Begriffe von Leben. Aber lassen wir ihn gewähren als getreuen Sammler der *temps perdu*, solange er
sich nicht als Verteidiger ans Zeitgericht berufen lassen
möchte, um das Große Böse zu zerbröseln in tausend
schnurrige Missetätlein. Immer hat er ja gestaunt, wie *die*
Oppositionellen das Wesen des Unrechtsstaates erkannten (und er damit das ihre), wie sie Akten schleuderten,
Beweise der Daten und Fakten ihrer Gewißheit. Fakten
stiften aber keinen Glauben. Woran du dein Herz hängst,
sagt Luther, das ist dein Gott. Hingen sie *damals* an
nichts? Hatten sie keinen Fußballverein, keine Lieblings-
band *von hier*? keine Landschaft? kein ungelogenes Glück?
kein wahres Leben im falschen? nur ihren gottlos klaren
Geist, der selten blinzelte und niemals schlief?

Nein, Heinrich war nicht blind. Er wußte, was geschah
im Land – nicht alles, doch vielleicht sogar genug, um bei
den Späteren ein mitgelaufener Schweiger zu heißen. Er
selbst bedauerte ja die seelische Enge der Älteren, die zu
Nazizeiten nichts bemerkt, gar nicht gewußt haben wollten. Mutter wußte immer; Großvater Hugo hatte Hitler ge-
haßt. Vater merkte spät. Er fuhr, Fronturlauber, im Sommer 1944 mit seinem Vater Rad in den Bergen hinter Halberstadt. Plötzlich ragten Verhau und Stacheldraht, wo
vor dem Kriege freier Weg gewesen. Zerlumpte in gestreif-
ter Kluft starrten sie an, nackte Schädel, tote Augen. Der
schroffe Ruf eines SS-Manns gebot den beiden Radlern Halt.
Sonntagsausflug? Lächerlich! Mitkommen! Man ließ sie
schließlich laufen in ihrer unbedarften Fassungslosigkeit.
Nie wieder sollten sie sich blicken lassen nahe dem Lager
Zwieberge. Als sie den grausen Wald verließen, sagte Vater endlich: Diese armen Menschen, das können doch nicht
alles Kriminelle sein.

Daß Soldaten Mörder wären, glaubte Heinrich immer. Auch wer Befehl zum Töten hat, ist Mörder, und wer mordet, den rettet keine Lehre vom gerechten Krieg. Daß dennoch Soldaten Kriege mit reinen Händen überleben, geschieht aus Gnade, nicht auf Kriegs Geheiß. Heinrich dankte dem himmlischen Vater, daß sein Soldatenvater keinen Menschen hatte töten müssen und nur einen verwunden. Es geschah in Frankreich. Die Wehrmacht plünderte. Heinrichs Vater raubte aus einem Schloß an der Loire jenen Nachtschrank, der später Heinrichs Töpfchen barg, und stellte ihn im Kompaniezelt auf. Nachts fiel der Spieß darüber und brach sich das Knie. War's dieses traute Erbe, war's der tiefe Friede von Honeckers Gründerjahren – jedenfalls zog Heinrich keine Wehrdienstverweigerung in Betracht, als für die Zöglinge der Kinoschule *Musterung* anstand. Zuvor trieb Dömmel die meisten Schäfchen ins Einzelgespräch, zwecks Werbung zu längerem Dienst. Heinrich wurde dessen nicht gewürdigt, aber Weiße und Gäbler, der sich Weiße gern anschloß, erklärten abends im Bett, sie hätten sich als Offiziere verpflichtet, auf fünfundzwanzig Jahre, mit Standortwunsch Berlin.

Total irre, schnaufte Fredrich.

Ihr seid so was von bescheuert, sagte Jarmuskewicz. Dann wichst man schön. Ihr braucht nicht zu glauben, daß ihr in Berlin irgend 'ne Alte abschleppen könnt in eurer Volkstracht und mit abgesägtem Hinterkopp.

Schlaube berichtete, Dömmel habe ihn für drei Jahre werben wollen. Da habe er gefragt: Halbtags?

Weiße sagte: Ihr seid dumm und ignorant. Euch fehlt jegliche Einsicht in die Notwendigkeit. Ihr pennt hier selig und furzt in die Kissen, aber es gibt ein gutes Sprichwort: Es kann der Beste nicht in Frieden leben, wenn es dem bösen Nachbarn nicht gefällt. Denkt ihr, unser Staat wird international so respektiert, weil der Gegner unsere schönen Augen mag? Das ist alles erzwungen und erkämpft. Bonn weiß, daß es unsere Grenze nur antastet bei Strafe eigenen Untergangs. So funktioniert nämlich Politik, meine Herren.

Hat Weiße wirklich recht, erklärte Gäbler. Das seh ich voll auch so.

Schlaube lachte: Ihr habt 'n Schlüpper falsch rum an, ihr

Schwachköpfe. Die Grenze ist, damit wir nicht *rauskön-nen*.

Du bist taub und blind, sagte Weiße. Du weißt nichts von gesellschaftlicher Dialektik. Du hast dich total eingeschissen in deinen Privatkram. Der Sozialismus wäre schon viel vollkommener entwickelt, wenn er solche wie dich nicht mit durchfüttern müßte.

Und was machst du, wenn du an der Grenze stehst, und deine Mutter will rübermachen?

Is doch extrem unwahrscheinlich, sagte Gäbler.

Gut zielen, sagte Weiße. An der Grenze kenn ich keine Mutter.

Da begann Jarmuskewicz hemmungslos zu schluchzen. Niemand sprach, bis Schlaube leise sagte: Gäbler, du bist nur dumm. Du, Weiße, bist krank. Heinrich, der geschwiegen hatte, entsann sich dieses Abends, als er, viel später, von den armen kleinen Mauerschützen hörte und von den großen Tieren, die ihnen zu töten befohlen hätten.

Jetzt traf er Präparationen. Schon daheim war ein Attest besorgt, auf welchem der gute Doktor Spindler ihm ein perforiertes Trommelfell und eine Nasenscheidewand-Verbiegung bezeugte. Zwei Tage vor der Musterung fuhr Heinrich in die Stadt und berichtete einem orthopädischen Dipl. med. Hanfried Hockauf, schneidiger Vierziger, von periodischen Bandscheibenvorfällen. Hockauf war nicht unerfreut. Er hieß Heinrich in einen Erlmeyerkolben urinieren, schwenkte das Gewässer gegen Licht und fragte: Wann hatten Sie zuletzt Verkehr?

Ist wohl schon ein Weilchen her, bekannte Heinrich klamm.

Bandscheibenvorfälle haben Sie gesagt, mein junger Freund. Was geschieht denn da so?

Mein ganzer Rücken tut mir weh, besonders im Beckenbereich. Ich kann dann kaum stehen.

Und was machen Sie dann?

Ich setze mich hin.

Recht getan! lobte Hockauf. Auch Wärme tut wohl, Entspannung, notfalls ein Capsicum-Pflaster mit dem entkrampfenden Extrakt der Tollkirsche. Ich schreib's Ihnen auf. – Plötzlich war er barsch und laut: Hörnsemal, Sie

Weichei, Sie wissen doch gar nicht, was das ist, ein Bandscheibenvorfall. Dann würden Sie nämlich auf der Erde krauchen, in den Teppich beißen und nach der Mutti wimmern. Gute Besserung! Auf Wiedersehen!

Herr Doktor, sagte Heinrich bleich, Herr Doktor, ich brauche ein Attest.

Was? Wofür?

Für die Armee. Dagegen. Ich kann nicht zur Armee. Ich bin seelisch ungeeignet. Da gehe ich kaputt.

Hockauf sank in seinen Drehstuhl, schwang sich Heinrich entgegen und war verwandelt. Mild wärmte sein Blick; die Stimme verväterte sich, als er Heinrich nah ins Auge faßte und, keinesfalls als Orthopäde, fragte: Na, wo drückt denn der Schuh?

Und Heinrich erzählte. Erzählte seine ganze Angst: vor der Idiotie des uniformen Lebens, vor der Tötung des Willens im Befehl, vor Heimweh, vor dem dreckigen Sakrament, das Männer *Feuertaufe* nennen, vor dem Verlust der Unschuld, weil, wer zielen lernt, auch treffen kann. Dipl. med. Hockauf war *sehr* verständnisvoll, machte gar Notizen, erfragte auch noch reichlich Personalia (*Kennen Sie diesen Pfarrer in Großhartmannsdorf?*) und entließ Heinrich mit einem mächtigen Stück Papier, worauf er schwungvoll geschrieben hatte: *Wg. weicher Leisten derzeit mögl. kein schweres Heben anzeigt Dipl. med. Hanfried Hockauf.*

Musterung. Weit draußen, an der Peripherie der Stadt, lagen die Kasernen, flankiert von Sturmbahnen und Volleyballplätzen. Die Filmschüler warteten lange, dürftig bekleidet, in einem gefliesten Flur. Es roch nach Bohnerwachs. Auf einem Tischchen stapelten sich Hefte mit Fotos von Soldaten und Kindern, die handelten *Vom Sinn des Soldatseins.* Jetzt wurde Heinrichs Gruppe aufgerufen. Jeder durfte urinieren. Heinrich war nun nackt. In der Linken trug er sein Gläschen Urin, rechts die Gestellungskarte, den Ausweis und seine beiden Atteste. Hinter der spanischen Wand fragte es barsch: Wann hatten Sie zuletzt Verkehr?

Einer klagte über häufiges Bauchweh. Psychosomatisch! grölte die Stimme. Lassen Sie Ihre Winde fröhlich stürmen!

– Einer bekundete Herzdrücken. Jaja, die liebe Liebe! johlte die Stimme. Daran stirbt man nicht! Heinrich trat ein. Harnfried Hockauf fragte nach Verkehr, prüfte Vorhaut und Gesäß und nannte die Atteste *Zivilistenprosa*. Ich kognostiziere aber bei Ihnen, sprach er sorgenvoll, eine Disposition zum Bandscheibenvorfall. Da müssen wir sehr vorsichtig sein. Wenig laufen! Artillerie, da werden Sie gefahren. Voll tauglich! Der nächste! Wann hatten Sie zuletzt Verkehr?

So war's. Hat damals wer gelacht? Ganz schief ist ja der Streit zwischen den Hassern und den retrospektiven Verteidigern der Bürokratischen Republik. Die einen haben recht, die anderen hatten Gründe: irgendeine Macht. Heinrich hatte keine; er verstand sich aber auf die Kunst, sein Land als Heimat zu retten, indem er es als Staat vermied. Derlei gehört nicht ins Geschichtsbuch, aber ins Buch der Geschichten.

Heinrich, lesen wir dort weiter, saß tatsächlich wieder neben Gerda auf dem Küchenschalter, erzählte von der Musterung und ließ sie seine Hundemarke fühlen. Er war Soldat 220156414524. Falls er *fiele*, würde ein geduckter Kamerad sich zu ihm eilen, hektisch ihm die Wangen klatschen und die Lippen netzen mit der Wasserflasche. Würde stöhnen über all das Blut. Würde schreien: *Gruß an die Mutter? Gruß an die Frau?* Würde ihm dies Blech vom Busen rupfen und es Gerda hinterbringen. So gerne hätte er gefragt: Willst du meine Witwe werden? Er war ja nun ihr Bruder; das war hart.

Gerda wiegte lieblich ihr Haupt, bekümmert über ein globales Summarium, das sie *die Art der Menschen* nannte. Achtzig Prozent der Menschen sind wohl dumm, sprach sie, ich ja bis vor kurzem auch, bis du mir die Augen aufgetan hast, Heinrich.

Heinrich nickte tapfer und fragte sich zum tausendsten Mal, warum eine derart gültige Erkenntnis seiner Person nicht Liebe erzwinge.

Heinrich, fragte sie nun, was würdest du denn tun im Krieg, wenn du im Loch sitzt mit einem Maschinengewehr, und zwanzig Feinde stürmen auf dich zu?

Ein Leben darf nicht zwanzig nehmen, sagte Heinrich

rauh. Ich würde mich hoch aufrichten und schreien, besin-
nungslos, bis meine Seele meinen Leib verläßt.

Gerda war's zufrieden. Sie hielten Vorsicht miteinander.
Heinrichs Zukunft als Kanonier von Hockaufs Gnaden lag
noch in der Ferne. Damit bis dahin er samt seinem Jahrgang sich ermanne, befahl die Bürokratische Republik *militärische Vorausbildung*. Vorerst spielten sie nur Krieg,
fast wie als Kinder im Garten. Sie robbten ein bißchen im
Schlamm und zerpuzzelten die KK-MPi 69. Dann befahl
die *Gesellschaft für Sport und Technik* alles Jungvolk ins
Ertüchtigungslager nach Frauenstein im Erzgebirge. Erster
Tag: Gepäckmarsch *durch Busch und Blockade*, wie Kom-
mandeur Dömmel militärpoetisch formulierte. Quatschnaß,
halbtot langten sie an und machten Quartier in einer Ju-
gendherberge. Abends ging's ans Saufen. Heinrich lieh sich
aus dem Stiefelbord die trockenen Treter eines Anonymus –
leider Dömmels, welcher so um seinen Ausgang kam. Am
Morgen vernichtete Dömmel den schwankenden Heinrich
vor versammeltem Appell. *Kameradendiebstahl* habe er
begangen und sehe aus *wie der letzte NATO-Penner*. Das tat
weh. Wie sollte Heinrich sich erinnern, wo gestern abend
Käppi und Koppel so untreu abgeblieben waren? Und leider
hatte ihm Schlaube nachts in die Brille getreten.

Ausmarsch zum Schießen. Heinrich ballerte blind. Er
gewann das Schützengold mit dreizehn Treffern, bei zehn
Schuß. Schlaube hatte fürsorglich auf Heinrichs Scheibe
gezielt. Dolles Ergebnis, sagte Dömmel beim Schlußappell.
Reißense sich öfter so zusammen, Heinrich, dann werdense
noch ein unverzichtbarer Garant für die entschlossene
Verteidigung der Heimat.

So ist es gekommen. Damals lachte Gerda hellauf im *ver-
sammelten Glied*. Das hörte Heinrich, sah nichts und war
froh.

9

Er schnitt sie, und sie litt. Er hatte ihr die Bruderschaft
gekündigt. Er lachte in Gesellschaft oft und laut, so daß
Gerda hören sollte, wie prächtig es ihm ginge, wie wenig er
ihrer bedurfte. Auch Axel, der Erwählte, blickte nicht er-

löst. Im »Gartenheim« erspähte Heinrich durch Qualm und Lärm, wie am Ecktisch die Verlobten stritten. Sie zankte, Axel begütigte vergeblich mit fahrigen Händen und täppischen Worten, von denen Heinrich keines verstand. Nun faßte Axel nach Gerda. Sie riß sich los und stürmte hinaus. Das war ein schöner Abend.

Sonst gärte Heinrich trübe vor sich hin. Er wußte ja, daß die *Zentrale Berufsschule des Lichtspielwesens* gute Apparate bot und Lehrer, von denen technisch was zu lernen war. Und friedlicher ist keine Welt als jene, darin Heinrich und die Seinen ihre Ermannung erlitten. Jarmuskewicz' Freundin Moni war zu Weiße gewechselt, der *wenigstens ein Kerl* sei (Jarmuskewicz wurde später Leichenschneider in der Pathologie). Und als Heinrich nachts den Waschraum betrat, suchte sich der kleine Bangemann gerade zu erhängen, nun wieder unerfüllter Liebe wegen und weil er *arschhäßlich* sei. Einsicht ist der erste Weg zur Besserung, tröstete ihn Heinrich nicht ganz passend. Der kleine Bangemann nickte betrunken und gelobte sein Weiterleben.

Abwechslung war rar. Jeden Donnerstagabend gab es im Speisesaal den *kulturpolitisch wertvollen Film*. Von solchem Wert war vieles, Sidney Pollacks »Nur Pferden gibt man den Gnadenschuß«, Stuart Hagmans »Blutige Erdbeeren«, die Legionen jugoslawischer Partisanenfilme. *(Aaaaaah! Miroslav, ich sterbe! Wasser!!! – Geht nicht, Radovan, das brauche ich fürs Maschinengewehr.)* Heinrich liebte besonders Kurt Maetzigs »Ehe im Schatten« von 1947, worin die jüdische Schauspielerin Elisabeth Maurer sich einem künftigen Nazi-Karrieristen verlobt, der sie dann arisch sitzenläßt. Woraufhin – ja! das mußte Gerda treffen! – Hans einschreitet, ihr getreuer brüderlicher Freund, einst abgewiesen, bald der beste aller Gatten. Gemeinsam entkommen sie den Nazis in den Tod. Und sprachen nie darüber, denn er schnitt sie, und sie litt.

Tanzen. Es war die Kinderzeit der Diskotheken. Monatlich gab es eine unten im Dorfsaal, wo alles sich drängte und tränkte: Bauern, Lehrlinge, ländliche Honoratioren. *Szenen* existierten nicht. Die Musik war Konsens: Black Sabbath, »Me And My Life« von den Tremeloes, Bachman/Turner/Overdrive mit ihrem Stotter-Rock »You Ain't Seen Nothing Yet«, selbstredend »In A Gadda Da Vida« and »Crimson And Clover«. Da flossen alle Sekrete; da war jede Brust in guter Hand. Die Stones? Verboten; darüber wachte das staatliche Ohr. Vor »Jumping Jack Flash« wurde also die Michael-Jäger-Combo angesagt.

Einmal kam Dömmel an ihren Tisch, pichelte und sprach über die Dinge des Lebens. Man darf nie aufgeben, lallte er. Nicht jede Festung fällt beim ersten Schuß. Ich hab vier Jahre gerackert, bis meine Frau den ersten Orgasmus hatte. Heinrich, der in seiner roten Igelitweste bei der Landbevölkerung einen polarisierenden Eindruck hervorrief, lernte mehrere Mädchen kennen. Die erste, im schweißigen Dunkel für gut ertastet, sandte unverzüglich einen Brief: *Mein allerliebster Heinrich. Ich liebe dich? Du mich auch! Meine Oma darf Nichts wissen. Bleib mir treu. Wan ist wieder die Disko! Deine liebe Mareike!* Dan war wieder die Disko. Sehr hübsch, sehr scheu saß eine Ursel neben Heinrich und schwieg. Sie schrieb nicht, doch am Freitag darauf wisperte Frau Haftendorn, die Küchenfrau, in Heinrichs Ohr: Morgen mittag kommt meine Tochter mal hier ins Internat. Die Ursel!

Sie gingen den Waldweg, den er damals mit Gerda gegangen war. Frühling blühte, balzte, sang. Sie schwiegen. Dann sagte Ursel: Mein erster Berufswunsch war es, Friseuse zu werden und dann Kinderpflegerin, aber aus alledem wurde nichts. Nun lerne ich Elektromontierer. Man muß ganz schön ran. Wenn ich abends nach Hause komme, da ist man wie erschlagen.

Und was machst du sonst so, wenn du nicht erschlagen bist?

Meine Hobbys sind Handarbeiten, Schauspielerphotos und mein Zwergschnauzer Acki. Und ich liebe die moderne Musik.

Sie schrieb dann doch noch: *Ich finde es gut, daß Du nicht Draufgängertyp bist. Aber ein bißchen mußt Du doch mal reden. Was wird aus unserer Liebe?*

So kam der Sommer. Heinrich graute vor den Ferien daheim. Am letzten Abend stieg im Internat das Fest. Eine Abschlußzeitung für die Oberschule war gedruckt. Ein Ausschuß hatte tagelang geprobt fürs Bunte Programm, als dessen Attraktion sich Heinrich sah. Seine Büttenreden wurden brüllend bejubelt. Gerda saß, fern von Axel, in der Ecke und lachte nicht. Heinrich eilte aufs Zimmer und textete fliegend Zugaben. In der Ecke hockte Schlaube unter einer Funzel, lötete und sagte: Du Clown.

Als Mitternacht vorüber war und alle sich beschäftigten in ihrem Suff, stieß Heinrich im dunklen Flur gegen Gerda. Sie weinte auf und zog ihn tiefer in den Gang: Alles wäre aus. Axel sei ein Mensch, der könne *nicht fliegen*. Sie brauche Heinrich. Bitte, bitte! Der flog nun allerdings, im Doppelrausch. Gerda mußte an die Luft, doch es war Nacht. Bei Sonnenaufgang sollte er sie wecken.

Kein Schlaf. Kurz nach vier schabte er an ihrer Tür. Sie war schon auf. In weitem Bogen, Hand in Hand, umliefen sie das Tal, darin das Dorf lag, dessen graue Kühle sich nun rötlich übersonnte. Ein Hahn schrie, ohne Folgen. Ein schmaler Hohlweg führte zwischen Gärten steil hinab. Gerda suchte Halt an einem Zaun. Unten vor dem Konsum war schon die Milch geliefert. Heinrich nahm aus den Drahtkäfigen eine Flasche und bot sie ihr. Gerda sagte: Immer und bei allem in den letzten Wochen habe ich gedacht: Was würde Heinrich tun? Umarmt versprachen sie einander, sich im Sommer zu besuchen.

Heinrich fuhr – heim? Es war geschrumpft, das elterliche Städtchen am Wald, und fremd, da vorher zu vertraut. Künftiges barg es nicht mehr. Der Sommer versengte die Felder. Westdeutschland gewann die Fußball-Weltmeisterschaft. Die Bürokratische Republik war zur Bestrafung Pinochets zu schwach und spielte gegen Chile 1:1. In den kleinen Läden rings um Vaters Kirchlein standen die alten Frauen und klatschten. Jaja, Marga, man wird nicht jünger mit den Jahren, haste das von Trudchen gehört, daß es nun aber so schnell gehen würde, mir tut bloß die Tochter leid, mit *dem* Mann, und was Erika ihrer ist, da weißte wirklich auch nicht mehr, wo der eine Kummer anfängt und der andere endet. Was is'n das da hinten in der Silberfolie? – Das ist Brie, hab schon gekostet, schmeckt *sehr* gut. – Ach weißte, da mach mich mal noch'n Stücke davon, 'n Viertel, oder mach hundertfuffzich. Und noch zwei Malzbier. – Malzbier kommt erst gegen Abend wieder rein, wenn Hanno mit der Tour zurück ist. Ich tue zweie weg. – Ja, tu mich zweie weg.

Manchmal traf Heinrich Klassenkameraden. Kaum Gespräch. Worüber auch? *Früher* war zerstoben. *Heimat* hatte sich verlegt, denn sie ist Zeit nicht weniger als Ort. Endlich ein Brief. Er begann mit *Mein lieber Heinrich* und schloß *Deine Gerda*. Was dazwischen stand, war Klage: Seelenlosigkeit, das enge Herz der Welt. Sie lebte schwer. Das nannte er Charakter. Tragischsein war Pflicht. Wärst du doch hier, schrieb sie. Ich weiß, ich kann im Leben nie ganz glücklich sein. Da war er's, fast. Er übersah, daß er keinen Liebesbrief erhalten hatte.

Er erwiderte nachts, als die Eltern schliefen. Er spendete von jener Heinrich-Weisheit, die wir nun schon kennen: Trost, der sie an ihn binden sollte. Gedichte wußte er immer willkommen. Die Weimaraner Folkrock-Band Bayon hatte gerade Wolfgang Borchert vertont: *Stell dich mitten in das Feuer / glaub an dieses Ungeheuer / in des Herzens rotem Wein / und versuche gut zu sein.* Erwärmt schrieb sie zurück.

Ein letztes Mal reiste Heinrich mit den Eltern ins Lutherstift. Bettina war schon da, mit ihrer Freundin Sabine. Heinrich stellte Reife aus und wog sechs Kilo mehr als im vorigen Sommer. Bettina verliebte sich in ihn. Heinrich bemeisterte Stunden der Schwäche. Sabine, sehr schön, verliebte sich noch weitaus ärger. Nachher war eine ganze Nacht der Versuchung zurückzuräumen in die angestammten Seelenschränkchen. Sabine hatte von Gerda gehört. Sabine war fromm. Bei Sonnenaufgang beteten sie gemeinsam um Vergebung. Ist das nicht unglaublich? Aber Heinrich war ziemlich bekümmert über die Flexibilität des fröhlichen Herzens.

Dann fuhr er zu Gerda nach Frankfurt. Sie spazierten durch die Stadt. Sie aßen Broiler. Sie liefen über die Oderbrücke nach Słubice und saßen Stunde um Stunde auf einer polnischen Mole im Strom. Der Flußwind blähte Gerdas rote Bluse. Es dunkelte. Gerda mußte heim. Sie gingen zurück über die Grenze. Heinrich durfte – stiefväterliches Männerverbot – Gerdas Wohnung nicht betreten. Natürlich gab es kein Hotel. Gerda war ratlos. Heinrich sagte fest: Ich find schon was, Rocker schlafen überall.

Unten auf dem Bauplatz am Gagarin-Ring kroch er in eine Maurerbude und streckte sich auf einen Tisch. Er fror erbärmlich und rannte während der Nacht mehrmals um die Hütte, sich zu wärmen. Es tagte früh. Dann stand Gerda im siebzehnten Stock am Fenster und zirpte in den Sonntagmorgen: Ich komm runter! Ach, wie tat der Kaffee gut.

Was ist nur der Sinn meines Lebens? fragte sie, wieder auf der Mole.

So zu leben, daß die Frage überflüssig wird.

Und konkret? Was soll ich tun? Ich möchte nützlich sein. Filmvorführer ist doch kein Beruf.

Kreativ muß man sein. Filmemacher, nicht Vorführer. Schriftsteller, nicht Leser. Musiker, nicht Hörer. – Insgeheim aber dachte Heinrich, daß Gerda unter den Lesern und Hörern prima aufgehoben wäre und vor allem eine gute Mutter gäbe. Er sagte, sie könne gewiß trefflich *mit Menschen arbeiten*. Später sagte er: Keine Sorge, das Rauchen gewöhne ich dir schon noch ab.

Am Sonntag darauf kam sie ins Lutherstift. Heinrich stellte sie den Eltern vor, die hernach den *Eindruck* lobten. Eisessen zu viert, Bootspartie zu zweit. Heinrich brachte Gerda zum Bus.

Wir werden uns nun einen ganzen Monat nicht sehen, das ist hart.

Heinrich, ich habe eine große Bitte.

Versprochen.

Ich muß noch mal zu Axel nach S. Er hat mich angefleht. Einmal nur noch, eine Aussprache, damit er es begreift. Er hat mir auch ein Hotelzimmer besorgt.

Heinrich nickte, küßte sie rasch und schob sie in den Bus. Er fühlte sich nun als Insasse des Glücks, in trauter Nähe seiner Heilandin. Er schrieb und wartete auf Post. Wo blieben nur die Briefe? Heinrichs heitere Klänge bedurften langsam der Erneuerung. Nichts. Heute nur die Zeitung, sagte Vater. Heute nur Dienstliches. Heute ein Brief für dich! Gäbler schrieb aus Leipzig, er mache faulen Sommer am Auensee und höre Roy Black.

Tag für Tag reiste Heinrich mit seinen Kinokisten in die Harzdörfer, zeigte »Die weiße Spinne«, »Der schwarze Abt«, »Der grüne Bogenschütze«, »Der Clan der Sizilianer«, »Die Olsenbande fährt nach Jütland« und kehrte fiebrig heim. Nichts. Ahnung meuchelte Vertrauen. Trübe saß Heinrich im Kino-Barkas neben dem maulfaulen Kollegen Leopold Völks. Ein Erntefahrzeug zuckelte voran und verursachte Stau, so daß sie auf den Harzer Serpentinen viele Kilometer hinter einem Polizei-Wartburg schleichen mußten. *Volkspolizei*, las Völks die Heckbeschriftung vor, jählings sich erhellend. Volks – Völks! Mensch, wenn's *Völks*polizei heißen täte, dann stände da auf der Bullentaxe mein Name! Irre, was?

Der hat's gut, dachte Heinrich. Glücklich, wer so im Augenblick ertrank, ungequält von Hoffnung und Erinnerung. Glücklich war gewiß auch der erotomane Kollege Beifluß mit seinen bunten Bildchen und heiteren Betrachtungen über die *Stellung des Monats*. Glücklich ebenfalls die runde Kollegin Rungs, Kartenabreißerin im Städtchen A., die ihre fünf Besucher einließ und sich dann an Windbeuteln delektierte sowie an der Rätselzeitung *Troll*, wobei sie sinnierte, wer wohl schuld sei an der Scheidung von Frank Schöbel und Chris Doerk. Sie, schwor Kollegin Rungs. Bei der Kuba-Tournee soll ja was mit Negern vorgefallen sein. Und Heinrich zeigte Bergmans »Szenen einer Ehe«. Und Marianne sagte zu Johann, Liv Ullman zu Erland Josephson: Manchmal finde ich, daß alles vollkommen sinnlos ist. Warum soll man sich nicht all das Gute gönnen, das es auf dieser Welt gibt? Warum darf man nicht groß und dick sein und gute Laune haben? Stell dir vor, wie nett wir beide werden würden. Erinnerst du dich noch an Tante Miriam und Onkel David? Wie nett waren die beiden, und wie schön hatten sie's zusammen, und wie dick waren sie. Und jeden Abend legten sie sich in das große knarrende Doppelbett und hielten sich bei der Hand und waren zufrieden, einander zu haben, so dick und fröhlich, wie sie waren. Können du und ich nicht auch so werden wie Tante Miriam und Onkel David und immer Sicherheit und Geborgenheit ausstrahlen? Willst du, daß ich die Lockenwickler rausnehme?

Johann sagte: Tu dir keinen Zwang an.

Kollegin Rungs sagte: Schwedisch und schweinisch, beides fängt mit *sch* an.

In diesem Sommer sang die Gruppe Lift: *Im Kasten lag ein Brief / den du geschrieben hast / ich lese und begreife kaum / wer kennt nicht solche Last* ... Der Brief kam drei

Tage vor der Rückfahrt ins Internat. Heinrich las ihn und verbrannte ihn im Klo. Irgendwie überstand er das Wochenende. Weidlich nahm er teil am großen Hallo der Heimkehrer. Gerda blieb links liegen. Dann saßen sie ein letztes Mal beieinander, auf der Böschung an der Halde. Heinrich rauchte. Sie dachte: Lächerlich, auf einmal. Und dachte plötzlich: Unreif! Und sagte: Was denkst du?

They caught the devil and put him in jail in Eudora / Arkansas.

Sprich normal, Heinrich.

Was ich denke? Ich denke, daß du lügst. Ich denke, daß du nichts vom Eigentlichen weißt. Ich denke, Treue ist für dich eine Tagesmeldung deines Seelenwetterberichts. Denken kannst du nur, was dein Körper deinem Kopf übrigläßt. Und das ist Lüge: das Gerede, die Versprechungen von Leuten, die nicht frei denken können, nur vegetativ ein bißchen sinnen.

Ich habe dir nichts versprochen.

Du hast einfach deine Schuldigkeit vergessen.

Ich bin dir nichts schuldig, Heinrich. Was willst du eigentlich von mir? Wozu willst du mich? Was könnte ich dir sein?

In ihm stieg es auf, ein heißer Strom, eine gewaltige Rede, so mächtig, daß ihm verfallen wäre, wer aus Worten lebt. Aber so war Gerda nicht. Er schlug sie ins Gesicht und ging.

Heinrich vereiste nun sein Herz. Er tat etliches, ein Zyniker zu werden. Nach heutigen Ansprüchen brachte er es nicht mal zum Tunichtgut, doch in der sozialistischen Lehrausbildung war es unüblich, daß etwa ein Siebzehnjähriger zwei Serien Autogrammphotos in Umlauf brachte, die ihn a) als liegenden Hippie mit gereckter Pulle auf der Müllkippe zeigten, b) nackt als Erhängten mit der Signatur *Gevatter Heinrich*. Ebenfalls manipulierte Gevatter Heinrich ein Tonbandgerät des Typs ZK 120 T zum Sender und übertrug per Bandschleife im Radius von zweihundert Metern den im ganzen Ausbildungskomplex gern gehörten Slogan *Riediger, Riediger ist ein Selbstbefriediger.* Auch kränkte Heinrich den Parteisekretär Schaller – alter Bergmann, dem schlagende Wetter unter Tage ein Auge ausgehämmert hatten – mit der Bitte: Genosse Schaller, könnt ich Sie mal unter drei Augen sprechen?

Das Maß war voll, als Heinrich und Jarmuskewicz die

Aluminiumtürklinke ihres Zimmers mit 220 Volt beschickten. Dies mißhagte Riediger, der zur nächtlichen Zimmerkontrolle neigte, auf das äußerste. Mord! Mord! Ihr Verbrecher! schrie er, elektrisch schlotternd, in den dunklen Gang. Anderntags Tribunal; Weiße hatte gepetzt. Es war ein Dummerjungenstreich! Ich bin nämlich unreif und brauche die Hilfe des Kollektivs, so stammelte Jarmuskewicz und erhielt einen Strengen Verweis. Heinrich sagte: Diese Installation sollte uns alle an den Antifaschistischen Schutzwall gemahnen. Wer zur Türklinke greift, wird durch die Türklinke umkommen.

Das war's. Er flog. So endeten die Lehrjahre des treuen Heinrich. Zwei Stunden später saß er im Bus. Ans Heckfenster pladderte Regen. Niemand winkte hinterdrein. Er sah Gerda wieder, nach beinahe zwanzig Jahren – sie und ihre vier Kinder.

10

Unsere Erzählung heißt gewiß nicht unbedacht »Die *Taten* des treuen Heinrich«. Strengster Realismus dominiert. Was der Held (ist er denn keiner?) *gedacht* hat und *gefühlt*, wird zwar durchaus herzzerreißend mitgeteilt, aber doch portioniert, verpackt in praktische Tütchen. Wir sollten, meinte wohl der Verfasser, nicht über Geduld behelligt werden mit Herzgeläut und Seelengebimmel. Das wollen wir doch aber! Ebendies nennt ja die Jugend *Taten*, nicht, was ihr späteres Leistungszeitalter an Nützlichkeiten stiften wird. In diesem Sinne sang, seinen Namen ehrend, einst der Dichter Lenz:

Ach, ihr Wünsche junger Jahre
Seid zu gut für diese Welt!
Eure schönste Blüte fällt;
Unser bestes Teil gesellt
Lange vor uns sich zur Bahre.

Es ist ein grobes Unrecht, daß die Menschen einander nur anhand der Vulgarismen kennen, die unter Technokraten Taten heißen. Was *tun* wir denn? Schon wieder warten wir am Bus und starren stumm. Der Bus rollt an. Wir drängeln einwärts, zahlen oder nicht, sitzen oder nicht und starren stumm. Wir steigen aus oder nicht und starren uns nach und fahren sonstwohin. Wüßten wir gern mehr von uns? – Was denn noch? Jaja, jeder hat ein Leid, ein Glück und einen Traum.

Damals kursierte im aufbegehrenden Jargon ein törichter Begriff: *Selbstverwirklichung*. Sein Widerwort hieß *Entfremdung*, wurde aber, da marxistisch okkupiert, ungern verwandt. Selbstverwirklichung bezeichnete vage jenes richtige Leben im falschen, das es ja laut posteriorischer Aufarbeitungssystematik nie gegeben haben kann, aber damals, in der Echtzeit, eben doch. Selbstverwirklichung meinte keinen Putschplan gegen die Bürokratische Republik, sondern ein antisystematisches Lebenspuzzle: die Versammlung glücklicher Bilder, verläßlicher Freunde, rauschhafter Stunden, die es wegen des Systems gab, weil ihm zum Trotze. Das soll uns, denn wir zweifeln, nun bewiesen werden durch zeit- und altersgenössische Tatberichte, Briefe zumeist, die Heinrich einmal töricht seine Anti-Gauck-Akten nannte.

Tatbericht 1

Ich kann keine Geschichten erzählen. Jedenfalls keine von irgendwelchen Urlaubserlebnissen. Es müßten ersponnene sein, von den Geistern der Burg Swantewit vielleicht oder vom Leuchtturmwärter bei Schaprode, von Seeräubern oder vom Herrn Sturm, der so dick ist und so übermütig. Auf Kap Arkona ist er König. Was vermag dagegen unser armes Zelt mit dem lädierten Reißverschluß? Dem König Sturm will ich unterworfen sein, nur nicht der Regentrude. Und nun sitzen wir in dieser Fischerkneipe und trinken Grog, und draußen gießt es, und das Radio plärrt: Schlafe ein mein Kind und träume …

Tatbericht 2

Jetzt boxt das kleine Wesen schon in meinem Bauch. Kinder sollen keine Kinder kriegen. Ich saß die ganze Nacht auf mit Jürgen und habe ihm endlich meine große Angst erzählt. Und dann sprach er von seiner. Egal was wird, aber das war gut. Ich weiß, ich soll jetzt keinen Wein trinken, aber mein Menschlein muß doch spüren, daß diese Nacht zu seinem Nutzen war. Unsere Eltern hatten damals ein festes Regelwerk namens Moral, das bestimmte ihren Weg. Vielleicht bilden wir uns das auch nur ein. Mein Vater redet ja nie über Gefühle. Mutter manchmal, aber so schüchtern...

Tatbericht 3

Leidfähigkeit ist Bedingung für Glückserleben. Beide sind oft so eng miteinander verwoben, daß sich die Art des jeweiligen Erlebens nicht mehr identifizieren läßt. Und das, ohne eine Neutralisation herbeizuführen. Ich finde das positiv. Aber genauso wichtig scheint es mir zu sein, Gefühlsmomente eines anderen intuitiv zu erfassen. Ein Schluß oder ein Urteil eines Menschen über die Psyche eines anderen, die der des Urteilenden sehr verschieden ist, muß logischerweise proportional mit dem Unterschied zwischen beiden auch vom Wahrheitsgehalt abweichen. Wie aber macht Sensibilität lebenstüchtig?

Tatbericht 4

Jetzt bin ich also in Berlin angekommen. Angekommen? So lebe ich: Morgens um halb sechs raus, ein langer Tag im Strudel der Markthalle, abends um sechs schlagkaputt zurück zwischen lauter Leichen im proppevollen Bus. Aber ich zwinge mich, wach zu bleiben. Lese zur Zeit den »Stiller« von Frisch, wahnsinnig erregend. Danach soll endlich »Christa T.« drankommen. Joplin schreit gerade aus der Box. So intensiv leben wie diese Frau! Ich habe noch nie, nie auch in Leipzig, so viel Elend und Einsamkeit kennengelernt wie in dieser Stadt und noch nie *den* Menschen in seiner Kompliziertheit und Unterschiedlichkeit so begriffen. Verstehst du, hier ist das LEBEN, nicht nur das abstrakte Wort und der große Inhalt, nach dem wir immer suchen. Und trotz allen Elends habe ich auch noch nie so viel Freundlichkeit und Wärme kennengelernt. Die Bilder reißen nicht ab, vor allem für mich, die ich mehr sehe als abstrakt denke – der Hund am Fenster, immer dieselbe alte Frau in schmutzigen Fetzen in der Markthalle...

Tatbericht 5

Gestern war ich in Dresden zur Chagall-Ausstellung. Diese Ausstellung ist eine Reise wert. Die farbigen Lithographien strahlen ein morgenländisches Aroma aus, und die Sinnlichkeit der Farbe schwelgt durch das Auge und löst in der Seele Beschwingtheit aus. Marc Chagall gehört zu einer Minderheit von Künstlern, die den religiösen Hinter- und Untergrund des Lebens wie der Kunst ehren und aus innerer Nötigung bezeugen. Und dies um so mehr, als dies absichtslos geschieht, weil er, lange genug blind tastend, nur der Stimme gehorchend, welche ihn drängte, durch die Wirrsal der Zeit hindurch zum Licht wanderte ...

Tatbericht 6
Mittlerweile bin ich wieder in der Kaserne. Bitterfeld, Greppin usw., das geht alles ineinander über. Meine Fahrt war allerdings etwas verzwickt, na ja. In Nordhausen meinen Turgenjew weiter gelesen, ich begeistere mich immer mehr für ihn. Hier dröhnt durch die Baracke gerade eine alte Baraufnahme von J. Joplin. Ansonsten nur Öde, Betrieb, Baracke. Ich werde den Vergleich mit Buchenwald nicht los und bin ziemlich deprimiert und verzweifelt. Man muß (?) das mitgemacht haben, zumindest zum Nachfühlen. Ich frage mich, wie man die doch unheimlichen Zustände im KZ ertragen konnte. Wieviel erträgt der Mensch? Ich habe Angst, daß meine Grenzen bald erreicht sein könnten (Belastbarkeit). Erstmals in meinem Leben verfluche ich meine Sensibilität. Morgen ist Kompaniefest. Alles wird sich wieder sinnlos die Birne vollknallen. Kotz ab zum Gebet!

Solche Briefe waren *Taten* in der Zeit, da nichts sich tat, weil jeder sagte, man könne nichts tun, oder es verhindern half. *Tatbericht 7* ist etwas späteren Datums, als Heinrich schon Theologie studierte. Er stammt von jenem Leipziger Kommilitonen, mit welchem Heinrich über ein ganzes Jahr das Zimmer teilte (und deshalb leider auch mit der Stasi):
Mehr und mehr drängt sich mir Jesus vor und verdeckt den, der bei Paulus ihn verdeckt: den kerygmatischen, verkündigten Christus. Der historische Jesus ist mein Mann! Nicht der Allgemeine, nicht der Überhöhte ist mit mir unterwegs durch die großen Kämpfe unserer Zeit, sondern Jesus von Nazareth in seinen/meinen tagtäglichen Erfahrungen und gewiß auch schmerzlichen Widersprüchen, die ich keinem mitzuteilen wüßte als nur ihm.

Aber wir blättern vor und vergessen Heinrich. In dessen Anti-Gauck-Akten finden sich auch etwelche Selbstzeugnisse, von denen zu fürchten ist, er habe sie ernst gemeint. Zitiert sei nur, als *Tatbericht 8*, der Schlußvers des Poems »Finde dich ab!« – siebzehn kapitale Strophen mit dem Untertitel »Auf der Flucht vor Gerda Hitler«:

Joringel flieht den Zauberkreis,
das Herz und die Augen verschwommen.
Es ist ja wie im Leben, ich weiß:
Der Mann, dem die strahlende Fackel zu heiß,
hat sich die Kerze genommen.

Kohlenschipper war er jetzt, Hilfskraft in der Kreisfilmstelle, und tat zunächst, was er am besten konnte: Er litt; aber stolz – Hendrix im Ohr und Prophetie im Herzen: *Der Gerechte muß viel leiden.* Und seine Auferstehung kam. Eines Freitagnachmittags, Heinrich rüstete gerade zum Feierabend, krachte es droben im Vorführraum, als fiele eine Eiche. Gräßliches Jammern! Heinrich stürzte die Feuerleiter hinauf und fand Kollegen Beifluß, wie er sich am Boden krümmte: Bandscheibenvorfall. Heinrich besaß die Geistesgegenwart zu einem entkrampfenden Scherz und fragte, ob dies die Stellung des Monats sei. Aaaaaaaah!!! machte Beifluß und wurde abgeholt. Es erschien Genosse Wintergünter, dem der Kinokreis kulturpolitisch unterstand. Neinneinnein! rief er verzweifelt. Was wird nun aus der Abendvorstellung? Ausgerechnet in der Woche des sowjetischen Films! Wenn das der Bezirk erfährt!

Heinrich: Wär bestimmt sowieso kein Schwein gekommen.

Oh, oh, die Kreisparteileitung hat sich für heute abend angesagt! Können Sie nicht einspringen, Kollege Heinrich?

Ich muß leider weg, Renft-Konzert in Artern.

Kollege Heinrich, wenn Sie heute mal ganz freiwillig nimmermüde Einsatzbereitschaft *für die Sache* manifestieren könnten, also das würd ich Ihnen *nie* ...

Heinrich ließ Renft sausen und spielte »Roter Mohn vom Issyk-Kul«. Genosse Wintergünter hielt Wort und auf Heinrich künftig große Stücke. Er entband ihn vom Kohlenschippen und unterschrieb ihm einen Unabkömmlichkeitsantrag fürs Wehrkreiskommando. Bald aber nahte neues Ungemach. Der *Kreisrechenschaftsbericht* stand an, mit *an-*

schl. gemütl. Beisammensein in der Kino-Bar. Hierzu hatte sich leider ein Bezirksmensch angesagt, Genosse Jacobus, der, wie Genosse Wintergünter Heinrich vertrauensvoll jammernd wissen ließ, zur Feier seiner Erscheinung ein Referat erbat: »Das gedeihliche Miteinander von jung und alt im Sozialismus und unser neues Jugendgesetz«. Heinrich sprach: Ich tu's. Dem verdanken wir *Tatbericht 9*:

Für das Zusammenleben der Menschen braucht es Gesetze. Sie regeln das gesellschaftliche Miteinander. Das ist im Sozialismus nicht anders als sonstwo auf der Welt, wobei unsere Befriedigung darüber, daß es sich in unserer Republik mit an Wahrscheinlichkeit grenzender Notwendigkeit um ein Mit-, nicht um ein Gegeneinander handelt, ein Gutteil von unser aller ganz persönlicher Atmosphäre ausmacht. Antagonistische Widersprüche sind unsere Sache nicht; sie haben wir verbannt ins Reich des Kapitalismus – denken wir allzuoft. Aber wie steht es mit Schlamperei und der Trägheit des Herzens auch bei uns? Türmen sich nicht auch hierzulande noch Probleme? Schon 1946 proklamierte die FDJ die Grundansprüche der Jugend, als da sind: Politische Rechte, Recht auf Arbeit und Erholung, Recht auf Freude und Frohsinn ... Es gibt bei uns zu wenig Diskotheken. Unsere Schallplattenläden negieren weitenteils das wirklich progressive Gegenwartsschaffen im Kapitalismus und damit potentielle Bündnispartner wie King Crimson, Johnny Winter und die Allman Brothers Band ... Für uns Jugendliche stellt jedoch das neue Jugendgesetz in manchen Punkten eine Verbesserung dar, da es irgendwie zeitbezogener ist als das alte ... Humanismus braucht Vertrauen, und falls das neue Gesetz der Jugend vertraut, wird auch die Jugend ihrem Gesetz vertrauen, damit beide miteinander wachsen – nicht gegen-, sondern miteinander.

Heinrich schob seine Zettel zusammen und verließ das Pult. Genosse Wintergünter startete ein Beifallsgewitter. Der genesene Kollege Beifluß sagte: Du bist dich ja 'n richtjer Professer! Ein frohes Zechen hob an, wobei Jacobus, der Genosse vom Bezirk, sonderlich der Marke »Kali-Edel« zusprach. Kollege Heinrich! verlangte er schleppend. Kollege Heinrich, komm mal her! Jacobus hatte sich gefüllt. Ich hab das mit den Wwwiiiidersprüchen genau gehört, erklärte er mit praller Zunge. Ich kenn ja deine Akte. Ich bin auch nicht mit allem einverstanden. Es wird so viel gelogen. ABER, und sein Auge schweifte nach der Flasche, aber, Junge, wer die alte Zeit erlebt hat, der liebt die neue.

Er war über sechzig und restlos Funktionär. Alles stimmte: die Sackhosen aus braunem Polyester, überm Wanst das beulig weiße Hemd, die wuchtige Hornbrille, darüber das Gestrüpp der Brauen und, in den Nacken geklebt, der Quader ölig grauen Haars. Derlei Frisuren kann man nicht verwirren, nur zerbrechen. Mit haariger Pranke griff er sein Glas. Heinrich sah gerißne Nägel, gelbe Finger und daß Jacobus rechts die Daumenkuppe fehlte. Er trug keinen Ring. Er war so müde. Zu allem, was Jacobus sprach, nickte Heinrich fromm und dachte, fast ohne Spott: Wann hatten Sie zuletzt Verkehr?

Wenig später empfing Heinrich vom Genossen Jacobus einen Brief, den *Tatbericht 10a:*

Ich wende mich heute als Ihr Direktor an Sie mit der Absicht, Sie für eine Sache zu gewinnen, die in unserem gemeinsamen Interesse liegt. Der Beruf des Filmvorführers in unserer sozialistischen Gesellschaft hat eine hohe Bedeutung erlangt, die sich kontinuierlich erhöht. Unsere Regierung hat das durch lohnpolitische Maßnahmen eindrucksvoll dokumentiert. Leider gibt es noch immer eine Reihe von Kollegen, die dem nicht genügend Rechnung tragen. Sie verlassen während der Vorstellung ihre Maschinen, um eine Zigarette o.ä. zu rauchen oder etwas anderes Nebensächliches zu tun. Diese Verhaltensweise führt oft zu katastrophalen Folgen: Filmrisse, sonstige Störungen, so daß Menschen demonstrativ die Vorstellungen verlassen. Solche Menschen gehen uns verloren – teils für immer! Ich muß auch noch die mangelhafte Filmpflege und -kontrolle ansprechen ... Kämpfen Sie mit mir, daß wir gemeinsam solche Verhaltensweisen für immer verbannen. Nur so erfüllen wir den unverbrüchlichen Geist des VIII. Parteitags mit echtem Leben und machen unsere Lichtspieltheater zu wahren Zentren des Frohsinns, der Besinnlichkeit und des geistig-kulturellen Schöpfertums.

Heinrich retournierte *Tatbericht 10b:*

Werter Herr Genosse Jacobus!

Ihre Sorgen sind vollinhaltlich auch die meinen. Ich bemühe mich ganz persönlich, die Früchte meiner Arbeit ständig gewissenhafter zu erledigen, wobei mir natürlich ab und an ein Huschelfehler unterlaufen kann. Aber rauchen tue ich schon aus Prinzip nicht. Auch ich empfinde schmerzlich, wie sehr das Beschädigen von Filmkopien unser Volkseigentum schmälert. Außerdem manifestiert es mangelnde Achtung vor dem unbeirrbaren Erholungswillen unserer Werktätigen. Ich möchte strengere Kontrollen anregen, und zwar schon bei der Vorführerprüfung (A-Schein). Können wirklich alle künftigen Kollegen einwandfrei die Noten 1 bis 4 für den Zustand von Perforation und Beschichtung vergeben? Ich habe da so meine Zweifel. Auch ist mir ein Fall bekannt, wo der Vorführer im Projektionsraum Hühner hält.

In der Hoffnung auf ein stetig wachsendes Einvernehmen verbleibe ich mit freundlichen Grüßen

Ihr Kollege Heinrich.

So *tat* er nur. Derlei Äußeres befriedete innen. Er lebte so dahin. Er verließ das Haus der Eltern nachmittags um zwei. Um drei beglückte er zwei Dutzend Kinder gegen ein Entgelt von fünfundzwanzig Pfennigen mit »Alfons Zitterbacke«, »Das bucklige Pferdchen« oder »Chingachgook, die große Schlange«. Brühte Kaffee, las. Spulte den Fünf-Uhr-Film auf Anfang. Bestrahlte alsdann eine Handvoll Kleinstädter, darunter stets die wahnwitzige Marianne, mit der »Schlacht an der Neretva« und dem »Tod in Venedig« (Eintritt: eine Mark und fünf). Um acht Uhr dasselbe, häufig für dieselben. So bröckelte heiter die Zeit. Heinrich oben im Gehäuse trank Filme und sah und erlebte und bedachte alles, ohne irgend zu handeln. Fast mochte er schon wieder diese kleine Welt.

Wer sein Lebtag zu Hause bleibt, ist erst ein Kind und Träumer, dann Rebell, dann Zyniker, dann Lokalpatriot. Diese Stadien völlig seßhaft zu durchlaufen, hätte nicht nur Heinrichs treuem Wesen entsprochen, sondern auch der Lebensphilosophie der Bürokratischen Republik. Kaum war er noch ihr Opponent. König Heinrich wurde Untertan – nicht für immer, dachte er, eben nur ein Weilchen. Ich mache Pause, hörte er sich denken. Gar nichts ändert sich an meinem Ideal, gänzlich aus mir selbst zu leben, ohne die Geschirre von Gesellschaft, Mode und Geschlecht. Weit weg will ich bestimmt vielleicht noch immer oder endlich eine Liebste, die mir das Wollen nimmt.

Heinrichs späterer Konservatismus sproßte ebenda, wo seine Seele diesen ersten Heckenrosenfrieden fand, geborgen und gebunden in das Rankenwerk von Zeit und Zeitgenossenschaft. Heimat ohne Konvention ist Hybris und Klamauk. Die Greise werden älter und sammeln sich, Freunde ihren Feinden, hinterm Teich am Anger auf der alten Bank, froh über jeden, der noch Gleiches sinnt: Damals, ach ... Es fielen keine Bomben, es nahte kein Mongolensturm, und weißt du noch, wie 78/79 dieser kalte Winter kam? – Und ob, und ob! Ich stand am dreißigsten Dezember abends bei der Garage, tagsüber war's noch warm, da plötzlich wehte mich das Eis an wie mein Grab.

Da aber schrieb der Dichter Lenz an Heinrich: *Wir werden geboren – unsere Eltern geben uns Brot und Kleid – unsere Lehrer drücken in unser Hirn Worte, Sprache und Wissenschaften – irgendein artiges Mädchen drückt in unser Herz den Wunsch, es eigen zu besitzen ... es entsteht eine Lücke in der Republik, wo wir hineinpassen – unsere Freunde, Verwandte, Gönner setzen an und stoßen uns glücklich hinein – wir drehen uns eine Zeitlang in diesem Platz herum, wie andere Räder, und stoßen und treiben – bis wir, wenns noch so ordentlich geht, abgestumpft sind und zuletzt wieder einem neuen Rade Platz machen müssen – das ist, meine Herren! ohne Ruhm zu melden unsere Biographie – und was bleibt nun der Mensch noch anderes als eine vorzüglichkünstliche kleine Maschine, die in die große Maschine, die wir Welt, Weltbegebenheiten, Weltläufe nennen, besser oder schlimmer hineinpaßt ... heißt das gelebt? heißt das seine Existenz gefühlt, seine selbständige Existenz ... es muß in was Besserm stecken, der Reiz des Lebens; denn ein Ball anderer zu sein, ist ein trauriger, niederdrückender Gedanke, eine ewige Sklaverei ... Was lernen wir hieraus? ... daß handeln, handeln die Seele der Welt sei ... daß diese handelnde Kraft nicht eher ruhe, nicht eher ablasse zu wirken, zu regen, zu toben, als bis sie uns Freiheit um uns her verschafft, Platz zu handeln.*

Genosse Wintergünter sprach: Na Kollege Heinrich, ich glaube, wir haben unseren Platz gefunden. Nein, dachte

Heinrich endlich, ich hab doch noch gar nicht getobt! Er kündigte und bewarb sich in die große Stadt, Theologie zu studieren. Dem Genossen Wintergünter sagte er, daß er *mit Menschen arbeiten* wolle. Er versäumte zu sagen: Ich will das Suchen wiederfinden und endlich eine Freundin. Genosse Wintergünter wünschte viel, viel Glück: Jesus war der erste Kommunist, das werden Sie noch merken.

Heinrichs Abgang fiel ineins mit einem typisch sozialistischen Verbrechen, begangen vom kleinen Kollektiv am großen. *Widerrechtlich* beteiligten sich mehrere Kollegen der Kreisfilmstelle am Zuschauer-Preisrätsel des VEB Progress Filmverleih, dessen Lösung sie ja schon kannten. Die Barfrau Doris gewann einen Urlaub am Schwarzen Meer. Kollege Beifluß gewann das polnische Schallplatten-Abspielgerät »Mister Hit«. Genosse Wintergünter gewann die Langspielplatte »Die Erde dreht sich linksherum. Junge Lieder mit dem Pionierchor Omnibus«. Heinrich gewann fünf Tage Budapest. Sein erster Flug! Er jauchzte und knipste aus dem Bullauge. Das Hotelzimmer war zu teilen mit einem weiteren Gewinner, Frauen-Leichtathletiktrainer aus Berlin; der bedrängte ihn nachts im Doppelbett mit den Tatberichten prominenter Lüste. Die Weiber! sagte Heinrich forsch und rückte ein bißchen ab, 's gibt aber auch andere, anständige. Der Trainer: Ick kenn keene.

Anderntags saß Heinrich auf den Donaustufen unterm Parlament, streichelte seine neue LP von Crosby, Stills, Nash & Young (indische Pressung), schmiß Pfirsichkerne in den Strom und dachte: Leipzig, da finde ich sie.

11

Und da stand sie.

Man soll Liebesbriefe nicht verbrennen, nur vergraben, wenn das Ende gekommen ist. Später kann man sie rückwärts lesen, vom letzten bis zum ersten; der bringt dann das Happy-End. Ist nicht auch die christliche Erlösungshoffnung ein nach hinten geklappter Schöpfungsglaube (und umgekehrt)? Hier fehlt leider das Material zu solcher Reparatur. Heinrich hat alles verbrannt in seinem Entsetzen über den schrecklichen Schluß. Ein froher Anfang aber war auch hier: Da stand sie.

Es übergoß ihn heiß, zum zweiten Mal. Er hatte sie vor Wochen schon gesehen – nicht hier am Hauptbahnhof, wo die Straßenbahnen unablässig kamen und gingen und kamen, aber ihre nicht. In Warschau war's gewesen, zum Jazz Jamboree, vor dem Kulturpalast. Sie schwenkte, Kartensucherin, ein Schild und strahlte im Herbstlicht und schnatterte so fröhlich um Hilfe, daß ihr bald geholfen war und sie verschwunden.

Bist du nicht ...
Wer bist du denn?
Sie strahlte schon wieder. Sie war so blond. Sie fror so reizend, und auch Hunger war glücklich vorhanden, so daß man alle Bahnen fahren ließ und durch die Unterführung spazierte, Richtung Sachsenplatz, dann übern Markt. Spazierte ist wohl nicht das rechte Wort. Heinrich zerrte wieder Vaters Vulkanfiberkoffer. Sie lachte, faßte an und nannte das verdiente Utensil einen *Felsen*.

Die folgenden Stunden im »Thüringer Hof« denkt man sich am besten als rührendes vis à vis zweier junger Menschen, deren leuchtende Gesichter weder das Letscho-Steak noch die Flasche Lindenblättriger derart illuminiert haben kann. Sie schwatzen strahlend ohne Unterlaß, wobei sie unablässig einer Meinung sind, was beweist, daß Polemik und Diskurs nur als trübe Aftergeburten verschmähter Liebe gelten dürfen. Hier wird nicht verschmäht. Horch! Heinrich referiert gerade die paulinische Rechtfertigungslehre vor dem Hintergrund des hellenischen Judentums – so flüssig und charmant, wie er's im Seminar des Doktor Kühn niemals vermöchte, weil er da in Begriffen reden muß anstatt, wie hier, in Klängen. Und Konni begreift alles; schließlich studiert sie Ökonomie. Und lacht Heinrich an und strahlt wie der liebe Ostermorgen und spricht den unvergeßlichen Satz: Ich muß dich küssen oder auf die Intensivstation.

Ersteres geschah nun und wurde erst beendet von der Schließung des »Thüringer Hofs«. Sie brachten einander zur Bahn. Beide brauchten die 16 – er zum Bayerischen Bahnhof in sein Konvikt, sie sechs Stationen weiter Richtung Lößnig, ins Studentenheim. Ich hab sehr viel zu tun, sagte er wichtig und frisch. Heute ist Montag. Freitag abend bin ich frei. Strahlendes Gejammer: Ooooh, so lange hin! Dann stieg er aus. Die alte gelbe Bahn schleppte ihre beiden Wagen quietschend um die Kurve und tauchte in den dunklen Häusergraben wie ein schwankendes Lampion. Hinten an der Scheibe stand Konni, wurde klein und kleiner und winkte, bis das goldene Lampion in der Schwärze ertrank.

Schon am Mittwoch stand sie vor der Tür, strahlte, preßte ihre eisig roten Wangen an die seinen und wollte sich nur kurz versichern, daß es ihn wirklich gab. Schon war sie wieder weg, zum Seminar. Am Freitag gingen sie ins Kino »Wintergarten«: »Aus Liebe sterben« mit Annie Girardot als Lehrerin, die ihren siebzehnjährigen Schüler liebt – selbstverständlich gegen Tod und Teufel und das Spießertum der bürgerlichen Welt. Soweit sie den Inhalt mitbekamen, waren Konni und Heinrich erschüttert über die verstockte Enge der nichtliebenden Majorität.

Dann lagen sie in seinem Studentenzimmer auf der mürben grünen Couch. Sie hatte ihre Tage; darüber war er eigentlich erleichtert. Er wußte schon, daß sie *erfahren* war – ein Vorsprung, den er ihr verschweigen wollte, bis er männlich nachgezogen hätte. *Überholen ohne einzuholen* hatte Walter Ulbricht diese emanzipatorische Hoffnung genannt. Seiner nicht gedenkend, lagen sie und streichelten einander. Sie mußten nicht essen, nicht trinken; sie hatten keine Musik; da war nur die Stumpenkerze und der Regen auf dem Zinkblech draußen vor dem Fenster. Sie fröstelte. Er wickelte sie ein und klaute Kohlen mitten in der Nacht. Sie schaute lächelnd, wie er Asche kratzte, Späne stapelte und sie mit Briketts überbaute, bis der Flammwind bullernd in die Pyramide griff. Ich glaube, du bist praktisch, sagte sie froh.

Was sie einander erzählten, war, wie jedermanns Leben, das Universum im kleinen. Sie tauschten ihre inneren Provinzen und erklärten sie entzückt für eng verwandt. Sie kam aus der Lausitz; ihr Dorf stand nur noch auf Zeit. Kohle lag darunter; der Abbau war beschlossen. Heinrich erklärte, Dörfer wegzubaggern sei pervers, denn energiepolitisch tue *Umkehr* not. Das war nun nicht, was sie an ihrer Handelsschule hörte. Du bist ein Träumer, sagte sie ganz warm und hob die Geschichte ihrer Großmutter und die von Onkel Alfreds Ende an der Ostfront noch ein bißchen auf. Sie schlief ja schon. Heinrich flüsterte ein Gebet und löschte die Kerze und folgte ihr.

Am Morgen fuhren sie nach Cottbus und weiter in das Städtchen Peitz. Dort hatte die Jazz-Avantgarde der Bürokratischen Republik ihr wohlweislich entlegenes Zentrum. Heinrich war ja Rocker, räumte aber in seinem *house of voices* dem Jazz eine Etage frei, seit er John McLaughlins Mahavishnu Orchestra gehört hatte. Dieser fusionäre Spiritist prägte freilich keine Schule in der Republik. Jazz – in Szenekreisen unbedingt zu sprechen wie man's schreibt – war hierzulande zweierlei: teils die subversive Anarchie des freien Spiels, teils hagestolze Ideologiemusik von Weill- und Eisler-Beerbern, die so selbstgewiß musizierten, wie Brecht Theater machte. Der *ECM-Sound* von Lyrikern wie Keith Jarrett, Jan Garbarek und Ralph Towner verfiel dem Rufe *Glotzt nicht so romantisch!* Der tonale Heinrich liebte die Verfehmten inniglich. Seinen Jazz spielten im Ostblock eher die Polen Namysłowski, Stanko und Szukalski, die Musik als Lauscher zu empfangen schienen, statt sie hinzuschleudern wie eine teutonische Proklamation. Immerhin eigneten sich Konrad Bauers Posaunen-Kontemplationen, Joachim Graswurms Dichten auf dem Flügelhorn, Günter Sommers oratorisches Getrommel durchaus zu der herzlichen Versenkung, die Heinrich den Beruf des Hörers nannte. Konni hörte tapfer mit. Andächtig saßen sie im überfüllten Peitzer Kinosaal. Sommer paukte gewaltig und dämpfte in der folgenden Sekunde sein Fell mit raschem Ellenbogen. Bauer hupte ein nimmermüdes Solostück, »Traumtänzer« betitelt. Konni umarmte Heinrich und püschperte ihm ins Ohr: Wir bleiben immer zusammen, willst du? Erschüttert nickte Heinrich, völlig verblondet. Nachts im Zug nach Leipzig hob sie ihren Pulli, daß er endlich ihre Brüste sähe. Sie waren sehr schön.

Am nächsten Wochenende blieben sie in Leipzig. Freitag abend lauschten sie in der Mensa einer Bluessession. Plötzlich stoppte der biedere Fluß der Drums und Slides. Renft-

Keyboarder Christian Kunert enterte das Podest, gefolgt von Gerulf Pannach, dem Biermann-Freund und Texter von Renft. Die Band war schon verboten, diese beiden also auch. Jetzt brüllten sie, bevor sie das Land verließen, ihren Epilog heraus und geißelten die Lügenrepublik ohne Rücksicht auf Verluste. Da tobte das Volk begeistert und fühlte sich nicht gemeint. Heinrich, der Sammler, erkannte die historische Stunde und erfragte die Namen sämtlicher Musikanten: Lothar Ruhland, Frank Fischer, Reiner Trautmann, Michael Maltitz, Udo Weidemüller (Gitarren), Jörg Wolf (Cello), Bernhard Kochaszik (Keyboards), Wolfram Dix (Schlagzeug). Am Montag wurde Konni von Kommilitonen gewarnt: Ihr Freund sei gewiß von der Stasi.

Jetzt aber bestiegen sie verschlungen das goldene Lampion und schaukelten nach Lößnig. Am Wohnheim-Block III drückte sie die Glastür auf und zeigte dem Nachtportier ihrer beider Ausweise. Heinrich war angemeldet. Sie fuhren in den dritten Stock. Das Zimmer war so klein und heiß. Er hatte gar keine Angst mehr. Draußen blinkte der Schornstein des Gaswerks Flugzeuge an, die niemals kamen. Drinnen zog sie ihm den Pullover über den Kopf. Vorsicht, sagte er, meine Brille. Vorsicht, sagte sie, meine Kette. Das untere Bett war ihrs. Dann glitten sie fort. Er dachte und ersehnte nichts. Er war ins Leben gefallen.

12

Eins zwei drei, im Sauseschritt eilt die Zeit; wir eilen mit. Aus dem nassen Januar ist ein heiterer, gemäßigter August geworden. Leipzig liegt weit hinten. Uns umgibt ein Ackerpanorama: Nordrumäniens Felder rechts und links, krakelig geteilt von einer Schotterstraße, die schon aus der Ferne staubig meldet, daß ein Wagen sie befährt. Ein Traktor ist es und tuckert mürrisch heran. Zwanzig kopfbetuchte Bäuerinnen sitzen auf dem Hänger um ein strahlend blondes Mädchen, das mit ihnen lacht und pantomimisch diskutiert. An der Seitenklappe hockt ein mißgelaunter Jüngling, stützt die Linke philosophisch unters Kinn, ignoriert das fröhliche Gebabel und beäugt die Äcker wie ein Magenkranker das Bankett.

Was hat denn Heinrich?

Er ist eifersüchtig.

Ist denn ein Kerl in der Nähe?

Ach was. Er neidet Konnis simples Glück. Wir müssen das erklären: Anfangs stand es zwischen beiden so vortrefflich, wie das gar nicht zu beschreiben ist. Sie sahen einander fast täglich, liebten sich, überwanden *ideologische Grenzen*, denn sie flogen. Sie hatten Freunde, die sich ihrer freuten. Sie galten als das ideale Paar. Leider neigte Heinrich zur Institution. Er überstülpte ihre Liebe mit einem kleinen Verwaltungsapparat. Jetzt wurde Abschied an der Straßenbahn zum Ritual: Leg deine Hand von drinnen auf die Scheibe, ich von draußen. Jetzt waren ihre Nächte vorbereitet mit Wein, Blumen und Musikprogramm, oder er las vor. Schließlich hatte Konni doch noch viel zu lernen; und was konnte diesem Arbeiterkinde Edleres widerfahren als Heinrich, der seine Innerlichkeit gerade umbaute zur Bastion geistigen Bürgertums.

Ihr Lieblingsbuch, »Narziß und Goldmund«, tat er spöttisch ab: Gut sei das nicht, mehr was für Frauen, wie Hermann Hesse ja selbst eine gewesen. – Wie, was? – Hesse, lehrte Heinrich, schreibt in permanenter Empfängnis. Dauernd nimmt er auf, statt selber zu gestalten. (Aber war nicht Empfängnis Heinrichs Ideal von Musik?) Da ranzte sie ihn an: Ganz woanders liege das Problem. Heinrich sei Narziß, sie Goldmund und brauche die Freiheit des plötzlichen Glücks. Heinrich aber wünsche sich ein Glück in portionierten Bratenscheiben, die seßhafte Einsamkeit zu zweit. Jede Überwältigung der Seele sei ihm eine Angst – typisch Bürokratische Republik! – Häßlicher Streit, süßeste Versöhnung. Fortsetzung folgte.

Immer öfter rief Heinrich seine frisch angeschaffte Theologie zur Zeugin gegen Konni auf. Heinrich der Redner *tat* nicht recht. Auf ihn paßte Otto Flakes Wort, die Deutschen seien das Volk des ungefähren Erfassens. Was er an Wörtern über Konni goß, war humanistische Soljanka. Er bekleisterte sie mit Bildungscollagen, die keinerlei Klärung bezweckten, nur Konnis verwirrte Bewunderung. Mein Heinrich, sollte sie fühlen und durchaus auch sagen. Mein Heinrich, du bist, wie ich keinen kannte. Ich hatte einen Fernmeldetechniker, einen Gärtner, einen Sudanesen und einen Chauffeur – biedere Männer der Tat. Aber ich suchte mehr. Nun bin ich am Ziel: bei meinem Heinrich. Ein Wunsch ist mir verblieben: Leih mir deine Brille, daß ich die Welt mit deinen Augen sehen darf. – Gerda war immer so dankbar gewesen.

Erstmals fuhren sie zu Konni nach Hause. Er war aufgeregt. In Cottbus (häßlichster Bahnhof der Republik) stiegen sie um nach Welzow. Lächelnd zählte sie die Namen der kleinen Stationen her wie Kindergold, und wieder spürte er warm, was letztens seltener geworden war: daß sie aus Geschwisterländern kämen. Klang nicht Neupetershain wie Nienhagen oder Schwanebeck? Noch ein Stückchen Busfahrt, und sie waren da. Konnis Mutter holte sie am Konsum ab: Na Heinrich, haben Sie Angst?

Da stand ein kleines Häuschen vor einem Feld, umgeben von ein wenig Stallung, Garten und dem Wäscheplatz. Konnis Mutter, Lehrerin, war eine fröhliche, energische Person, die ihren behäbigen Gatten treusorgend ironisierte. Er, wuchtiger Mann des Tagebaus, redete feierabends so ungern, wie er sich bewegte, und das passierte selten, denn Bier holte ihm vom Kühlschrank seine Frau. Ihn besorgte *der Wagen* und was vom Metzger zu beschaffen war. Wie sollte ihm Heinrich gefallen, da doch dieser keinen *Sinn fürs Praktische* bezeugte, unbewandert war in den Gesprächen der berufstätigen Welt, weder Auto fuhr noch unaufgefordert Späne hackte, aber gern auf Konnis Zimmer blieb und *Schwarten* las.

In dörflichen Häusern ist Schwiegersohn ein früh gedachtes Wort. Auch Konnis Mutter unterdrückte ein Seufzen, als sie im ehelichen Bett den Gatten beschwichtigte: Laß man, Horst, ist doch alles nicht mehr wie bei uns. (Horst war seinerzeit mit ihr vor seine Mutter getreten und hatte erklärt, gelegentlich von Umständen, die beim letzten Maitanz eingetreten seien, müsse er diese hier heiraten.) Nur Claudia, Konnis kleine Schwester, votierte uneingeschränkt pro Heinrich. Mit Kindern konnte er ja. Konnis geliebte Oma, eine hagere, stille Greisin, gestand ihrer Enkelin wenigstens zu, Heinrich habe gute Augen. Das war dürftig. Beklommen merkte Konni, daß nicht Leipzig ihre Heimat war. Hier wirkte Heinrich ihr so fremd, wie er sich benahm. Ihm sich gegen elterliches Urteil zu verbünden, kam im

Gemäuer ihrer Kindheit nicht in Frage. Heinrich kapierte von alledem wenig. Er fühlte keine Wetter. Er war treu und verlangte Treue. Das ist zwar schön, aber auch ein bißchen langweilig, stimmt's?

Aber nun fuhren sie ja und fuhren, weit weg, in ihrer beider Ferne. Gen Balkan reisten sie, wie es das Fernweh befahl. Hunderttausende Tramps flohen allsommerlich die Bürokratische Republik, schnürten ihren Ranzen und durchpilgerten die südosteuropäische Staffel von Volksbürokratien bis an die Grenze der Türkei. Konni und Heinrich, diesen Sommerkindern völlig gleich, waren doch auf unerhörter Fahrt, denn sie reisten ja zum ersten Mal. Bis Budapest nahmen sie den Zug. Eine Nacht und einen guten halben Tag rollten sie in einem braunen klebrigen Abteil. Hinter Dresden, als jenseits der Elbe die Sonne in die Sandsteinfelsen sackte, dinierten sie fürstlich mit Bitter Lemon (warm), Knäcke und der ersten Schmalzfleischbüchse. Sie schliefen fahrig, verstrickt in unruhige Träume, durch die es ratterte, quietschte, plärrte – *Usti nad Labem! Usti nad Labem!* –, bis graue Röte durch die schmutzigen Scheiben kroch.

Das da draußen war schon Slowakei: Felder, Hütten, bröckelnde Fabriken wie daheim, aber *Ausland* – ein Frühkapitel Reisen, das Heinrich, wie jedes folgende, unermeßlich mit fahrenden, bestimmungsfreien Bildern füllte. Nie kannte Heinrich Frauen, die vor ihm erwachten. Immer war der Morgen sein, zum Schauen, zum Lesen. Hitze und Trubel kamen mit dem Tag, zu dem auch Konni gehörte. Alles erlebte sie pünktlich und bei Sonnenlicht, er früher oder später. Ihr mißfiel, wie gern er photographierte, am liebsten Landschaft ohne Menschen. Übers *Volk* mokierte er sich oft. *Unmöööglich!* war sein Siegesruf. Guck mal, wie der aussieht, typisch, die Sorte kenn ich, ekelhaft, Gewohnheitskrüppel, Spießer ... Sie sagte: Wenn ich so wenig akzeptieren könnte wie du, müßte ich als Hasser leben. Aber ich will lieben. Und wenn du meinst, so leichthin Menschen zu erkennen, muß ich dafür sorgen, daß ich Geheimnisse habe. Was du urteilst, mag im allgemeinen stimmen, im speziellen nie. Und du, der nicht das Einzelne und höchst Besondere in jedem Menschen siehst, willst mir der Einzige sein?

So ähnlich entstand seine Eifersucht. Im Sommer mit dem Rucksack an der Straße findet man leicht flüchtige Freunde, *buddies of the road*, aus Riesa oder Weißenfels, die ihr Woher erzählen, ihre Hoffnung, ihre Spleens. Konni entzückte diese *communio* der Reisigen; Heinrich muffelte, und je heftiger er sie beide allein wünschte, desto willentlicher war sie in Gesellschaft. Aber in der ersten Zeltnacht hinter Szeged, nahe der ungarisch-rumänischen Grenze, überraschte sie am Fluß ein furchtbares Gewitter. Sie zitterte und schrie, er reckte das Kinn gen Himmel, hielt sie geborgen und war ihr Held. Grollend zog der Donner ab. Im Zelt vollendete Heinrich an Konni seine Männertat. Da gefiel er ihr zum letzten Mal.

Der Traktor hielt. Die Frauen kletterten vom Hänger. Am Feldrain saßen Bauern und hielten Vesper. Einer trillerte auf der Flöte die trolligen Synkopen des Balkan. Man bot den Gästen Brot, Milch und etwas wie Paprikaschoten, die waren lächerlich klein. Heinrich schob gleich drei oder vier in den Mund, kaute rüstig, schluckte ... Er brüllte auf. Er kreischte. Er quiekte wie ein Vieh. Die Luft blieb weg. Die Augen schwemmten fort. Der Rachen verglühte. Die nordrumänische Bauernschaft zeigte sich aufs äußerste erheitert.

Bis hinter Arad kamen sie an diesem Abend. Sie kauften Weißbrot in einem kahlen Geschäftchen und durchwanderten die lehmige Stadt. In der Dämmerung nahm sie noch jemand mit bis an den Rand von Siebenbürgen. Paulis hieß das Dörfchen, wo man sie altertümlich deutsch begrüßte und auf dem Dorfplatz unter einer Erle ihr Zelt aufschlagen ließ. Mach die Taschenlampe aus, bat Konni, lies nicht mehr. Er wollte sie, aber sie rollte sich ein: Erzähl mir was, damit ich einschlafen kann.

Fahrende Bilder: Sie sahen Sibiu, das alte Hermannstadt. Sie fuhren die Olt entlang, durch bescheidene Dörfer und Weiler, über Brücken und Schlünde, durch die helles Wasser schoß. Sie trank das Land, er knipste Kirchen und Katen, vor denen, schwarz gewandet, alte Frauen saßen und knorrige Greise. Gemächlich trotteten Bauern hinter kleinen Herden. Mancher trieb nur eine Kuh, ein einziges Schaf, überholt von ewig rennenden schmutzigen Kindern, die jeden Fremden um Kaugummi baten. All dies war gerahmt und wurde bewacht von der Gipfelkette der Karpaten. Dann verflachte das Land. Vor Piteşti mit seinen lodernden Raffinerien las sie ein türkischer Fernfahrer auf. Mitten in Bukarest zelteten sie auf einem Streifen Grün, zur morgendlichen Freude der Passanten. Hinter Giurgiu überwanderten sie die mächtige Donaubrücke, ließen dünne Rumänen zurück und wurden begrüßt von dicken bulgarischen Zöllnern, denen Konni wohlgefiel; Heinrich – Griff zum Hosenbund – müsse viel mehr essen. Von Russe fuhr sie ein Melonentransporter bis hinter Sumen, wo sie im Dunkel eine Kuhkoppel bezelteten, deren Bevölkerung morgens am Zeltstoff fraß.

Varna, Schwarzes Meer – schwarz von Menschen, also weiter, mit dem Schiff. Alt-Nessebar auf steilem Gestade, die Fischbraterei an der Treppe zum Meer, die Esel und der Dattelbaum, das eingeborene Leben auf den kleinen Plätzen und Bänken, bis in die Nacht umdudelt von der Janitscharen-Pentatonik der Turkmusik ... Konni war glücklich. Heinrich studierte an den Bäumen die Todesanzeigen: Aha, hier starb man früh. Am nächsten Morgen äugte ein Pistolenlauf ins Zelt und verlangte fünf Lewa für schwarzes Zelten.

Burgas, Kavazite, Sonne, Meer, endlich Sauberkeit, und dann landeinwärts weiter, über Sliven, Kazanlak und den Schipka-Paß nach Gabrovo. Dort ist es dann geschehen.

Die Leute von Gabrovo stehen in Bulgarien im Ruf besonderer Witzbolde. Heinrich würde es obliegen, diesen Ruf auf das empfindlichste zu testen. Nachmittags hatte sie ein Schweinetransporter am Stadtrand abgesetzt. Eine Wolkenwand zog auf. Rasch bauten sie ihr Zelt in einer Mulde nahe einem Gehöft. Blitze, dann schmetterndes Krachen. Urgewaltig setzte Regen ein. Konni weinte und flehte, Heinrich zerrte sie durch Dickicht und Bäume hin zum Haus. Man sah sie kommen und ließ sie ein – erst etwas befremdet, dann überschäumend herzlich. Zwei junge Ehepaare wohnten in dem Haus. Todor und Stepan waren Brüder, die Frauen gleichfalls vorhanden. Woher man denn komme? Bjurokratski Republik? Aaaaah, erhellte sich Stepan, Kris Derrrk Sexbomba! Heinrich verstand: Die heimatliche Schlagersängerin Chris Doerk wurde hierzulande offensichtlich als sexuell erfrischend empfunden. Er versprach die Übersendung einer LP. Es entfesselte sich ein Gespräch, das aus dem unaufhörlichen Tausch von Fußballernamen bestand. Die Frauen mußten kochen, die Männer saufen. Große klare Flaschen ohne Etikett.

Später begab sich Todor mit der Seinen ins Obergeschoß. Konni und Heinrich wurde Stepans linkes Ehebett angewiesen. Rechts gedachte der Hausherr seine Dilyana zu beruhen. Waffenbrüderschaft galt innerhalb des Warschauer Paktes als ein hohes Gut; um so mehr war der völlig benebelte Heinrich verdattert, als Stepan ihn mitten in der Nacht durch Hecken und Wiesen ins quatschnasse Zelt transferierte. Gleich schlief er wieder. Aufklärung anderntags durch Konni: Heinrich hatte, übervoll betankt, unter sich lassen müssen. Er knipste Stepans Nachttischlampe an, ließ im Bett die Hosen fallen, breitete die Beine nach der Männer Art und beregnete die Schlafzimmertapete mit saftigem Strahl. Solches war in Bulgariens Kemenaten noch nie geschehen.

Nach Heinrichs Entfernung suchte Stepan für den Rest der Nacht seiner Erregung Herr zu werden, und zwar vermittels von Konni. Sie schubste ihn zurück, er kehrte wieder, Dilyana zeterte und zerrte, Stepan kroch herüber und hinüber, Licht aus, Licht an ... Tut mir furchtbar leid, beteuerte Heinrich. Konni wollte nur noch heim. Von Russe nahm die beiden wieder ein türkischer Trucker mit. Er fuhr bis Budapest; das dauerte drei Tage. Er tränkte und bekochte sie. Er ließ sie in der Koje schlafen, Konni hinten, Heinrich überm Steuerrad. Nachts erwachte Heinrich und hörte Konni leise weinen. Guttguttgutt, brubbelte es, niiicht tun, niiicht Angst, niiicht weinen.

Beischlaf galt wohl als normaler Fahrpreis. Glücklicherweise stand am nächsten Vormittag hinter Vilcea eine Hure am Straßenrand. Der Türke schickte Konni und Heinrich spazieren. Sie kicherten wie Kinder. Bei ihrer Wiederkehr nach einer Stunde war auch der Türke heiter und zeigte ihnen seine Männlichkeit: einen Armdurchschuß aus dem Zypernkrieg. Morgen Abend Budapest, sagte er froh, dann jeder Fahrer in Camion eine Frau. Zweimal platzte ihm der Reifen. Sie verloren Zeit. Hinter Deva versuchte er abzukürzen. Sie endeten an einer kleinen Brücke. Der Truck wog elf Tonnen. Der Fahrer stieß weit zurück und raste los. Hinter ihnen stürzte die Brücke ein.

Sie absolvierten Budapest, statt es zu genießen. Am letzten Abend waren sie verirrt und fragten in der Straßenbahn ein Grüppchen Rocker nach dem Weg zum Zeltplatz. Bis zur Endhaltestelle, bedeutete der Anführer, und dann werde er sie geleiten. Er nickte und lächelte sehr nett. Draußen die Straßen wurden dunkler. Die Bahn leerte sich. Heinrich schaute nach ihrem künftigen Führer und erwischte ihn bei einem Grinsen, wie er nie wieder eines sah. Plötzlich wußte er von Tier zu Tier: Der da war Mörder.

Sonst saßen nur noch vier Afrikaner im Waggon. Fliegend erklärte Heinrich die Lage. Sie begriffen sofort. Heinrich ging zu dem Anführer und sagte: Wir begleiten nun doch unsere Freunde, *thanks for help*. Die Kerle stiegen unverzüglich aus. Heinrich lachte aus dem Heckfenster. Der Führer zückte einen Dolch, sein Kumpan schleuderte die Aquavit-Flasche nach der enteilenden Bahn. Sie zerschellte unter dem Fenster. Zwei Jahre später, beim Warschauer Jazz Jamboree, hat Heinrich den Führer noch einmal gesehen. Er trug ein T-Shirt mit dem Aufdruck: *Live and let die*.

Von Leipzig fuhr Konni nach Hause. Laß mir ein Weilchen Ruhe, bat sie, ich melde mich bei dir. Das tat sie nach zwei Wochen, aber wie müde! Sie strahlte nicht mehr. Daß er sich sehnte, änderte nichts. Sie wurstelten sich durch den Herbst. Die Oktoberferien wünschte sie wieder allein zu verbringen. Heinrichs Studienfreund bekam Besuch von seiner Westcousine. Heinrich aß mit ihr im »Thüringer Hof«. Er trank mit ihr im »Hotel Hochstein«, wo hinterm Tresen ein Schild hing: *Hier schlief auf der Durchreise Karl Marx mit seiner Tochter Eleonore*. Sie hurten. Das war ein neues, geiles Glück. Konni konnte er nur lieben.

Er besuchte sie noch einmal in ihrem Dorf. Nervosität und Streit. Sie waren beide ja nicht flüchtig oder falsch, nur unberaten und sehr jung. Daß es zu Ende wäre, mußte sie ihm fast befehlen. Er stahl ihr zwei Lieblingslips und das azurne Nicki, das sie getragen hatte in der ersten Nacht. Dies und ihre Briefe tat er ins Feuer.

Das wäre ein gemäßigter Schluß gewesen. Zerstört fuhr er zu seinen Eltern. Nichts zu reden, nichts zu hoffen, nichts zu tun. Am Abend sah er fern. Es war der 20. November 1976. Vier Tage zuvor hatte die Bürokratische Republik dem Sänger Wolf Biermann die Staatsbürgerschaft entzogen. Er saß im Westen fest und durfte nicht zurück. Jetzt übertrug das Westfernsehen den Auftritt des östlich inkriminierten Barden. Drei Stunden lauschte Heinrich wie gebannt. Er wußte nicht, und keiner ahnte, daß sich hiermit seines Landes späteres Geschick entschied. Aber Ungezählte seines Alters, die 1968 während des Prager Frühlings noch zu jung gewesen waren, empfingen durch dieses Konzert ein erstes *ganzes* Wissen darum, was das sei: die Bürokratische Republik. Vorher war man Kind aus Sachsen oder von der Küste, Rockfreak oder Fußballfan, fuhr Moped oder sang im Chor, verliebt oder verlassen, eigentlich für den Staat oder irgendwie dagegen – jedenfalls zerstreut in Privatissima. Heinrich philosophierte ja beflissen und hatte in seiner mählich wachsenden Bereitschaft zu verbindlichen Kategorien ästhetisch doch schon einiges gedachtelt und geschachtelt. Was ihm fehlte, war ein politischer Überwurf – eine Ordnung, die der tausendfältigen Erfahrung das Ihre, das Seine beließ und ihr trotzdem *einen* Namen gab. Biermann stiftete System auf eine Art, die selbst der assoziative Heinrich akzeptierte: als Symbol, das Schein und Sein vereinte, Wort und Tat, die Fakten wie die Ausschweifungen der vagabundierenden Seele.

Monomanen können im Ernst nicht helfen, wie brillant sie auch seien, schrieb Golo Mann (mit Blick auf Karl Kraus). Wie der Monomane Biermann sich selber zum Symbol erhöhte, war in diesem Fall nicht seine Schuld. Daß die offizielle Republik mit solchem Furor gegen einen Sänger wütete, machte ihn erst einzig und installierte dieses Einzigen Gesang als Hymnus der Unbürokratischen Gegenrepublik. Und Heinrich saß vor der Glotze, und der Wolfshund heulte:
Du laß dich nicht verhärten
in dieser harten Zeit.
Die allzu hart sind, brechen,
und die zu spitz sind, stechen
und brechen ab sogleich.

Völlig umgewühlt beendete Heinrich diesen vorletzten Abend seiner Kindheit. Er sei ganz neu, befand er, seine Liebe auch. Wieder im trügerischen Sog der historischen Emphase fuhr er nach Leipzig und suchte Konni. Sie war nicht im Internat. Abends fand er sie im Studentenkeller der »Moritzbastei«. Sie saß in Gesellschaft, lustig und beschwipst; als sie Heinrich erblickte, vereisten ihre Züge. Er zog sie vor die Tür. Alles neu, stammelte er, alles wird nun anders, hör mir zu. Ich habe was begriffen. Biermann, hast du gesehen? Wir werden es schaffen – wer, wenn nicht wir?

Nein, Heinrich, sagte sie.

Was heißt nein?

Es ist vorbei.

Ich ändere mich. Du weißt nicht, was ich jetzt weiß.

Du mußt dich meinetwegen nicht mehr ändern.

Konni, warum?

Es hat nicht diesen oder jenen Grund. Vermutlich kannst du gar nichts dafür.

Konni, es gibt Phasen – Hochs und Tiefs, Ebbe und Flut. Das gehört zum *System*. Alles kehrt zurück.

Aber nicht zu uns, Heinrich, nicht dasselbe Wasser an dasselbe Land. Du wirst mir nie mehr der Einzige sein. Du *warst* es nur.

Sieh mich an: Ich *bin* der Einzige.

Sieh dich um: Hier sind viele einzige Menschen. Du bist einer von allen.

Sie wandte sich um und ging hinein. Plötzlich hatte er den Bierkrug in der Hand. Er tat ja nichts. Nur entglitt sein Gesicht. Nur hob sich sein Arm. Nur schmetterte der Humpen in das geliebte blonde Haupt. Sie sackte hin. Helles Rot schoß ihr ins Haar. Aus dem Ohr sickerte ein Faden Blut. Schreien, Rennen, die Sirene ...

Als sie Konni fortgetragen hatten, ließ man ihn los. Seltsam, niemand behelligte ihn. Er hing am Tresen und soff. Plötzlich stand Bettina neben ihm:

Was war das?

Wie kommst du hierher?

Ich wohne jetzt in Leipzig. Dort sitzt mein Mann. Was war das?

Er schüttelte den Kopf. Sie sagte: Heinrich, wer nicht lassen kann, der wird verlassen.

Diesen Satz, der gar nicht seiner war, hat Heinrich 1987 auf einem Partnerwochenende des nachmals berühmten Hallenser Psychotherapeuten Hans-Joachim Maaz zum besten gegeben und damit unter den schwierig verehelichten Patienten das Entsetzen der Prophetie ausgelöst. Maaz sagte: Man wirft mir vor, ich sei gegen die Ehe, die Kirche, den Staat. Das stimmt nicht. Der Zustand dieser Institutionen spiegelt nur, was in uns steckt.

Nach dem Herbst 1989 wurde Maaz zum großen Verärgerer aller, die das Ereignis *Wende* verwenden wollten, um es auf *einen* Begriff zu bringen: den ihren. Die innere Revolution der Seelen, fand Maaz, werde weiterhin verweigert. Dies mußte allen Systematikern mißfallen: den Siegern des Kalten Krieges, den heimeligen Beleuchtern der Vergangenheit, den Dichtern des Märleins vom guten Anfang der Bürokratischen Republik, den Kronzeugen lückenloser Diktatur, den Opfern und den Täterschützern, den Überläufern und den Konterkonvertiten. All diese Interessenbündler und Bedeutungsmonopolisten feilen am Begriff des obersten Prinzips, das sich jeglichem Vergleich entzieht, weil es in sich selber ruht: So war's, und nur so, und wir Aktionäre des Unbestreitbaren lassen uns folglich auch nicht bestreiten. Das ist Leibniz' *principium identitatis indisernibilium*, der Lehrsatz von der Identität des Ununterscheidbaren. So wächst Fundamentalismus. So entsteht Ideologie: die Verweigerung der unbekannten Welt.

Ideologien sind Killer; sie schießen einander aus. Manchmal begnügen sie sich mit Unterwerfung. Die säkulare, demokratiefähige Form von Ideologie heißt Heimat: Biographie. Sie ist relativ: Jeder hat sie. Sie ist absolut: Keiner kann sie tauschen. In ihren Dörfern rettet sich die Welt.

Erst als er ganz allein war, verstand Heinrich, warum er Konni immer fremder werden mußte, je eisiger sein richtender Dünkel die driftenden Inseln ihres Ozeans zusammenfror. Sich selber war er offen, doch auf sie bezogen Ideologe. Sie wollte Volk sein und im steten Wandel, er Monarch und ihrer so wie seiner selbst gewiß. Das war einfach seine Art, ums Eigene zu fürchten. Es gibt keine Heimat per Dekret, nur ein wimmelndes Suchen nach Halt. Sie sind ja Notgeburten aus derselben Angst, die allzu treuen Fundamentalisten und die polygamen Opportunisten der Postmoderne, die ihre einzige Herkunft überwinden möchten wie eine Schande, um grenzenlos flexibel wechselnde Identitäten zu füllen, damit sie überall zu *brauchen* wären. Konni sollte ihn brauchen, und nur ihn, den treuen Heinrich, der in Wahrheit ein betreuter war. Was er eifersüchtig spielte, las und schwadronierte, ließ sich noch alles widerrufen. Jener Hieb aber mit dem Glase, dessen Vorläufer schon Gerda getroffen hatte, war die erste echte *Tat* in Heinrichs Leben. Scheußlich wurde ihm bewußt, daß er weniger wäre, als er anderen verzeihen könnte. Da ließ er ab zu richten, auf daß er nicht gerichtet werde, und begann zu erzählen.

Einmal hatte Großvater Hugo den kleinen Heinrich auf die Probe der Entscheidungskraft gestellt. Er hielt ihm ein Markstück hin und einen Ein-Mark-Schein, wie es sie damals noch gab: Welches willst du? Heinrich wußte nicht zu wählen und wünschte die Münze, eingewickelt in den Schein. Man kann nämlich Alternativen akzeptieren oder addieren. Die einen Menschen kämpfen mit ihrer Geschichte, die anderen sammeln sie. Heinrich sammelte; er spürte Kampfverbot. Daß er seine Konni doch nicht totgeschlagen hatte, daß sie ihm vergab, viel später und aus der Ferne, das war die Glückspflicht seines Lebens.

So kam er wirklich heim nach Saint-Malo. Er lehnte an der Reeling der »Britanny«, als Cap Fréhel auftauchte, als links im Abendlicht der Große Bé vorüberglomm mit dem Grab von Chateaubriand, als er die Mauern ragen sah und in ihrem Ring die Kathedrale. Oben auf dem Wall reckte sich Robert Surcouf, eine Möwe auf dem bronzegrünen Haupt, und wies martialisch gen England. Kein Volk bereitete Willkomm. Der treue Heinrich aber freute sich, daß die Einzige, zu welcher er in seinen Kinderträumen heimgesegelt war, ihm jetzt aus Fleisch und Blut zur Seite stand.

Abends liefen sie am Strand in Richtung Rothéneuf. Sie trug den Käse und das Stangenbrot, er die Kruke mit dem Apfelwein. Die Brandung sog an ihren nackten Füßen, und vom Sturm wurde ihr der Rock zwischen die Schenkel gepreßt. Links stieg aus der schwarzen Flut das alte Fort, auf dessen Plateau er 1817 im Duell die dreizehn preußischen Offiziere auf seinen Degen gespießt hatte – hoho, wie Schaschlik, Mann für Mann. Die Kerle hatten den verbannten Kaiser beleidigt. Nur den letzten Preußen ließ er leben, damit die Nachwelt einen Zeugen habe.

Und nun mußte Marie-Catherine endlich *ihre* Geschichte erzählen.

Das alte Nest im Kopf

Wolf Biermann will seine Ostberliner Wohnung zurück –
oder auch nicht

Wir klingelten bei Biermann in Hamburg an. Er ließ uns
sozusagen gar nicht rein. *Hundescheiße*, brüllte er uns ins
zitternde Ohr, *Hundescheiße* hätten wir verfaßt über ihn,
und wer derlei verteile, dem halte er nicht noch den Teller
hin. Wir sollten ruhig weiterhin erfinden, was uns ins Süpp-
chen paßt.

Das wird dann so: »O Biermann! Seit langem ist sein Stern
am Verlöschen, schrumpft die Fangemeinde, bleiben die
Platten in den Geschäften liegen. Nach der Vereinigung wütete der Dichter verzweifelt durch die Feuilletons, köpfte
die Stasi-Spitzel unter den einstigen DDR-Kollegen, mimte
den Zukurzgekommenen. Es half alles nicht viel, trotz Büch-
nerpreis und dem munteren Begrifferaten in der ARD-Show
›Dingsbums‹ ...« (Severin Weiland in der *taz*)

Oder so: »Wolf Biermanns Wohnung in der Chausseestraße 131 ist ein Symbol der Widerstandskultur in der ehe-
maligen DDR. Sie war ein Treffpunkt oppositioneller In-
tellektueller, Arbeiter und Studenten. Es ist schon eine
Peinlichkeit, daß gerade der PDS-Pressesprecher Roman-
Hanno Harnisch 1990 die ehemalige Biermann-Wohnung
zugesprochen bekam. Harnisch besitzt zudem eine Zweitwohnung mit 5 Zimmern in der Frankfurter Allee.« (Bun-
desverband des Neuen Forum)

Im Frühjahr 1990 gab die Journalistin Hannelore Heider, wohnhaft in Bohnsdorf nahe Ostberlin, eine Wohnungs-
tausch-Anzeige auf. Sie bot zwei Zimmer mit Garten und
suchte was Größeres in der Stadt. Es meldete sich ein ge-
wisser Seidel, der in Berlin-Mitte vier geräumige Zimmer
behauste: Biermanns alte Klause. Man tauschte. Frau Heider bezog die Chausseestraße zusammen mit drei Kindern
und ihrem Lebensgefährten Hanno Harnisch. Der hatte
bislang anderthalb Zimmer im Prenzlauer Berg bewohnt.

In der »Zweitwohnung« lebte seine geschiedene Frau. Sie starb im Sommer dieses Jahres an Krebs.

Hanno Harnisch, seit 1. Juni 1990 Pressesprecher, seit dem Spätsommer 1990 Mitglied der PDS, war zu DDR-Zeiten parteilos und ein mit »Live-Verbot« belegter Redakteur von Jugendradio DT 64. Und er war Biermann-Fan. Wir prüfen das. Bei der Haussuchung wird ein Exemplar der LP »Chausseestraße 131« sichergestellt. »Ich bewunderte Biermann. Seinetwegen hab ich mich mit meinem Vater verkracht. Der Rausschmiß war das Saublödeste, was die DDR machen konnte.« Biermann, findet Harnisch, habe eine Art außerrechtlichen Rechts auf diese Wohnung. »Bloß auf juristischem Weg wird er sich mit seinem Anwalt leider Gottes zum Obst machen. Manche sehen das mit Häme. Ich find's eher tragisch.«

Harnisch/Heiders Mietvertrag gilt. Biermanns damalige Frau hatte den ihren bei der Ausreise natürlich gekündigt. Im Sommer 1990 traf Hannelore Heider auf der Treppe Eva-Maria Hagen, Ninas Mutter, die früher Biermanns Liebste war. »Nett ist sie gewesen. Wer wohnt denn da jetzt drin, wollte sie wissen. Ach, Sie? Na, *wir* wollen ja sowieso nicht zurück, aber Wölfi kommt bestimmt mal vorbei und guckt es sich an.« Seitdem: warten.

Wölfi kam nicht. Die Klage kam. So geht's nicht, sagt Harnisch, so mit der Pistole auf die Brust. Ich sehe nicht ein, warum ich der Welt ein schlechtes Gewissen demonstrieren soll. Hanno, sagt Hannelore, wenn Biermann hierhergekommen wäre und richtig auf die Tränendrüse gedrückt hätte, Heimweh et cetera – Hanno, du wärst weggeschmolzen. Nö, sagt Hanno männlich fest. Aber wenn er sich richtig bemüht hätte, so mit Reden und Zusammensetzen, dann wären wir ausgezogen. Bloß hätte Biermann damit die Wohnung nicht gekriegt. Die gehört der Wohnungsverwaltung Mitte. Die Leute denken immer, die PDS verteilt Wohnraum an Funktionäre wie früher die SED. Gysi hat ein Neubau-Pupsloch in Lichtenberg, Bisky eine bücherverstopfte Höhle in Schöneweide.

Harnisch tat, was Biermann nicht gelang, und rief den Kontrahenten an. Und erfuhr von dessen Frust. Zwei Biermannsche Versuche, wieder Ostberliner zu werden, scheiterten an vorzivilisatorischer Bausubstanz. Die eine Bude, die man ihm anwies, war asbestverseucht, die andere beregnet. Nicht mal auf eigene Kosten durfte Biermann den Dachstuhl rekonstruieren. Wenn ich jetzt mal meinen Bock vergesse, sagt Hannelore Heider, dann verstehe ich den Mann. Nach *der* Behandlung würde ich auch auf stur schalten und meine alte Wohnung verlangen. Na, hier sind auch die Decken feucht, und da drüben die Rohre ... Der will hier gar nicht rein, sagt Hanno. Biermann habe ihm bedeutet, seine jetzige Frau wünsche das nicht. Es sei ihr in der legendären Kemenate zuviel Weibliches vorgefallen.

Kleine Umfrage in der Ex-Opposition der DDR. Konrad Weiß: »Der gute PDS-Pressesprecher sollte großzügig sein und Wolf Biermann reinlassen.« Ulrike Poppe: »Arrangieren, nicht polarisieren. Der jetzige Mieter muß eine zumindest ebenbürtige Wohnung bekommen.« Martin Gutzeit: »Rechtlich wird da nicht viel zu machen sein. Aber wo gibt's Wiedergutmachung in unserer Demokratie?« Friedrich Schorlemmer: »Ich find's ein bißchen lächerlich, daß es *diese* Wohnung sein muß nach so langer Zeit. Und wer ist von zwei Verbockten der erste Bock? Ach Wölfchen, hätte der liebe Gott dich doch nur einen Kopf größer gemacht!«

Biermanns Größe: Der Dichter und der Sänger sind Geschmack, die wölfischen Sarabanden zur Rattergitarre. Wer aber *damals* an Biermann gelernt hat, was das ist: ein tapferer Mensch, der macht, wenn er ihn schmäht, sich selber klein. Man darf ja heute billig spotten, was der eitle Schnauzer wieder von sich gegeben an törichtem Gebell. Derlei passiert; *à la lanterne!* war ein schlimmer Text, weil er die revolutionäre Mordlust kitzelte. Es macht aber einen Unterschied, ob man offen widerspricht oder ob man geilt, was sich da wieder füllseln ließe unter der Rubrik: altlinker Medien-Bock, ausgebrannter Egomane.

Er legte nicht auf. Wurde freundlicher, lachte sogar sein heiseres Grollen. »Mich interessieren gar nicht so sehr diese Räume. Mich interessiert das Politische, das damit zusammenhängt.« – »Aber, Herr Biermann, der Symbolwert wird im Osten nicht erkannt. Es gibt hier einen Haufen Leute, die sagen, er hat doch in Hamburg ein prima Haus und ...« – Haufen, schnob er, das sei das rechte Wort. Pack! »Machen Sie sich ruhig zum Sprachrohr! Schreiben Sie, ich gierte nach den Kameras. Ich habe elf Jahre in meiner Wohnung gesessen, ohne Kameras, und bin tapfer gewesen, obwohl ich Schiß hatte.«

Als sie Biermann außer Landes sperrten, 1976, war Hannelore Heider auf Reportage im Mansfelder Kupferrevier. Der geschaßte Staatsfeind kursierte auch dort als Thema Nummer eins, wohin nie ein Verslein Biermann vorgedrungen war. Da sagte ein Kumpel, und in seinen Augen glomm es auf: »Den hättense uns mal in den Schacht schicken sollen. Den hätten wir spitzgehackt!«

Was verschlug da ein bißchen Berliner Kunst-Protest gegen die Ausbürgerung? Den hacken wir spitz. Den machen wir frisch. Der geht ans Kreuz. Wofür? Egal, es liegt Erlaubnis vor, beileibe kein Schießbefehl, nur *die Möglichkeit, notfalls auch von der Schußwaffe Gebrauch zu machen.* Da kann uns notfalls nichts passieren, egal, was dem passiert.

Böse Zeit macht keiner wieder gut. Aber selten war so leicht soviel zu reparieren wie im Falle Biermanns, der für kleine Münze großen Ablaß offeriert. Man zerstöre das nicht durch Bürokratie. Man gebe ihm Wohnung in Ostberlin. Er soll hier leben, der alte Ikarus, soll seinen Adler an der Weidendammbrücke besuchen, Brecht auf der Bank am Schiffbauerdamm und den geliebten Hegel-Friedhof unter Bäumen, deren kleine bunte Transparente durch das Herbstlicht auf die Gräber gleiten. Das mag Wolf Biermanns Friede sein. Es soll ihm gut gehen. Des weiteren gilt, daß Gerechtigkeit ein Torso bleibt. Es gibt für die Opfer der DDR keinen Zahltag außer dem 9. November 1989.

Oktober 1993

Eine Liebe im Osten

Der FC Carl Zeiss Jena unterwegs zum Glück

Guten Morgen, Jena-Fans! – *Guten Morgen, guten Morgen!*
– Willkommen an Bord. Wie ihr wißt, geht's heute nach
München zu den Löwen. Besonders begrüße ich unseren
Heinz Schröder mit seinen 82 Jahren. Heinz hat mir gesagt,
daß er heute gut in Form ist. – *Auswärtssieg, Auswärtssieg!*
– Getränke sind genügend vorhanden, der Kühlschrank ist
voll, es darf geraucht werden, was wollen wir mehr. – *Nieder
mit der Limo!* – Unterwegs machen wir die nötigen Kurz-
pausen, und so um neun, in der Gegend von Nürnberg, keh-
ren wir ausgiebig zum Frühstück ein. – *Überfall, Überfall! O
Jena, wir holen zwei Punkte, o Jena, wir holen den Sieg!*

Halt, Leser, hiergeblieben! Willst du schon wieder fort
aus unserem Bus, der sich durch Nacht und Nebel allge-
mach nach Süden tastet? *Haut doch mal den Nebel um!*
Schlag sechs, stockdunkel war's, stiegen wir ein am Ernst-
Abbe-Sportfeld zu Jena. Die Jungs aus Pößneck und Kahla
hatte der Bus schon abgeholt. Den hinteren Teil okkupierte
der Fanclub »Letscho« aus Jena-Lobeda, mit Duschhau-
ben behelmt, und fuhr fort in der nächtlichen Feier seines
3. Platzes beim Fanclub-Turnier. *Und wir saufen das schäu-
mende Bier. Und wir kotzen dem Wirt auf die Theke, schenket ein, schenket ein, schenket ein ...*

Euphoria tremens: Was immer man erkennt, draußen
im fahlen Licht, das wird stürmisch bejubelt, sei's der Dro-
geriemarkt Schlecker, sei's ein Reh, sei es das Rindvieh
auf der Weide. *Hallo Kuh, hallo Kuh!* Dann erhebt sich aus
der Nebelwatte der purpurne Ball und klimmt über die
Thüringer Tannen. *Aaah!* Ergriffen opfert man Phöbus ein
taufrisches Jenaer Burschenpils (»Jenaer je lieber«), das
freilich alsbald seinerseits nach Opfern ruft. *Anhalten, anhalten!* Raus. Luft! Ein Kirchlein bimmelt von fern. Wir sind
schon in Franken.

Weiter geht's. Leser, du scheust Gesellen, die sich im Sonntagmorgengrauen an eisigen Bieren erwärmen? Die schnarchen bald. Setz dich nach vorn zu den ruhigen Jungs, die was sehen wollen vom Westen, und 49 Mark inklusive Eintrittskarte sind doch geschenkt für München und zurück. Setz dich zum alten Schröder. Der wartet nur darauf, daß er erzählen kann, und wenn dich das Nordmeer nicht interessiert, Schröders Schnellboot-Angriff auf Murmansk und das mörderische Russenfeuer von den Klippen, dann laß dich unterweisen in Jenas Fußballmythologie. Höre von Schorsch Buschner, von Fritzsche und Müller, der ja eigentlich aus Steinach kam, von Karli Schnieke und den unsterblichen Ducke-Brüdern, wobei Gott Roland Gott Peter öfters eine klebte, wenn der das Dribbling übertrieb. Seit 1962 reist Heinz Schröder zu jedem Auswärtsspiel.

Vor ihm sitzt Hubert Möller, einst medizinischer Fachschullehrer, jetzt im *Vorruhestand* mit 56 Jahren. Ihm starb die Frau an Krebs, noch in der alten Zeit, nachdem sie nicht zur Behandlung in den Westen reisen durfte. Unsere Ehe war tipptopp, richtig altmodisch mit Moral, da gab's kein Fremdgehen. Nach ihrem Tode hab ich mich völlig zurückgezogen, aber davon ist sie nicht wieder lebendig geworden. Dann bin ich zu Männerrunden gegangen, Skat und so, da wurde mir zuviel getrunken und gequalmt. Also Fußball. Auf den Fahrten waren anfangs welche bei, die brüllten: Deutschland den Deutschen, Ausländer raus. Da wollt ich was gegen tun. Hab mich also in die Bibliothek gesetzt und gelesen und geforscht über die Städte und Mannschaften und dann im Bus Vorträge gehalten. Und wenn wir nach Hannover kamen, wußten die Kinder schon was über Heynckes und Siemensmeyer und daß man das Niedersachsenstadion nach dem Kriege gebaut hat, aus Trümmerschutt. Zum Schluß gab's immer ein Fußballquiz.

Auch für diesmal hat Hubert Möller auf Karteikarten in winziger Schrift alles notiert, was geschah, seit Heinrich der Löwe 1158 jenes München schuf, das seit 1860 die Löwen mit Fußball vergolden. Der Vortrag aber muß erbeten sein. Dies tut über Bordfunk und mit wärmsten Worten Reiseleiter Uwe Dern. Später, sagt Möller, in der Holledau. Dort wächst der Hopfen. Ist ein guter Einstieg. Alles, was mit Bier zu tun hat, interessiert die Jungs.

Blau, Gold und Weiß!
Diese Farben ich immer preis.
Ob der hellste Sonnenschein
lacht dem ersten Sportverein,
ob ein Wetter ihn umdräu,
diesen Farben bleib ich treu:
Blau, Gold und Weiß!

Der FC Carl Zeiss Jena ist ein Traditionsverein. Auf Betreiben des Zeiss-Werkes gegründet, spielte er 1903 sein erstes Match. Gegen Weimar ging's. Jena muß wohl gewonnen haben, denn die Weimaraner schrieben, das Rückspiel
wollten sie mit ihrer ersten Mannschaft bestreiten. Jenas
ganz große Fußballzeit begann erst Ende der fünfziger
Jahre mit drei DDR-Meistertiteln (1963, 1968, 1970) und
vier Pokalsiegen (1960, 1972, 1974, 1980). Im Europacup
fegte man Clubs wie Ajax Amsterdam, Benfica Lissabon
und den FC Valencia vom Rasen des Abbe-Sportfelds. Das
Europapokal-Video »Der Weg ins Finale« (von Gegentref-
fern gereinigt) ist heute noch der Fanclub-Renner. Mit einem 3:0-Hinspielsieg war der arrogante AS Rom am 2. Oktober 1980 nach Jena gekommen. Mit 0:4 schlich er von
dannen, erlegt vom Doppelschuß eines staksigen Einwechs-
lers aus Zwickau. *Bielau rein!* schrien die Fans noch auf
Jahre, obschon Bielau ein Blinder war und nur traf, wenn
er nicht guckte. Roms Trainer Liedholm taumelte zur Pressekonferenz und nannte Jena Weltklasse. »Diese Mannschaft spielt wie ein gewaltiger Choral.«
Dissonanzen: Nie verwanden es die Fans, daß sie 1981
nicht mit zum Finale nach Düsseldorf fahren durften. Ein
halbes Jahr später wurde der damalige (und heutige) Club-
chef Ernst Schmidt entlassen, weil er beim internationalen
Fußballvergleich in Karlsruhe den Gastgebern Zeiss-Opern-
gläser und -Feldstecher überreicht hatte. Erlaubt waren
Kleinodien im Wert von fünfzehn Ostmark, und hinterher
im »Parkhotel« deutsch-deutsch zu feiern, galt für nicht
minder eklatant als die Terribilitäten von Altstar Peter
Ducke, der etwa mit dem Auto der Westverwandtschaft ins
Jenaer Stadion kurvte und den Seinen von drüben sozialistische Sportanlagen zeigte. Das setzte Rausschmiß. Der
heutige Assistenztrainer Konrad Weise, einst ein Welt-Stop-

per, kriegte Riesenärger, weil *Bild* ihn in sportlicher Umarmung mit seinem Bundes-Gegenspieler Ottmar Hitzfeld zeigte. »Ich wurde freigesprochen, weil Hitzfelds Arm um meine Schultern lag, nicht umgekehrt.«

Auch sportlich ging's bergab. Die Wende war die Wende. Jena beschenkte sich in letzter Sekunde mit dem Aufstieg zur 2. Bundesliga, sodann mit dem westdeutschen Trainer-Unikum Klaus Schlappner. Der Schlappi paßte hier zum Anfang gut rein, sagt Torwart Perry Bräutigam. Obwohl, er hat auch tüchtigen Mist erzählt. In der DDR-Oberliga war Shakehands nach Foul normal. Jetzt sollten wir uns vorstellen, der Gegenspieler bricht in unsere Wohnung ein und macht uns den Kühlschrank leer. Einer sagte gleich: Trainer, der Gegenspieler tut doch gar nicht wissen, wo ich wohne. Später wollte Schlappi unbedingt in die 1. Liga aufsteigen. Als das nicht klappte, hat er die Spieler beleidigt.

Heute trainiert der Wessi Uwe Erkenbrecher (vorher Wolfsburg) die Kicker in Jena. Dies ist ein Arbeitsplatz in der Bundesrepublik, sagt er, dafür muß man dankbar sein. Ost-West-Unterschiede? Die Spieler hängen hier mehr zusammen, die kennen sich schon lange. Die Kameradschaft macht sie stark, nicht so sehr die Individualität. Es gibt eine Schmerzgrenze, die heißt Geld, aber Heimatverbundenheit ersetzt hier jedenfalls ein paar Mark.

Kürzlich, nach dem Pokaltriumph in Dortmund, sprach Präsident Schmidt im Fernsehen zur fassungslosen deutschen Fußballnation, es sei ein Wermutstropfen in den Kelch der Jenaer Freude gefallen: Der Jugoslawe Pejovic habe im Jubel sein Trikot unters Volk geworfen. Somit sei der komplette Satz Hemden zerrissen. Im armen Thüringen kam das gut an, aber Pejo war so erschüttert, daß er tags darauf im Clubheim seine 200 Mark Telefonschulden beglich. Mit Trinkgeld, sagt die Sekretärin.

Jetzt aber los, zum Freundschaftsspiel beim Viertligisten Apolda. Ein halbes Stündchen Fahrt durch den wunderschönen Thüringer Herbst, dann sind wir da, erwartet von 200 Leuten.

Jena, was Wunder, ballert Apolda die Kiepe voll: 12:2. Pokalheld Olaf Schreiber verwandelt eine Ecke direkt und lacht wie ein Schulkind. Der Nigerianer Akpoborie trifft mit Schwarzer Kunst. Der Ex-Dresdner Torsten Gütschow macht sein erstes Tor für Carl Zeiss. Perry Bräutigam hat heute frei.

Gütschow, sagt er, tja ... Wie das rauskam mit dem Torsten und der Stasi bei Dynamo Dresden vor anderthalb Jahren, da hab ich mich erst mal erschrocken: Wer könnt's bei uns gewesen sein? Wir wurden dann alle vom Verein befragt und mußten unterschreiben, daß da nichts war mit IM und so. Unser Präsident hat auch bei der Gauck-Behörde angefragt. Rausgekommen ist nichts. Wir waren ja auch kein Polizeiclub wie Dynamo. Jetzt kam der Torsten Gütschow zu mir als Kapitän und druckste so rum, er müßte der Mannschaft was sagen. Ich konnte mir schon denken, worum's ging. Ich sage: Torsten, brauchste nicht, von uns haste keinem was getan. Das Thema ist abgeschlossen. Null Probleme.

Nach Spielschluß gibt's Bier und riesige Bratwürste. Jenas Kämpen langen zu und gehen unters Volk. Jonny Akporie ist der allgemeine Clou. Sag mal, könnteste nicht mal ein Photo machen von mir und dem Schwarzen, Apo..., Ako..., ich bring's nicht raus. Machste? Stark. Bitte, schick mir's, ich sag dir die Adresse, aber nicht vergessen, Ost-Ehrenwort. Wenn ich mit *dem* Bild ankomme, heime in der Kneipe, dann bin ich der King.

So, sagt Konni Weise zu den Leuten, jetzt müssen wir wieder. Euer Bier hier, das schmeckt. Jetzt hatt ich richtig Durst nach der prima Bratwurst. Sie strahlen. Er hat von unserem Tellerchen gegessen, er hat aus unserem Becherchen getrunken. Tschüß, Konni, grüß die Welt.

Die Welt ist Jena. In Apolda ging die Industrie kaputt. Dort saniert kein Lothar Späth. Im Auto sagt Weise: Wenn man die Leute hier fragt, ob sie die DDR wiederhaben wollen, dann rufen die: Ja!

Jena scheint davonzukommen. Unter zehn Prozent Arbeitslose, Stadtpolitik in größter Koalition, auch im Sozialressort, wo man, wie Stadtrat Stephan Dorschner erklärt, die kommunalen Jugendclubs nicht schließt wie anderswo. Was aber der FC Carl Zeiss an Jugendarbeit leistet und wie er »gegnerische« Fans empfängt, das hat auch dem Deutschen Fußballbund imponiert bei seiner Visite im August. 64 Zeiss-Fanclubs zählt der ABMer Uwe Dern uns auf. Deren gut 600 Mitglieder sind sämtlich registriert. Die Clubs heißen »Torlatte«, »Betonwüste«, »Krätze-Luigi«; wer sich »Ostfront« nennen will, wird gestoppt. »Ostpower« heißen sie jetzt, sagt Uwe. Die meinten gar nichts Militaristisches. Die Jungs sind oft schwierig, aber unheimlich lieb, wenn man sie nur richtig anspricht.

Der Bus erreicht den Rastplatz Nürnberg-Feucht. Alles mal herhören, ruft Uwe. Bevor wir die Gaststätte betreten, möchte ich daran erinnern, daß jeder von uns den FC Carl Zeiss Jena vertritt. Ich betone: jeder. Und nun guten Appetit.

Soweit möglich, waltet Sitte. Auch die »Letschos« reißen sich am Riemen, obzwar die fränkische Kundschaft angesichts der grünen Badehauben staunt, wie doch die Ossis von den Menschen sich so heftig unterscheiden. Ein Fan klaut unbemerkt ein kleines Plüschtier. Ein anderer löhnt Zeche plus Trinkgeld: »Hier, haut hin!« – »Bitte?« – »Na, haut hin!« Uwe dolmetscht: »Er meint, es stimmt so. Das Wechselgeld ist Ihr's.«

Weiter geht's. Vom Band dröhnen die Böhsen Onkelz: Bretterknaller-Deutschrock, hart am rechten Wind. Das, sagt Uwe ein bißchen verlegen, sind so die Kompromisse, die man machen muß. Richtiger Rechtsrock wie Störkraft kommt hier nicht rein.

Ingolstadt vorbei. Die Donau hinter uns. Die Holledau beginnt mit ihren Hopfenfeldern, und Hubert Möller hebt an zur Münchner Weltgeschichte. Die setzt ein bei Karl dem Großen und endet etwas hastig mit einem weiteren dringenden Stopp. Dann München-Harlaching. Am Ziel. Bis zum Spiel sind noch zwei Stunden Zeit, obwohl schon der Aufmarsch der Löwen beginnt. Es werden 24 000.

Sie sind so lieb. Man sitzt bei »Knoll«, dem Stadion gegenüber, trinkt Weißbier und versucht, der inneren Stimme wenigstens ein Unentschieden abzumarkten. »2:2, Jungs, vielleicht schaffen wir ein 2:2.« Ein Blauweißer hört das zage Wort, kommt herüber, legt die Tatze auf Jenas scheue Schulter und spricht mit der ganzen Güte des leiderprobten Fans: »Buam, heit gwinnst.« – »Sind Sie Bayern-Fan?« – »Naaa! Ois Löwe geboan.«

Anpfiff. Jena legt los wie die Feuerwehr – bis zum 16-

Meter-Raum. München kontert. Chancen bleiben knapp. Jenas Libero Szangolies hebelt Imhof aus. Gelb! Bis zum Stachus kann man's hören, daß unserem Schango himmelschreiend Unrecht widerfuhr. *Schiri, deine Frau geht fremd,* bis auch der Münchner Miller die gelbe Karte kassiert. Und dann verletzt sich Röser, Jenas Abwehr stellt hektisch um, Münchner Paß nach links, Gerlach pennt, Pacult haut drauf, Bräutigam fliegt. Er fliegt umsonst.

Ein gräßlicher Cancan beschallt das Rund. Der Ansager ist greulich frohgemut: 27. Minute, unsere Löwen führen 1:0 durch Peter ... – ... *Arschloch!* brüllt Jenas Block. Pause. Zweite Halbzeit: Jena rackert und rennt, aber Schreiber köpft drüber, Akpoborie fummelt zuviel, Gütschow steht ewig hinterm Mann. Schango rückt auf, und die 60er stechen ins entblößte Feld. Zweimal rettet Bräutigam in höchster Not. *Perry für Deutschland! Thüringen!* Dann, zwölf Minuten vor Schluß, Freistoß am Jenaer Strafraumeck. Am langen Pfosten steht der Münchner Winkler völlig ungedeckt. Kopfball ...

Cancan, das Stadion tobt. *Welcome loneliness:* In Jenas erfahrenem Fan steigt die kühle Stille der Entsagung auf. Die Kinder aber haben nichts als Trauer und Trotz. *Ostdeutschland! Ostdeutschland! Bambule, Randale, wir kommen von der Saale!* Hohler Chor; sie sind ganz leer. Eine Zigarettenschachtel fliegt auf den Platz. Polizei rückt in den Jenaer Block und führt den Werfer ab. Wut! Tumult! Uwe geht dazwischen, wiegelt ab. Aber der Junge muß mit.

Nach dem Spiel erwarten ihn die Jena-Fans in ihrem Bus am Stadiontor. Unten steht das Polizeikommando. Ein Fan macht hinterm Fenster Bäh! und zeigt den Stinkefinger. Fünf Mann hoch, so stürmen sie den Bus, reißen den Jungen raus, dreschen einem zweiten, der das hindern will, ins Gesicht, daß ihm das Blut rinnt, und zerren ihn fort. Als er endlich draußen liegt, gibt's noch einen Tritt. Der Einsatzleiter, Polizeioberrat Burger, interessierter Mann, steht dabei und fragt, was denn los sei.

Der Burger ist ja Mensch. Warum man sich von einer Kinderzunge provozieren lasse? Ja, sagt er, hinterher sei man immer klüger als zuvor. Ein untergebener Waffenbruder: »Mir lossn uns net schlogn und beleidigen, des ist net die Münchner Linie, sein S' mer net bös.« Aber gibt der Klügere, falls er's ist, nicht auch mal nach? – Was heiße hier nachgeben? Ein Beamter sei verletzt. – Ob er uns den mal zeigen könne? – »Der is schon weg«, sagt der Burger, »mir zeign jetzt goar nix mehr.« Thüringer Volksmund: »Wie früher die Stasi-Bullen.« Gottlob hat der Burger das nicht gehört.

Politisch sind wir eins, sagt ihm Uwe Dern, aber dem Kopf, aber dem Herzen helfen solche Aktionen nicht. Fast scheint's, als würde den Burger was gereuen. Schon acht Tage zuvor, beim Pokalspiel in Uerdingen, machten Jenas Reisige die Bekanntschaft der Polizei. Vor dem Stadion hatten sie, zwecks Fanverbrüderung, eine Kaffeetafel aufgebaut. Die Polizei umstellte sie mit Hunden. Nach dem Spiel brüllten etliche Uerdinger *Ossi-Schweine! Zieht die Mauer wieder hoch!* Vier Jenaer rannten los und zogen einem der Rufer die Mütze vom Kopf. Verhaftung, Pressemitteilung der Polizei. Deutschlandweit war zu lesen: Jenaer Skinheads gingen auf Menschenjagd. Heilfroh ist der FC Carl Zeiss, daß Skinheads ihn meiden. Wer Kinder und Kindsköpfe *Rechte* nennt, dem könnten sie glauben.

Der Besuch beim Oktoberfest entfiel. Statt dessen harrten die Jena-Fans drei Stunden im Bus vor der Wache, bis die Kräfte des bayerischen Lichts die drei Verbrecher entließen. Dann reisten sie heim und fühlten sich wie Sondermüll Ost. Am Montag morgen gegen drei erreichten sie Jena.

In zwei Wochen fahren sie wieder los. Was anderes haben sie nicht. Sie wissen sonst nicht, wohin mit ihrem Herzen, und wer nichts zu lieben findet, muß hassen. Aber sie lieben – diesen Fußballclub. Und setzen ihr bißchen Geld daran und fahren und fahren, unterwegs zu einer Freude, die nicht immer nur den anderen zufallen kann. Dann werden sie gewinnen. Jetzt ist Kummer. Dann ist Glück. Also sprach Perry Bräutigam: »Die Zeit heiligt alle Wunden.«

September 1993

Das dreißigste Jahr

Jenas letzte Reise

Noch einmal mußten sie fahren. Sie kamen aus allen Tälern Thüringens. Aus Göschwitz, Schaala, Sonneberg, aus Triptis und Blossenau, aus Ramsla, Lobdeburg und Rudolstadt strömten sie herbei und sammelten sich bleich und wild im Samstagmorgengrauen am Abbe-Sportfeld zu Jena. Charly und Fisch: seit Mittwoch nicht geschlafen. Kalle: durchgemacht. Wolfram: schlief prima, aber nur fünfzehn Minuten. Die Busse rollten an. Männer, sprach Fanclub-Chef Uwe Dern. Männer, ihr wißt, was gilt. Wir siegen heute oder steigen ab. Auf nach Köln!

Der Thüringer neigt zum Wahnsinn, wenn seine Wälder wanken, und der FC Carl Zeiss Jena ist die dickste Eiche im Thüringer Wald. Sie soffen und sangen wie von Sinnen hinten im Bus, *Gute Freunde bei der Volksarmee*, den *Kleinen Trompeter*, Grubensport-Choräle auf das Schalke des Ostens:

Zwei gekreuzte Hämmer und ein großes W –
das ist Wismut Aue, unsre BSG.
Und wir haun nach uraltem Brauch
dem Gegner mit'n Hammer auf'n Bauch.
Glück auf! Glück auf!

In Berlin gilt der Jena-Fan als schwerbeschädigt, selbst in der eigenen Familie. Aber ist das denn kein Eheglück, wenn des Gatten einziges Laster ihn samstags von 15.30 bis 17.20 Uhr vor den Videotext bannt? Er stiert auf stumme Schrift. Er bezittert flackernde Ziffern. Er hackt mit dem heraldisch geschmückten Bierkrug (»Mein Club: FC Carl Zeiss«) auf den Tisch und kräht: *Auswärtspunkt! Auswärtspunkt!*

1:5 in Wolfsburg.

1:2 daheim gegen Saarbrücken, ogottogott.

Du mußt mal wieder was Festes essen, spricht Mei-Huey.

Du brauchst mal wieder frische Luft. Nächsten Samstag gehn wir in den Grunewald. – Dort stolpert man durchs Gehölz, denkt nur ans Schicksalsspiel in Homburg und will heim, heim, heim. Glotze an: 1:2, 18. Platz. Der Abstieg?

Jetzt hält nichts mehr in Berlin. Liebste, wir verreisen! – O ja, wohin denn? – Nach Jena. – Entsetzen und Protest, doch im Kulturpaket mit Weimar akzeptiert sie Jenas Heimspiel gegen 1860 München. Es kommt wie oft: Jena rennt, die Abwehr pennt. Winklers widerlicher Heber bringt das 0:1. Halbzeit-Depression. Aber dann, unter Flutlicht, pflügt Jena den Acker. In der 71. Minute donnert Jonny Akpoborie, unsere schwarze Perle aus Nigeria, voll in den Dreiangel. TOOOOR!!! Weiter, weiter, Nachspielzeit. 97. Minute: Jonny drückt das Siegtor ein. Ein Schrei wie eine Wand. Der Linienrichter winkt. Der Schiri nimmt das Tor zurück. Da platzt die Nacht. DUMISTSAUELENDEDU-BLINDESBROTVONWEGENABSEITSSACKGESICHT! WIRWOLLNKEINEWESSISCHWEINE!

Der Schiri is doch aus'm Osten. – Um so schlimmer! Hat sich kaufen lassen mit Westgeld, die Hure, immer gegen uns! *Schiri, wir wissen, wo dein Auto steht, fahr Bus und Bahn, fahr Bus und Bahn!*

Die Münchner Löwen wandern hochzufrieden ab und singen *Baut die Mauer wieder auf, dudei dudei!* Jenas weidwunde Seele verarztet sich im Fanclub mit Burschenbräu und den Videos der großen Tage. Es gab eine Zeit, da kickten in der DDR-Nationalmannschaft nur Mannen vom FC Carl Zeiss, denn Jenas Trainer Georg Buschner stand auch der Auswahl vor. 1971 war das. Zehn Jahre darauf, schon mit dem jetzigen Coach Hans Meyer, stürmte Jena ins Europacup-Finale. Von derlei Taten künden ungezählte Wimpel und Pokale im Hause des Alttrainers Dr. Paul Dern, der uns Fremde aufnahm, als wären alle Zeiss-Fans Weltgeschwister: Kommt herein, ihr Lieben. Habt ihr Hunger, habt ihr Durst? Hier ist die Tür zur Terrasse, seht unser Jena im Tal. Und von den Sternen herab könnt ihr die Liebe auf eure Häupter flehn. Und hier ruhen. Gute Nacht!

An der Zimmertüre stand:

Das Leben ist so arm an schönen Stunden,
wenn man sich selber, seinem Glück nur lebt,

doch wer sein Glück in andrer Glück gefunden,
hat einen Reichtum, der ihm nie entschwebt.

Umrankt von Jena-Wimpeln, schlummerte man ein, bolzte mit Jonny Akpoborie in den Gärten der Kindheit und wallte durch fußballerische Allmachtsphantasien. Frühsonne am St. Wendelstieg. Nebenan im Garten zupfte der greise Georg Buschner. Morgen, Schorsch! rief Dr. Dern über den Zaun. – Morgen, Paul! – Daß der Schorsch Buschner nach der Wende sich plötzlich als das große Systemopfer entdeckte, sagte Dern, davon wolln wir mal am besten gar nicht reden. Uwe kam zum Frühstück mit der Zeitung und schlug die Tabelle auf: Ein Sieg gestern hätte gutgetan. Die Konkurrenz hat gepunktet. Jetzt kann nur noch die Fahne helfen.

Fortan reiste Jenas seidene Traditionsfahne mit zu den Auswärtsspielen anstelle der Gattin, die ihr Interesse für erlahmt erklärte. Beim 0:0 in Chemnitz holte die Fahne den ersten Punkt. Das folgende Heimspiel gegen Spitzenreiter Bochum fiel ins Wasser. In der Nacht zum 15. April verschwand das Abbe-Sportfeld unter den Fluten der Saale. Wo Jena siegen wollte, balzten Pelikane. Dann, in Meppen, holte die Fahne wieder einen Punkt. 1:1, und da die Saale sich indessen auf ihr Bett besann, schlugen wir Wuppertal daheim kurz vor Schluß mit 2:1 und pusteten durch: 17. Platz (von 20). Ab Rang 16 steigt man ab.

Die Fahrt nach Rostock: 0:0 und von Jena ein Klassespiel. Nachher vermählten sich im Hansa-Heim die Völker des Ostens, schluckten, brüllten ZONENPOWER, AUFSCHWUNG OST, UND WIR STEIGEN NIEMALS AB, HALLEJULIA!, bis die Wimpel von den Wänden fielen. Die Hansa-Fans waren sehr, sehr lieb. Hättet ruhig gewinnen können, sagte Matthias (15). Unsre wollen gar nicht siegen. Die haben Zweitligaverträge. Die wissen, wenn sie aufsteigen, schmeißt Hansa sie raus und kauft bessere Leute.

Auch Hansas Volk war also für unsere gerechte Sache gewonnen, leider nicht die Spieler, die, echte Charakterschweine, künftig gegen Jenas Abstiegskonkurrenz drei bis fünf Dinger reinließen. Matthias aber schrieb zum Trost: *Ihr schafft das schon wirst schon sehen. Der Jena Schaal hängt an meiner Wand. Morgen ist Sonntag Hansa*

*Time. Kucke bitte nicht auf die Rechtschreibung ich weiß
ich habe Fehler. HANSA UND JENA!!!*

Es ist der antiimperiale Charme des Thüringers, daß er
die großen Dinge gern verloren gibt, noch ehe sie beginnen.
Zum Beispiel die Partie gegen St. Pauli. Heute abend kriegen unsere die nächste Hacke mit, verspricht der Taxifahrer,
moniert alte Cliquenwirtschaft im Verein, biedere Fußwer-
kerei und den mangelnden Einkauf sogenannter Kracher.
Jena spielt weithin mit Thüringer Jungs aus Maxhütte,
Schmalkalden, Geraberg und Suhl. Kredite heißen hier
Schulden und tun der Ehre nicht gut. Kein anderer deutscher Proficlub kommt im Jahr mit vier Millionen aus. *Wir
sind die ärmsten Säue im bezahlten Fußball, Alter, da bin
ich unheimlich stolz drauf.* Knapp die Hälfte zahlen Jenoptik und Lothar Späths Zeiss-Werke. Dazu kommt Fernsehgeld und ein mittelständischer Sponsoren-Pool. Provinz-
geschäfte, sagt der Taxi-Bourgeois. Und wissense, Fußball
is wie Leben, irgendwann is da die Spannung raus. Nach
der Saison hier kommt die nächste, ob nu oben oder unten.
Nee, ich kuck mir heute abend lieber »Schindlers Liste« an,
schön gemütlich mit der Frau. Soll ja ordentlich geworden
sein, der Film.

Aber hart.

Bestimmt nich härter, wie wenn'ch unsre Pfeifen gegen
St. Pauli sehe.

Zwei tätowierte Freibeuter, *basecaps* auf den Häuptern,
die Ohren schwer beringt, betreten den Presseraum des
FC Carl Zeiss. Jenas akkurater Pressesprecher Peter Pfann-
schmidt ahnt mit Grausen: Dies muß die Hafenstraße
sein! Stefan Knobloch und Sven Brux heißen die Ungetüme
und erheischen ein Telefon samt Standleitung. Neunzig
Minuten lang werden sie das Spiel aus St. Paulis Fanblock
nach Hamburg übertragen, wo im Clubheim Hunderte, die
sich nicht nach Osten wagen, fernmündlicher Siegesschreie
harren. Ganz objektiv berichten wir nicht, sagt Knobloch.
Mehr so prollmäßig.

Wie weit St. Paulis Fans den Münchnern moralisch überlegen sind, bezeugt schon ihr Freistoß-Chorus: *Die Mauer
muß weg!* Aber, Leser, wie an diesem Freitagabend Jena
spielte, davon träumst du nur. Wir waren einfach schneller, höher, schöner als der hoffnungslos überforderte Geg-

ner. Konter jagte Konter. Wittke, Molata, Eschler vergaben das 8:0. So blieb's bei Jonnys einzigem Tor. Der Rest war Taumel und Bier. Die Flutlichtmasten loderten die halbe Nacht, denn das weite grüne Abbe-Sportfeld war bebaut mit Zelten, darin 45 Zeiss-Fanclubs ihrem großen Wochenendturnier entgegenschliefen. Es gewann der FC Rose. Ein Zeiss-Familienfest: Knochen knickten, Hunde sprangen, Kind & Kegel wimmelten umher, alte Recken wie Brunner, Raab, die Ducke-Brüder säumten das Feld. Jonny Akpoborie kam vorbei und wurde zärtlich begrapscht, wie Libero Alfred Schön, wie Dauerläufer Olaf Holetschek, der Treueste der Treuen. Olaf, wo sind denn die anderen – Mario, Benno, Perry? Wir fahren das ganze Jahr mit euch durchs Land, da könnt ihr doch mal alle gucken kommen, wenn *wir* spielen.

Trainer Meyer fand, bevor er den Pokal überreichte, ein Stündchen Zeit, die Zukunft zu bedenken: Abstieg, ach, da weinen die Fans. Für die Spieler geht's ja irgendwie irgendwo weiter, aber für Fußball-Jena? Dienstag, vor Bochum, zeige ich den Jungs nur das Video mit dem Siegesjubel vom St.-Pauli-Spiel. Diese Liebe, dieses Drücken und Streicheln durch den Zaun! Bloß, Teamgeist ist nicht alles, nicht mal unter elf Freunden. Der Club muß auch mal Geld riskieren, kaufen, Akpoborie halten, diesen Schatz. – Dann versanken wir im Altertum. 74 zur WM drüben, sagte Meyer, hatte ich sechs Jena-Spieler in der DDR-Mannschaft, und ich als Clubtrainer durfte nicht mit. Höchstens zum BRD-Spiel nach Hamburg, nachts um drei ab Gera, so im zugelöteten Waggon mit ausgewählten Jubelpersern der Partei und hinterher sofort zurück – nee, da hab ich meine Magenverstimmung genommen.

Am Sonntag nachmittag wanderten wir mit Wolfram und Axel, den Begründern des Zeiss-Fanclubs »Marcel Reich-Ranicki«, zum Fuchsturm in die Berge. Jena schimmerte im Saaletal. An den Hängen weideten Lämmer – die Ärmsten wußten nichts vom FC Carl Zeiss. Aber wir, und sprachen nichts anderes, bis wir beim »Ziegenhainer« vor der Waldschenke saßen und Wildschwein aßen.

Der Olaf Holetschek, ein ganz Lieber, Treuer. Du hast doch mit ihm geredet. Was sagt er denn so?

Daß die Spieler auch privat oft zusammensitzen und gemeinsam Kaffee oder Bierchen trinken, ganz anders als im Westen.

Wie lieb, wie treu! Ja, so sind wir.

Und daß der gefeuerte Westtrainer Erkenbrecher ein hochintelligenter Mann gewesen ist.

Wie fair! Wie lieb!

Und wenn Jena absteigt, sagt Olaf, dann wär's ein Abschied für länger.

O Mann! Aber wir packen's.

Da überfiel Axel ein Zitterkrampf. Er verdrehte die Augen und rief: Ich habe eine Vision! Ich sehe die Saison-Endtabelle!

Lies vor! Wer steigt ab?

Essen, TeBe, Wuppertal, Stuttgart und …

Uaaaah, mich schuddert's! Wir?

Mainz!

Jaaaaa! Gerettet! – Und glücklich pichelten wir noch ein Literchen Herrenbuck.

Dienstag gegen Bochum 0:0. Schwaches Spiel, obwohl Matthias aus Rostock schrieb: *Ein Punkt ist garnich schlecht und St. Pauli weg gehaun die dum Zecken. Ich habe einen neuen Schaal von Hansa ist besser als mein anderer. Naja bei mir gibt es gleich Mittag Fisch Boletten. HANSA – JENA – OLEH!*

5:0 in Essen! Irre! Kult!

0:2 gegen Uerdingen. Denen wollten wir das Spielen zeigen, da machten sie uns eiskalt um.

0:0 daheim gegen die Stuttgarter Kickers. Eine Zitterpartie. Wir feldüberlegen, Stuttgart mit den Chancen. Und nun fahren wir zum Showdown nach Köln, und wer siegt, bleibt in der Bundesliga drin.

Kalle, was säufst du nur? – Muß ich, dieser Durst, dieses Leben, diese Mutter, zur Tante wollt ich, nach Düsseldorf, mit vierzehn Fluchtversuch, drei Jahre Knast, ich würd versauern, aber Uwe ruft mich immer wieder an: Kalle, Jena braucht dich, du fährst mit. *Anhalten, anhalten!* Feuchte Pausen. Dann Frühstück am Kirchheimer Dreieck. Die eine Horde stürmt McDonald's mit dem Rufe *Burger King: My way!* Die andere intoniert nebenan bei Burger King: *Bei McDonald's ist es einfach gut!* La ola für die Burger Queen, die den Haufen langsam kennt. Beim ersten

Jenaer Besuch gab's Kleinholz, beim zweiten verrammelte Türen. Seither sind die Jungs *laut, aber total nett*, entringt sich Frau Teffi ein großes Wort.

Weiter! Lauter die Musik! Hendrix, volle Pulle Stones. Da, Köln. Vater Rhein! Vater Dom! Und alle: KNOCK KNOCK KNOCKING ON HEAVEN'S DOOR! Südstadt. Schwarze winken und zeigen mit den Fingern: 3:2. Türkengören lüpfen die Röcke, weisen uns die kleinen Ärsche und machen – ungeheuerlich! – den Stinkefinger. Südstadion. Wir parken am »Tierheim Konrad Adenauer«. Anpfiff. Die ersten zehn Minuten gehören Fortuna Köln. Aber siehst du, wie Wittke ackert, Penny Penzel zieht? Jonnys Abseitstor. Jetzt kippt's. Wir packen sie mit Rückenwind. Scheißregen! Himmel, Röser rutscht weg am 5-Meter-Raum, Bräutigam läuft halb raus, bleibt stehen, Deffke, spitzer Winkel ... 0:1. Halbzeit. Per Lautsprecher die anderen Zwischenstände. Tiefster Frust. Alle spielen gegen uns. Abstieg, fast gewiß.

Doch immer wieder hebt die Hure Hoffnung ihren Rock. Ein Kleiner mit Zahnspange und fettigem Haar scheißt uns zusammen: Seid ihr Zeiss-Fans oder Penner? Und da wir auferstehn und weiterschrein und Manolos Pauke hämmert und tritt, rennen Jenas Kämpen gegen Regen und Sturm, als gälte es ihr und nicht bloß unser Leben, und bombardieren ein vernageltes Tor. Riesige Konterchancen für Köln. Es eilt die Zeit dahin, dahin. Noch zwanzig Minuten. Noch zehn, noch neun, Jenaer Ecke durch Wittke, ich brülle MEINER!, Kölns Niggemann läßt also den Ball durch für seinen Torwart Matysek, aber hinter ihm steht unser Benno Weber ...

Noch niemals ist auf diesem Erdenrund so verzweifelt TOOOOOR! geschrien worden wie am 4. Juni 1994 um 17.06 Uhr im Südstadion zu Köln. Achthundertfach schmetterte sich der Vulkan gen Himmel, barst, splitterte am Firmament, stürzte auf uns und raste wieder hoch, neun barbarische Minuten lang. Dann war's zu Ende. Wir feierten die Jungs am Zaun, blutende Hände im rostigen Draht, und heulten vor Kummer und Glück, weil das 1:1 so schön war und nicht genug.

Zur Mitternacht im strömenden Regen brach sich ein trunkener Gesang an den Zinnen des Kölner Doms: *Und*

werd ich jemals ein untreues Schwein / so will ich im Kuh-
stall begraben sein / Jena, Jena! Seit 30 Jahren bibberst du
um diesen Club, denn Fußball hat mit Fußball nichts zu
tun. 29 Jahre lang stiegen immer die anderen ab, und fühl-
test du je mit? Jetzt bist du dran. *Ich sage dir: Steh auf und*
geh! schließt Ingeborg Bachmann »Das dreißigste Jahr«.
Es ist dir kein Knochen gebrochen. Nimm Abschied. Und ge-
sunde?

Juni 1994

Holetschek oder
Die Kunst der Heimat

Jena besiegt den Tod

Erst nach über einer Stunde tat die Kabinentür sich auf.
Heraus trat ein massiger Mann mit rotem Gesicht, der
Manager Ernst Schmidt, schleppte sich durch die harren-
den Getreuen und tupfte sich die Augen. Die Fans raun-
ten: Der Schmidt hat geweint. Dann endlich die Spieler:
müde, verbrannt. Micha, bleibst du? (Molata zuckt die
Achseln.) Benno, wirst du wechseln? (Weber weiß jetzt gar
nichts.) Hotsch, geh nicht fort, es muß doch wer in Jena
bleiben. (Holetschek, mit einem wehen Lächeln, schreibt
ein paar Abstiegs-Autogramme.) Das Kind Sophie sitzt bei
Manolos Pauke und schlägt dem Begräbnis einen leisen
Puls. Wumm! Wumm! Jena ist tot!

Das geschah am 11. Juni 1994 im Ernst-Abbe-Sportfeld
zu Jena. Im Ostfußball gilt: Was weg ist, ist weg. Wer zu
den Amateuren rutscht, der kommt nicht wieder hoch. Ex-
Zweitligist Brandenburg sackt gerade in die 4. Liga. Halle:
Absturz in die 5. Liga (3:57 Punkte). Das Fernsehgeld
bleibt aus. Die Sponsoren springen ab. Die Mannschaften
werden verramscht. In Scharen zogen Ostfußballer geld-
wärts, gen Westen. Fußball ist ja ihr Beruf.

Brüder, in eins nun die Hände, Brüder, das Sterben verlacht: Am Morgen nach dem Abstieg hockten die Oberen
des FC Carl Zeiss zerknautscht im Stadion, schworen
Wiederaufstieg und beschlossen ein Programm der Thüringer Rettung. Die Sponsoren wollten ein Jahr 3. Liga wie
im Profifußball finanzieren. Sponsoren – das sind in Jena
neben Lothar Späths Jenoptik und dem schwer gebeutel-
ten Zeiss-Werk solche Weltkonzerne wie die Fleischerei
Puhlfürß, das Globus-Warenhaus Isserstedt und die Ei-
senberger Meisterbäckerei. Präsident wurde Bernd Bier-
äugel, alteingesessener Jenenser, Inhaber einer Firma für
Heizungsbau. Das Dresdner Kolonialmodell Otto gilt in

Jena als Selbstmord auf Raten. Schulden machen? Was nicht reinkommt, kann man nicht ausgeben. Das technische Personal des Vereins wurde bis auf drei Stellen abgebaut. Unangetastet blieb der sportliche Bereich.

Doch Klee unterschrieb bei Sachsen Leipzig, Bräutigam ging nach Nürnberg, Gütschow zu Hannover, Jonny Akpoborie, unsere schwarze Perle aus Nigeria, zu den Stuttgarter Kickers (und schoß dort 37 Tore) ... Ein Amateurligist ist ein Aldi für betuchte Klubs. Dann stand in Schmidts Büro Olaf Holetschek der Sensible, der Treueste der Treuen, und sprach, wofür ganz Thüringen ihn liebt (außer Erfurt): Ich habe den Abstieg mitverzapft, nun will ich bei der Reparatur helfen. Darauf Torwart Neumann: Da renne ich auch nicht weg. Dann saß der getränkekundige Rechtsverteidiger Gerlach, wo er oft saß, und feierte mit seinen Zechkumpanen Ausstand: Er gehe nach St. Pauli. Die Kumpels: Gerle, bist du wahnsinnig, da herrscht das Politbüro der roten Zecken, die machen dich fertig. Gerle erbleichte, rief anderntags St. Pauli an – Kommen völlig unmöglich! – und begoß am Abend in derselben Kneipe, ohne sich entfernt zu haben, seine Rückkehr nach Jena. Nun mochte auch Linksverteidiger Molata nicht länger nach Saarbrücken. Weil sein Freund Molata blieb, blieb auch Weber ... Neu kamen Nachwuchsstürmer Zimmermann, Zivi an der Uniklinik, und der vulkanische Alt-Erfurter Thomas Vogel, der sich bei TeBe Berlin bis zum Beckenschiefstand verbiegen mußte. Und Raicković und Nedić: zwei herrliche Montenegriner, die acht Jahre beim FC Sarajevo gespielt hatten, bis der Krieg sie flüchten ließ. Das jugoslawische Inferno wird der stille Raicko nie begreifen: Daheim in Montenegro leben die drei Religionen doch bis heute friedlich miteinander.

Aber die Menschen sind so, und die Politiker sind so. Raicko sagt: Ich spiele Fußball.

Am 30. Juli begann die Regionalliga Nordost. Jeden Jena-Fühligen hatte das Fanprojekt mit dem *Aufstiegsspaß* bestückt, einem Fleiß- und Stempelkärtchen zum Nachweis lückenloser Anteilnahme: *Mein persönlicher Beitrag zum sofortigen Wiederaufstieg wird in einer aktiven Präsenz bei Heim- und Auswärtsspielen bestehen. Steigt im Juni mit allen am Erfolg Beteiligten die große Aufstiegsfete, zeige ich diesen Paß vor. Man wird mir die Hände reichen und sagen: Ja – du bist dabeigewesen!* Leitmotivisch ziert das Personaldokument ein Psalmwort des DFB-Präsidenten Pater Egidius Braun: *Der Tag eins ist heute schon.*

Der Tag eins: Ich rief aus Saint-Malo in Jena an. Links rauschte der bretonische Atlantik, rechts in der Muschel der Thüringer Wald und kündete vom 0:0 gegen den altbösen Rivalen Erfurt. Vier Pfostenschüsse! Unfaßbare Chancen vergeben! Am Sonntag darauf eilte ich aus Paris nach Berlin-Zehlendorf. Im Walde sangen die Vöglein. Vor ihren Villen in der Sonne saßen adelige Damen beieinander, aßen Apfelkuchen, bestickten Deckchen und lobten ihre längst verewigten Gatten. Da brüllte es durch den Wald, daß die Tiere flohen: BAMBULE, RANDALE, WIR KOMMEN AUS DER SAALE! Zweihundert Jena-Fans wälzten sich einem puppigen Waldstadion zu, mit Pauken und Trompeten, Fahnen, Transparenten, auf denen *Kopf hoch!* stand und *Wir bleiben treu!* Jena, haushoch überlegen, traf dreimal den Pfosten und unterlag 0:1. Fan und Sponsor Thomas Heppner sagte: 3. Liga ist eigentlich klasse. Kurze Reisen, keine Zäune, keine gegnerischen Fans, keine Schlangen beim Bier. Und denkste, die in der Bundesliga spielen besser?

Dann flog ich vom Woodstock-Festival nach Berlin-Wedding. Jena überrannte auf einem Sportplätzchen die Amateure von Hertha BSC, traf fünfmal den Pfosten und verlor 0:1 durch ein Tor nach 47 Sekunden. Fan Wolfram Böhme sprach aus, was alle fühlten: Wir sind einfach zu stark für die 3. Liga. Wir kondolierten Käptn Holetschek: Hotsch, diese Chancen, das war Tragik. – Keine Tragik, sagte Hotsch, das ist einfach unser Unvermögen.

Es gibt in Deutschland 72 Drittligisten. Nach drei Spielen war nur noch Jena ohne Tor. Trainer Meyer mußte gehen und hinterließ seinem Nachfolger den historischen Zettel mit den Bleistift-Runen: MACHS GUT MATZ! Denn als wir wieder nach Jena fuhren, saß im Trainerstübchen der alte Zeiss-Kämpe Eberhard »Matz« Vogel, den 440 DDR-Oberligaspiele falten und beugen konnten, aber nicht brechen. Seine 76 Länderspiele hat das arrogante Einheitsdeutschland annulliert. Hätten wir doch, sann er und trauerte immer noch, 1981 mit Jena im Europacup-Finale gegen Tblissi Gerhard Hoppes Führungstreffer einfach schön verteidigt. Aber wir mußten ja weiter stürmen. So was geht schief. Schweres Spiel morgen gegen Union Berlin.

Es wurde ganz leicht. Jena stürmte neunzig Minuten und traf siebenmal den Pfosten. Der Schiedsrichter Müller, gelobet sei sein Name, zeigte Einsicht ins Notwendige und drei Unionern die rote Karte. Dann pfiff er Elfmeter für Jena. Käptn Holetschek legte sich den Ball zurecht und schaute träumerisch hoch über das Union-Tor, wo er weit oben in der Kurve seinen lieben Vater wußte, der zu jedem Spiel von Saalfeld kommt. Hotsch lief an. HINEIIIIN! heulte der Chor. Der Ball stieg und stieg, wurde immer kleiner und verschwand hinter den Kernbergen. Das war kein Rock'n'Roll, das war Country.

Es blieb beim 1:1. Aber plötzlich begann Jena zu siegen – erst mit Vorsicht, dann mit Macht. Wir kletterten aus den Kasematten der Tabelle, durchreisten das bescheidene Land, und wohin wir kamen, plünderten wir Punkte: bei den Wismut-Kumpeln in Aue, in Brandenburg, im Stadion Vogelsang zu Rathenow, in Cottbus, Stendal, Bischofswerda und in beiderlei Berlin. Zur Winterpause waren wir schon Dritter, hinter Sachsen Leipzig und Union. Union patzte gegen Erfurt, und als am 22. Spieltag Leipzig endlich, endlich sein erstes Match verlor, lagen wir vorn.

Und wieder verloren die Sachsen, ausgerechnet in Erfurt. Ein scheuer Dank mit Jena-Schal bei Erfurts nächstem Auswärtsspiel in Zehlendorf mißriet völlig. Die Erfurter Fans explodierten, als sie das verhaßte Textil erblickten: FOTZLAPPENRUNTERDUASSISCHMUTZAUGEPENNER! KOTZJENARAUS! WIRWOLLNMÄHRGESCHLÄSCHTSVÄHRKÄHR! Größer war nur der historische Zorn auf den Leipziger Schiri Thomas »Pißnelke« Eßbach. Dieser hatte 1990 dem ausgetrockneten Erfurter Libero Sänger hilfreich ins Doping-Gläschen uriniert, obwohl in seinem, Eßbachs, Leib ein radikales Schnupfenspray zirkulierte. Damit war Sänger gedopt.

Jetzt aber auf zu Union, Ostberlins herzliebstem Kummerklub. Elftausend Berliner! Wir sind tausend und tüten sie ein, mit 2:1. Auf den Traversen verbrennen die Unioner ihre Fahnen. Jenas Mannen aber strahlen wie die Kinder, fassen sich bei den Händen und machen vor den Fans die Schweden-Welle. Ärmstes Union (4,2 Millionen Schulden): Aufstieg ade, und vor dem Stadion pfändet der Staatsanwalt die Tageskasse. Wie spielen die Sachsen? Siegen und bleiben an uns dran.

Noch vier Spiele. Jena wie im Fieber. Don Ernesto, der Manager Schmidt, holt aus der Schreibtischlade zärtlich das heilige Schreiben vom DFB: *Die wirtschaftliche Leistungsfähigkeit ist gegeben.* Das ist, im Aufstiegsfalle, DIE LIZENZ. Schmidt war zur DDR-Zeit Sport-Adlatus beim Zeiss-Kombinatsboß Biermann. Er reibt sich auf für den Verein: Meine Sorge ist nur, wie's hier weitergeht, wenn ich morgen auf der Autobahn überschlage.

Dann sitzen wir unterm Dach im kleinen Spieler-Pub. Olaf Holetschek kommt mit der Kaffeekanne und memoriert dies rüttelige Jahr. Wie schwer es anfangs war, sich selber in der 3. Liga zu kapieren. Wie jeder gegen Jena doppelt rammelte. Daß Trainer Meyer gar nicht schuld war am verkorksten Start. Aber Herr Vogel, der kommt aus dem Fußball, der hat alles, was wir jetzt erleben, auf höherer Ebene schon selber durchgespielt. Der bleibt ruhig, der macht auch den Jungen Mut. Jenas einzige Zukunftschance ist nun mal die Nachwuchsarbeit. Pervers, diese Ablösesummen überall. Der Kommerz wird immer schlimmer.

Olaf, woran liegt das bloß?

Das ist der Zahn der Zeit.

Ja, früher! Fünf Stunden lang malt uns Günther Wolfrum, der Sicherheitsbeauftragte, die Legenda aurea der Klubgeschichte. Er war mit in Rom, in Valencia, im Estadio da Luz von Lissabon, als 80 000 Portugiesen aufsprangen (Wolfrum springt auf), doch in tödlicher Sekunde hielt Grapenthin, klärte Stopper Konni Weise. Rom, Valencia und Lissabon verlieren, die Tür zum Fanclub geht auf, Konni Weise tritt ein, dann Matz Vogel, Harald Irmscher, der Gianni Rivera des DDR-Fußballs, Ulli Göhr und Wolfgang Blochwitz, dem sind die Hände verkrüppelt durch zwanzig Jahre Faustparaden. Da sitzen sie an Jenas Ahnentafel unter Weises 86 Länderspielwimpeln und essen Schlachteplatte und träumen mehr, als daß sie reden, bis Schlag zehn Matz Vogel zu seinem Assistenten Weise sagt: So, Konni, wir müssen.

Weise: Du vielleicht!

Vogel hat recht. Wir müssen früh raus. Sieben Uhr: Abfahrt zu Stahl Eisenhüttenstadt, acht Stunden Irrfahrt durch Staus, Sperren und Regen, als bräche die Sintflut herein. Vater Holetschek sitzt im Fanbus, öffnet Bier und offenbart die Holetscheksche Treue. Scheiß auf Amerika! sagt Adolf Holetschek. Wir sind bodenständig. Es kann nicht nur Schöne und Reiche auf der Welt geben. Und daß wir Deutschen uns den Ranzen vollhauen, bis die Schwarte kracht, und die Hungervölker halten wir an der Grenze mit der MPi raus, das ist auch nicht der Sinn der Sache. Sieht Olaf genauso. Stahlschmelzer bin ich, in der Maxhütte. Wir wollten ja mal fortziehen in den Harz, aber Olaf mochte nicht weg: Neiiin Papa, ich will nicht mit fremden Kindern spielen! Beim Wintersport mußte ich ihm immer 'ne kleine Extraschanze bauen. Wir hatten ja zwei Jungs. Der Große ist damals an Leukämie gestorben.

Meißen, Coswig, Neuzelle. Endlich Eisenhüttenstadt. Es schüttet. Es schifft. Der Rasen ist ein Schwamm. Stört uns nicht. Nach 18 Minuten 2:0 durch zweimal Zimmermann. Am Ende 4:0. O Alter, küß mich, jetzt steigen wir auf.

Und dann verlieren wir in Jena 1:2 gegen TeBe. Sachsen punktet. Jetzt haben wir wieder große Angst.

Vorletzter Spieltag. Ein Punkt Vorsprung auf Leipzig. Sachsen daheim gegen Cottbus, wir in Berlin-Reinickendorf. Die Füchse sind stark. Jena aast mit Chancen. Holetschek, völlig frei ... Was ist das? Chöre: COTTBUS FÜHRT! Unser Aufstieg? Dann krächzt das Radio von drei Sachsen-Toren. Hier 0:0. Noch acht Minuten. HAND! Der Schiri, ein Verbrecher, verwehrt uns den Elfer. Vor Empörung kracht der Eisenzaun aufs Feld. Thomas Vogel rast herbei, dampft, brüllt: Haltet Ruhe, wir wollen hier gewinnen und keinen Abbruch! 91. Minute: Hotsch flankt von links, Zimmi fliegt – ich seh ihn ewig fliegen. Der Schrei! Der Sieg. Viel Bier im Boulevardcafé. Kein Westberliner Verständnis für die gute Stimmung in den neuen Bundesländern. Ein Alter kommt an unseren Tisch: Nächsten Samstag verliert ihr gegen Sachsen Leipzig, dann seid ihr WEG! Einfach WEG!

Kaum noch Schlaf. Einen Punkt brauchen wir noch, die Sachsen hier in Jena einen Sieg. Matz Vogel sagt ganz ruhig: Wir schaffen's. Aber drinnen kocht er, das merkt man doch. Wir hocken im Fanclub, im dunklen Bernsteinzimmer, und trinken und reden letzte Dinge: Denkt dran, wenn's schiefgeht, müssen wir trotzdem weiterleben. (Allgemeines Kopfschütteln.) O Gott, sagt Schnirps, wir sind nervös, sagt Axel, wir spielen so schön, sagt Wolfram, und die Sachsen hauen einfach drauf. Draußen lauern schon 2000 Grünweiße aus Leipzig-Leutzsch und singen SCHAAAMIE WIR SIEGEN! und brüllen schauerlich: NUR EIN LEUTZSCHER IST EIN DEUTSCHER! Dann kommen die Spieler. Henry Maskes Bolero bannt die Arena. Olaf sieht auf seine Schuhe, gen Himmel, auf die Schuhe, atmet tief ... Schicksal, nimm uns hin.

Wir waren wunderbar. Wir rannten sie flach. Ich saß auf der Ersatzbank. Matz Vogel wechselte statt meiner Penny Penzel ein, doch durfte ich GERLE, LANG! brüllen und THOMAS, KLOPP IHN REIN!, was prompt geschah. Und als in der 90. Minute Zimmermann sogar das 4:1 erzielte, als sämtliche Dämme brachen, als Jenas blaugoldweiße Wogen wie ein Ozean die Walstatt begruben, AUFSTIEG! schrien und sangen und alles, was da Mensch war, umarmten und küßten, selbst die Leipziger Spieler, da hatte aller Kummer nur der Zubereitung dieses Glücks gedient. Von den blühenden Pappeln überschneite uns ein bräutlicher Schleier. Das Kind Sophie schaute das Elysium und sagte leise: Ich freu mich auf meinen Geburtstag.

Juni 1995

Der Bundesadler auf dem Broiler-Grill

Das zweite Länderspiel DDR – BRD

Dem bulgarischen Volke

Kurtchen, sagte Mariechen und steckte ihr weißes Haupt ängstlich in die gute Stube. Kurtchen, das is doch nich langweilich?

Nee, Ruhe jetze!

Kurtchen, wie steht's denn?

Nullnull, mache dich raus!

Kurtchen, du hastes versprochen: Wennse viernull gewinnen, kaufste mir 'ne Bongbongjähre.

Tunse aber nich, is nur noch 'ne Viertelstunde, raus jetzt, aber dalli, Brett ran!

Oh, oh, oh, klagte Mariechen, bin ich dein Vieh? Hätt ich man früher gewußt, was du dich für einer werden tust, da wär ich 46 mit mei'm Willjäm nach Schickago gegangen. Mein Willjäm, der wollte mich wirklich. Als Frau!

Kurtchen brüllte sein finales Raus! Die Strafe folgte auf dem Fuß. Croy warf ab nach rechts, Hamann schickte einen Riesensteilpaß auf Sparwasser, der vernaschte Höttges und Vogts, Maier stürzte aus dem Kasten, Sparwasser schoß...

Andere mögen sich in diesem Sommer der ersten Mondlandung entsinnen. Wir gedenken der Sternstunde des DDR-Fußballs: 22. Juni 1974. Hamburger Volksparkstadion. Nie vergesse ich jenen Samstagabend in Nachbar Geyers Korbstuhl vor dem Schwarzweißapparat der Marke »Staßfurt«, aus dessen Sprelacart-Lamellen Heinz Florian Oertels Siegesbariton tremolierte, indes Nachbar Geyer SCHEISSE!!! schrie, weil er seit sechsundzwanzig Jahren in den Mitteldeutschen Fahrradwerken Rahmen schweißen mußte und sich mit diesem Spiel an der DDR zu rächen dachte fürs Dreischichtsystem, die rote Propaganda, die Republikflucht seines Sohnes Horst, die Ehe und das

Sangerhäuser Mammut-Bräu: Mammut-Biere, starke Biere
– trinkste dreie, pißte viere. All diese Unbill zu sühnen, erkoren DDR-Verdrossene wie Kurt Geyer DIE DEUTSCHE
NATIONALMANNSCHAFT – umsonst.

Ich aber jauchzte, innerlich. Offensiven Jubel wider
DIE DEUTSCHE NATIONALMANNSCHAFT wagte ich
nicht mehr seit dem WM-Finale 1966. Damals hatte ich im
Fernsehraum des lutherischen Pfarr-Erholungsheims zu
Kühlungsborn mit heller Knabenstimme Geoffrey Hursts
Wembley-Tor für rechtens befunden. Etliche Pastoren der
Frontgeneration wurden darauf tätlich. Ihrer Bekennenden
Fußballkirche beizutreten verbot sich danach von selbst.
Für die gnadenlos siegenden Westkicker halten – das wäre
gewesen, als hätte man sich an den schnurrbärtigen Schwim-
merinnen der DDR delektiert.

Es gab kein zweites innerdeutsches Länderspiel. Nie wieder wagten die Maier, Beckenbauer, Overath und wie sie
alle hießen, die heute keiner mehr kennt, den Wettstreit
der Systeme mit Konrad Weise, dem bescheidenen Arbei-
terjungen aus Jena, Erich Hamann, dem feinen Sportsmann
aus Frankfurt an der Oder, oder Jürgen Croy, dem besten
deutschen Torwart seit Karl-Heinz Spickenagel. Nicht zu
vergessen unser Kapitän Bernd Bransch, der Schlosser
aus Halle, dessen untadeliges Auftreten auch außerhalb
des Spielfeldes bei den Journalisten der BRD tiefen Eindruck hinterließ.

Sparwasser, nun ja. Gutes Auge, kundiger Schuß, aber
eine Diva, ungefestigt obendrein. Blieb Jahre später im Westen und tat kund, sein Tor gereue ihn zutiefst; Funktionäre hätten ihn mißbraucht. Nach der Wende griente er
täppisch aus einem Werbespot (»Hallo, da bin ich wieder!«)
und suchte unseren Menschen schadhafte Kleinwagen auf-
zuschwatzen. Nein, Jürgen, so nicht! Hast du vergessen,
was unser Staat dir gab? Die kostenlose Schulmilch, die Fe-
rienspiele, die Impfung gegen Diphtherie und Wundstarr-
krampf, das Training an der KJS? Jürgen, Antikommunismus zieht nicht mehr bei uns, die wir, je länger dieses kalte
Einheitsdeutschland währt, uns am Grabe unsrer Republik
immer weniger der Tränen schämen: Die Mutter war's,
was will's der Worte mehr.

Und wenn du denkst, es geht nicht mehr, kommt irgendwo

ein Lichtlein her. Eine Nachricht wie ein Blitz: DDR gegen BRD, zum zweiten. Das Ostberliner Filmtheater »Babylon« recherchierte weltweit und fand in London den einzigen kompletten Film jener historischen Schlacht, die nun in der »Volksbühne« ihren Wiedergang erfährt. Man fiebert. Man trainiert Kondition mit östlichen Bieren. Man sucht das wohlverborgne Fahnentuch mit Hammerzirkelährenkranz aus dem als Küchenschrank getarnten Arsenal. Am Morgen des Spieltags eilt man zur Post, jenes Telegramm nach Quickborn bei Hamburg aufzugeben, das vor zwanzig Jahren das Kollektiv Transport des VEB Betonbau Cossebaude unserer Mannschaft ins WM-Quartier sandte: *mit herz und augen stop sind wir bei euch.*

»Volksbühne«, 20 Uhr. Dichtgefüllte Ränge. Erregung brodelt wie ein scharfer Sud. Diesmal überwiegen *unsere* Fußballtouristen und verschaffen sich Respekt mit ihren Fahnen und sportlich-fairen Gesängen: DDR – JETZT NOCH MEHR! BRD – NEE NEE NEE! KEINER SOLL ES WAGEN, KEINER SOLL ES WAGEN, UNSRE DDR ZU SCHLAGEN! Da kommen sie. Gottchen, sind die süß. So jung! Gerd Müller, kucke die ekligen Koteletten, ick faul ab. Vogts naht, wuschelig beflaumt wie ein blondes Küken. Berti, bleibe hart! Der Rausschmiß von dem Effenberg war obergeil, den Möller und den Illgner gleich hinterher, raus die Stinker, Sammer rein!

Nervös stolpern die Schwarzweißen zum Anstoßpunkt. Kühl bis ans Herz ziehen unsere blauen Jungs auf Posten. Anpfiff, und drauf! Beißt sie! Weise nimmt Müller, Kische greift sich Flohe, Wätzlich verhaftet Grabowski, Mäcki Lauck beschattet Overath – wie damals sieht der wieder keinen Stich.

Und wir kontern. Die alte Regel! ruft Heinz Florian Oertel, auch heute unser Mann am Mikrophon. Ein bewährtes Rezept: Steil macht schnell und gefährlich. – Voll korrekt, Lauck auf Kreische, völlig frei, uuuund … Hansi knallt gen Himmel. Jetzt sind sie wach, die Akteure der BRD. Jetzt bemüht sich der Favorit um zwingende Angriffsaktionen. Was Sie nicht sehen, sagt Flori, Overath scheint von Lauck gefoult worden zu sein, beschwert sich beim Unparteiischen Señor Rrrramos Barreto Ruiz aus Uruguay und erhält eine Ermahnung – keine Verwarnung, sondern eine

Belehrung. Die Feldvorteile der BRD-Mannschaft sind in diesem Augenblick sicherlich größer. – Leider, Flori. Müllers Drehschuß: Pfosten! Halbzeitpfiff. Puh, das war knapp. Weiter geht's. Jetzt, weiß Flori, kommt es darauf an, schnell den Rhythmus zu finden – manche mögen deshalb keine Halbzeitpause. – Wir finden den Rhythmus. Kurbjuweit macht Hoeneß um, aaah, herrlich eingeklemmt, geilo, Alter, det is Klassenkampf. Netzer, Netzer! ruft ein Häuflein Unverbesserlicher aus dem gegnerischen Block. Overath geht, Netzer kommt und verzweifelt ebenfalls an Lauck. Flori weiß einfach alles: Das Spiel ist jetzt in der entscheidenden Phase. Wem jetzt ein Tor glückt, der könnte Tagessieger werden. – Unsere Abwehr steht bombig. Croy pflückt jede Flanke, wirft ab, Hamann, Langpaß, Sparwasser rast davon, Spari, ziiieh, mach's noch mal, Hammer, TOOOOR!!! Ich krieg 'n Kasper, Alter, wieder Spari! 7 – 8 – 9 – 10 – KLASSE, WO BLEIBT DENN DAS 2 : 0, SO EIN TAG, SO WUNDERSCHÖN WIE HEUTE, DDR UNSER VATERLAND!

Nach dem Abpfiff sitzen auf der Bühne Heinz Florian Oertel und Reinhard Lauck und sollen sich erinnern an Gefühle. Ich kann auch Tor schreien wie der Herbert Zimmermann, sagt Oertel. Ich hab aber zurückhaltend kommentiert, wegen der besonderen Situation. Jedes Land sucht Renommee durch Sport. Die politischen Dinge waren ohne mein Zutun geklärt. DDR und BRD, souveräne Mitglieder in der UNO und im Weltfußballverband. Mein Zuhause war die DDR, da wollte ich den Menschen Freude bringen. Heute bin ich 67 und kämpfe um meine Rente. Staatsnähe wirft man mir vor. Historisch einmalig: Sozialgesetzgebung als politisches Strafrecht!

Das war ein ganz normales Spiel, sagt Mäcki Lauck. Der Schorsch Buschner, unser Trainer, der hat die Funktionärstypen mit den abgehackten Händen auf der Plakette gar nicht an die Mannschaft rangelassen. Mit den Westspielern haben wir dann heimlich die Trikots getauscht, ich mit Overath. Der kloppte mir bei der Auswechslung noch dankend auf die Schulter, weil ich der fairste Spieler gewesen bin in der DDR, nie 'ne Gelbe. War schwer zu spielen, Overath, Linksfüßler, wie dann der Netzer kam, hab ick bloß jelacht. Jute Truppe sind wir jewesen, bloß der

Sparwasser stellte sich so hin, der hat von dem Tor noch fünf Jahre jelebt. Abhauen? Nee, ick bin doch von hier. Sielow, Cottbus, 25 Jahre verheiratet, zwei Kinder, hab ick jeschafft. Einkaufen konnten wir drüben bei der WM, zum Endspiel fahren nach München wär auch gegangen. Da wollten wir aber lieber nach Hause, war genug.

Die BRD war keine gute Verliererin. Vor der Volksbühne griff man uns an, riß an der DDR-Fahne: Was soll der Lappen? Wir reagierten souverän. Hatten nicht damals auch unsere Jungen in Ouickborn Bombendrohungen empfangen? Wir haben nichts gegen die BRD. Sie verfügt über eine hochentwickelte Schwerindustrie und mehrere talentierte Sportler. Eine friedliche Koexistenz läge im wohlverstandenen Interesse aller, natürlich unter Anerkennung des bestehenden Kräfteverhältnisses im Fußball.

Juli 1994

Der Schnee von gestern

Ostalgie

Ach, wann enden diese Leiden,
diese Leiden, diese Leiden? –
Wenn die neuen Leiden kommen,
haben sie ein Ende.
(Wolf Biermann)

Keiner rief: Wir sind das Volk! Es war ganz anders einst im Mai. Zäh wie Sirup quoll der Umzug durch die engen Straßen, der Blaskapelle hinterher. Die Fahnen und die Transparente schlappten träge im Trott. So kroch der Volkswurm der Tribüne zu, von wo der Genosse Kreissekretär huldvoll herniederwinkte. Sein Adlatus orgelte ins Mikrophon: »Wir begrrrrüßen die fleißigen Kupferkumpel vom Thomas-Müntzer-Schacht! Glück auf! Jedes Gramm Material, jede Minute Arbeitszeit ein höherer Nutzeffekt! Ein rrrrevolutionärer Maigruß den Kollegen vom VEB Lederwaren! In euch lodert das Feuer des VIII. Parteitags besonders hell!« Die nächsten Kampfesgrüße flambierten das Lehrausbilder-Kollektiv der Berufsschule Südwest: »In der Schule, auf dem Bau schaffen wir das Weltniveau!«

So empfingen alle, alle. Endlich schlurften wir heran, die letzten, der VEB Lichtspielbetrieb. Da fegte ein Wind heran. Es blitzte und krachte; die Musik brach ab; der Himmel riß und gab die Sintflut frei. Volk und Führung stürzten auseinander, sich samt Parteitagsfeuer ins Trockene zu retten. Klatschnaß und fassungslos stand unser Kino-Kollektiv. Kein wärmendes Wort für unermüdliche kulturpolitische Einsatzbereitschaft. Kein Dank für die höchste Planerfüllung seit den »Glorreichen Sieben«. Schon lag das »Banner der Besten« im Kot, schon klagte Doris, die Barfrau, um Ersatz für ihre Weststrumpfhosen, da sprach der Genosse Kreisfilmstellenleiter: »Scheiß drauf, Kollegen. Der 1. Mai, das sind wir selber. Was des Volkes Hände schaffen, ist des Volkes eigen. Wir gehen jetzt geschlossen in die Kino-Bar. Ich mache 'n Fonds auf.«

Die Kasse der deutsch-sowjetischen Freundschaft wurde

erbrochen und umgerubelt in begeisternde Getränke, indes man der sowj. Freunde solidarisch gedachte. Die Stimmung schwoll. Der Vorführer Horst und Roswitha, die Kartenabreißerin, spielten Haschen im dunklen Parkett, wobei die Kollegin Roswitha die Röcke hob und kreischte, sie sei der Frühling, was nicht nur Beifall fand, denn sie hatte deren schon sehr viele gesehen. Kollege Bummi sang »In einem Polenstädtchen« und rief aus, was alle fühlten: »Wenn der Russe nicht wär, gäb's keine Russen mehr!« Als einziger von uns hatte Bummi das Land Lenins selbst bereist, und zwar Anfang der vierziger Jahre, im Rahmen des »Unternehmens Barbarossa«.

Ja, so fröhlich halfen sich die Untertanen in der guten alten Zeit. Wir waren an uns nicht schuld, denn all das Dukken und Marschieren geschah nur auf Geheiß des allmächtigen inneren Feinds, derer *da oben,* die ihren äußeren Gegner pflegten: *den Westen*, welcher wiederum am Osten eine polemische Identität gewann. Der Westen siegt, schaßt die rote Nomenklatura und baut die Freiheit auf die grüne Wiese. Der Osten stürmt hinein, ramscht, frißt, säuft, kotzt, geht in sich, bockt hinfort und pflegt die Mythen der Armut. Das ist gesunder Selbsterhaltungstrieb. Sentiments retten gelebtes Leben. Was hätten wir, als was wir waren?

Viele erfahren *den Westen* als großen Relativismus dinglicher Freude. Das Auto gewachsen, das Glück geschrumpft. Unsere Superlative stürzten ab. Deine Fahrt nach Kopenhagen – wem willste das drüben erzählen? Sagen die gleich: War ich schon zwanzigmal, Australien muß sein. Also rükken wir zusammen um die Kerze und schwatzen und schwindeln ein bißchen, wie's immer geht, wenn man lobt, was man glimpflich überstand.

Es gab ja Freiheit in der DDR. Nicht, was der exaltierte Westen so nannte, wohl aber wir, die wir uns immer fragten, ob *dies hier* auch ein Leben wäre. Es war. Hätten etwa jene, die ihre Zeit vor dem Ende der DDR beschlossen, nicht gelebt ohne die Pointe vom 9. November 1989? Historie betreibt postum die Aufzeichnungskunst perspektivischer Verkürzung. Leben lebt in *absoluter* Zeit, aber unbedingt an Orten seiner Wahl. Viele, zum Bleiben entschlossen, kultivierten Seelenwanderung. Sie reisten inwärts aus, dorthin, wo sie Regierung nicht spürten – sei's in die Mu-

sik, sei es in Bücher, die unzensierte Zeiten reichlich auf-
getürmt hatten. Diese Vita contemplativa wird keineswegs
entehrt durch die Entdeckung, daß die Stasi Gedanken lesen konnte; denn verstand sie etwa, was sie las?

Nun sehnt sich heute mancher nach der alten Klause wie
nach einer Kinderbutze auf dem Baum. Das ist harmlos; den
Westler graust's, den Ostler rührt's; Schorlemmer spricht
von »Ostalgie«. Fatal nur, wenn *der Westen* herhalten muß
als kompakter Unhold, der die Hochgefühle innerer Dissi-
denz beendet, uns auf die Bude poltert, die Tür aufreißt,
daß die Kerze verlischt und die Rotweinflasche kippt, wenn
er das große Licht einschaltet und uns den »Zauberberg«
zuschlägt mit dem Rufe: Du bist nicht tragisch, Freund-
chen, du bist faul!

Der Westen versteht uns nicht! – Immer noch besser, als
wenn er verstünde, wie wenig rätselhaft die DDR gewesen
ist in den großen Krämpfen ihrer Zeit. Aber da wir so wild
darauf sind, verkannt zu bleiben, mag uns dies noch für
ein Weilchen zugebilligt sein, bis wir begreifen, daß Er-
wachsensein beginnt, wenn die Schuld nicht mehr immer
bei den anderen liegt.

Die Offenbarung in Sachen Opfermythos DDR ist mir 1990
in New Orleans widerfahren, wo am Mississippi-Quai ein
alter Mann mich warnte, wir möchten wachsam sein, denn
jetzt kämen die verdammten West-Yankees und nähmen
uns alles weg. »*I can tell!*« Dann spie er in den Fluß und erklärte: »Ich hasse Lincoln!« – »Aber Lincoln ist doch schon
ewig tot!« – »Ich hasse ihn. Er hat die Eisenbahnbrücken
über den Mississippi gebaut. Dadurch ging unsere Dampf-
schiffahrt kaputt.«

Fürwahr, wir könnten heute noch so glücklich sein in der
lieben ollen DDR und das rotlackierte Schaufelrad der Geschichte mit Dampf betreiben, könnten Ostmärkte beschik-
ken in bedarfsorientierter Planwirtschaftsdemokratie zum
Wohle aller, ohne Mielke/Mittag/Honecker. Aber der Westen ließ uns nicht. Die Einheit nahm uns alles. Einigungsvertrag? Raubfriede! Ostberlin? Unser Richmond. Der 3. Oktober 1990? *The night they drove Old Dixie down.* Trägt
nicht de Maizière (mit Pferd gedacht statt mit Brille) schon
die soldatenväterlichen Züge des Legendengenerals Robert E. Lee? Umschattet nicht Altkanzler Modrow der tra-

gische Flor des konföderierten Präsidenten Jefferson Davis? Der freilich donnerte dem Norden zu: »*All that we ask is to be left alone.*« Modrow knickste vor dem einig Vaterland, fiel um und starb. Bleibt Gysi. Zivilist!

Neuerdings gibt es zwei ernstliche Offerten, unseren Menschen die Bürden der Mündigkeit abzunehmen und sie zurückzugeleiten in selige Adoleszenz. Erstes Angebot: Schließt die Stasi-Akten! Die wittenbergisch Nachtigall und Brandenburgs Mutter Courage singen es im Duett: 1996 möge man die große Nachlese beenden. – Ja, wer soll denn mit Schorlemmer um das Freudenfeuer tanzen? Allererst doch jene, die dann singen: Ach wie gut, daß niemand weiß ... Und daheim im Schubfach haben, was nun keine Gauckbehörde mehr richten kann, weil auch das Entlastungsmaterial lustig brennt.

Im Falle von Friedrich Schorlemmer und Regine Hildebrandt möchte man glauben, daß sie weniger vor den Stasi-Akten kapitulieren als vor deren Mißbrauch durch die Unterhaltungsindustrie. Schorlemmer ärgert, wie einstige Gefährten sich wandeln, von Bürgerrechtlern zu Bürgerrächern, seltsam treu dem alten System, als eignete sich die Stasi zum Lebensthema. Aber, Schorlemmer beiseite: Ist die allgemeine Häme auf Ex-Oppositionelle nicht aggressiv gewendete Scham darüber, daß man einst ihrer bedurfte? – Außerdem wünscht Schorlemmer keine Stigmatisierung der IM und ihrer Familien. Ehrliche Sorge. Und zugleich eine hochherzige Falschaussage zugunsten der kleinen Exekutanten der großen Perversion, die allesamt behaupten, sie hätten »keinem geschadet« – als wüßten sie das, als hätten sie bestimmt, wozu die Stasi den Müll recycelte, den man ihr zutrug. Es ist ähnlich mit den Mauerschützen, die – auch um ihrer eignen Seele willen – vor Gericht gehören. Befehlsnotstand? Man schießt nicht Menschen tot. Und niemand mußte an die Grenze.

Wer kann, der lasse seine Opferakte unbesehen schlummern (und wie peinlich, wenn man fragt und keine hat). Man kränke uns aber nicht mit onkelhafter Absolution vom Stuhle des Mufti, derart: Ich wüßte schon, was ich mit den Akten täte. Oder: Was wäre denn aus mir geworden in der DDR? – Ja, was? Es ist nicht Frage, was wie Frage klingt, nur Stimmenfängers Schmeichelei. So ging man schon vor vierzig Jahren dem Ostvolk mit Honig ums Maul, hüben mit Gefasel von den Siegern der Geschichte, drüben mit Gesülz von den freiheitsliebenden Landsleuten unter der roten Knute, als hätten nicht beiderseits des Eisernen Vorhangs Hitlers Deutsche gelebt. Zumindest der jüngste populistische Bestechungsversuch wurde abgewiesen, als die Ostler, wahrhaft einig, Kanzlers milde Gabe Heitmann unausgewickelt retournierten.

Zweite Offerte: Nation. Und zugleich die zweite Schmeichelei. Es ist Nation ein gewaltiges Muschebubu, wie der Sachse sagt, ein Loch, in dessen uraltem Dämmer die DDR verschwinden darf und muß, mit Akten und *Errungenschaften*, auf daß man die volle Nichtigkeit, Untypik und Vergängnis dieses saxoborussischen Provisoriums schaudernd erfahre, und habe einer auch das ganze Leben drin verbracht.

Aber fürchte dich nicht, du unstet fremdelnder Neufünfländer. Siehe, du bist erlöst. Ich habe dich bei deinem Namen gerufen und kenne nur noch Deutsche. Ehe denn die Berge wurden, die Flüsse und die Täler, bist du deutsch von Ewigkeit zu Ewigkeit, wie es geschrieben steht im nationalen Comic strip. Herr Heinrich sitzt am Vogelherd, Rotbart im Berge, rabenumflogen in kaiserloser, schrecklicher Zeit. Luther trotzt den Teufeln zu Worms. Friedrich wischt sich das Aug' beim Choral von Leuthen, und Ferdinande von Schmettau – »Gold geb ich für Eisen!« – opfert ihr Haar. So war's? Und Marx etc. und die Proletarier aller Länder und der Klassenkampf? Antikommunist ist seit Stalin kein Schimpfwort mehr, aber unverkennbar trägt der deutsche Antikommunismus von jeher Züge ständischer Servilität.

Was ängstigt am Begriff Nation? Seine Herkunft. Seine Vergangenheit. Seine mißbräuchliche Eignung zu polemischer Exklusivität. Wohl überfallen wir fürs erste keine Nachbarn mehr. Deutschland hat einen zivilen Antimilitarismus entwickelt, den wir ehren und lehren, als liefen wir nicht über dünnes Eis, als genügte nicht eine Woche ohne Auto, Strom und Alkohol, um unser realkonsumistisches Vaterland in einen Dschungel zu verwandeln. Nation ist Nebel! pflegt ein Kollege auszurufen. Mag sein, aber einsam im Nebel zu wandern ist eine Sehnsucht, die in den überfüllten Metropolen der verkabelten Welt nicht gestillt wird, nur erzeugt. Der *unplugged*-Boom in der Popmusik, dem immer noch ersten Indikator zeitgeistiger Veränderung: Dem Computer wird der Stecker rausgezogen. Mensch und Musik ziehen aufs Land und feiern Erntedank.

»Die ganz und gar unprovinzielle Erfahrung, die der DDR-Bürger den Angehörigen der Dreiviertelnation voraus hat«, schreibt Friedrich Dieckmann, »ist die Ambivalenz des Fortschrittsbegriffs ... Das Neue, das die Viertelnation einholt, ist das Alte, das von *dem* Alten, das nun verschwindet, einst als dem Allerneuesten verabschiedet wurde.«

Nation vermißte ich nicht in der DDR. Daß sie fehlte, nahm man als Kriegsschuld hin, der Geschichte eine Moral überhelfend, wie ja auch die deutsche Teilung vielen als verdientes Erbe galt. Welch riesiges Defizit das Ostvolk hier empfand, ahnte ich vor dem Herbst 89 nur ein einziges Mal: bei einem Fußball-Länderspiel 1979 in Leipzig gegen Holland. Der David DDR drückte dem Goliath flugs zwei Dinger aufs Auge. Hunderttausend schwenkten Schwarzrotgold mit Hammerzirkelährenkranz und schrien DEUTSCHLAND! DEUTSCHLAND! – ein nächtliches *oratorium maximum*, das binnen Minuten verhallte, weil der Riese, sich berappelnd, den frechen Zwerg mit drei knappen Streichen zur Strecke brachte. So ging's im Fußball immer aus. Und DEUTSCHLAND! blieb im Westen.

Aber das Politbüro, darin klüger als wir Nationalverächter, machte ernstlich den Versuch, die größte Lücke im lichten Sortiment staatsbürgerlicher Ostgefühle zu stopfen. Man erfand die Nation der DDR, zu welcher *alle wahrhaft humanistisch gesinnten Kräfte* – Luther wie Marx, Beethoven wie Heine, ja sogar der Alte Fritz und Bismarck – herzlich eingeladen wurden. Die Übelgermanen kriegte der Westen. Diese Posse mag ein Lehrstück dafür bleiben, wie Nation wünscht, sich als Triumphgeschichte zu beschreiben, inklusive Notzeiten stolzer Betroffenheit, denn nur wer fiel, kann steigen. Und steigt bis auf den Heiligen Berg des Grenz- und Unterscheidungsdenkens. Weit unten im Tale quält sich das *global thinking* mit der multikulturellen Saldomarke Null.

Nation *ist*, aber diffus und profan. Weder braucht noch

erträgt sie Akklamation, und jene, die da Wiedertaufe feiern, empfangen kein Extratröpfchen vom Sakrament. Mit Staunen sehen wir im Westen Menschen sich sammeln, die schaun zu einem alten Adler auf. Tief fliegt er über Land, und mit den Schwingen gibt er Zeichen. Ernst deuten seine Jünger Ewiges von Gott und Göttern, von Erscheinung, Werk und Glanz – schon zu ahnen, bald zu wagen, denn Kampf war immer, und vor uns klafft das Interim, da die Titanen walten. Was uns die Vogelkundler künden, dürfen wir nur glauben, nicht bereden, denn *in statu confessionis* diskutiert man nicht, so wahr die Bibel mehr ist als ein Buch, der Marxismus mehr als eine Philosophie, die Scharia mehr als ein Gesetz, Deutschland mehr als ein Land und *Nation* ein antidemokratischer Schützenverein mit apodiktischer Satzung. Wer Augen hat, der höre! »Freilich bedingen neue Mutationen auch einen neuen Erkenntnisstand«, offenbarte der Alte vom Adlerhorst (*ZEIT* Nr. 29/ 1993, Seite 36). Erkenntnis? Bekenntnis, und bei den Mutationen fielen uns vorsichtshalber die Simpsons ein. »Bart, mein Junge«, sagt Vater Homer, »ich verlange gar nicht, daß du in meine Fußstapfen trittst.« – »Keine Sorge, Dad«, sagt Bart, »ich benutze ja nicht mal gern das Bad nach dir.«

Vielleicht eint uns mit den altvorderen Raunern ein Anti-Zeitgeist-Ekel, den wir bislang für ostdeutsch hielten: der Abscheu vor Lifestyle-Lärm, vor dem grinsenden Glück des Verkaufs, vor hedonistischer Egomanie, vor den Abgrenzungsritualen der Politik, vor dem Verlust der Scham. Um aber Zynismus zu hassen, braucht es nicht *Nation*. Deutsch sein ist zunächst ein sprachlicher Befund. Deutschland lieben? Heißt hoffentlich, daß einer gerne hier zu Hause ist. Deutsche Eidgenossenschaft? *I keep my fingers crossed.* Hätte man nicht den Bischofferödern die Grube retten können, statt sie – Sozialplan Ost – in der Nation willkommen zu heißen? Oder wenigstens begreifen, daß ihr Widerstand die beste, würdigste Zeit ihres Lebens war?

Wer die Deutschen einen will, muß sie erst mal unterscheiden. Wir Ostler bringen Deutschland ein zutiefst demokratisches Geschenk: Selbstironie, das Gelächter gegen den Pomp, und sei's der eigene. Der 1. Mai, das sind wir selber. Deutschland, einig Vaterland? Der Mantel der Geschichte? Geschichte gab es nicht in der DDR, nur Geschichten, *history and his and his and his story*, die erzählen wir noch ein Weilchen, bis jene Jüngeren das Sagen und Deuten übernehmen, denen die Mauer so wenig gilt wie uns das *Fronterlebnis* unserer Väter. Prost, Alter! Die Besten waren wir nicht, aber die Schönsten bleiben wir doch. Kennste noch die vier Todfeinde des Sozialismus? Frühling, Sommer, Herbst und Winter.

Manchmal, wenn es schneite, war man mit der DDR versöhnt. Das Weiß überfing die Trauer der Provinz und dämpfte in den Städten das rostige Gelärm. Wir fuhren am Heiligen Abend heim, durch ein Wintermärchen mit der Eisenbahn. Auch die Schaffner waren verwandelt, auch die Reisenden, auch wir. Ein Junge mit Gitarre sang leise »Streets of London« und empfing Pfefferkuchen und heißen Tee. Die Kinder, dick verpackt, denn im Heizen war die Reichsbahn etwas unerfahren, krochen auf Bänke und Gepäck und überboten einander lautstark mit ihren Weihnachtswünschen. Draußen das glitzernde Land sah aus wie neu, als könnte es nochmals beginnen. Da fragte ein Steppke: »Mama, wer darf eigentlich bestimmen, daß es schneit?«

In den letzten Jahren der DDR fiel kein Schnee, oder hat's einer anders erlebt? Auch die Winter nach der Wende blieben grau und kahl. Aber jetzt ist es wieder geschehen. Ganz Deutschland liegt weiß, der Osten wie der Westen, und was die Kinder als adventliches Geschenk bejubeln, scheint uns, bis zur Schmelze, wie der Schnee von gestern.

Dezember 1993

Weil der Trabi uns gehört

Ein Manifest der DDR-Identität

Im Jahre 1965 erwarb Onkel Achim einen Pkw der Marke Wartburg, mithin einen Wagen gehobenen DDR-Standards. Sein bisheriges Gefährt, den Pkw Trabant MA 01-22, vermachte er uns zu verwandtschaftlichen Konditionen. Zuvor bewegten wir uns umschichtig auf einem Motorroller des Typs Berlin. Diesen kaufte nun Herr Simon von der Obst-Erfassungsstelle. Simon verstarb inzwischen, aber damals war er froh.

Für uns jedoch begann die Raumfahrt. Vati schwebte in allen Himmeln. Er lobte Trabis schnittige Form. Er pries das technische Raffinement, etwa den Meßstab aus orangem PVC, der, lotrecht in den Tank gestochen, zuverlässig kundtat, wieviel Sprit noch im Objekt verweilte. Und wie es lief, das Maschinchen! Wie es so zweitaktig klingelte und klang, so brummelte und summte, da taufte Vati MA 01-22 »Hummelchen«. Wöchentlich duschte er Hummelchen und rubbelte es blank. Dann wurden wir Kinder im Geviert postiert. Jetzt Blinkprobe hinten rechts, rief Vati aus dem Cockpit. Blinkt's? – Ja, hat geblinkt! – Jetzt Hupprobe! Hupt's? – Ja, hat gehupt!

Urlaub mit Hummelchen: ein Fest fürs Leben. Vor Reiseantritt schluckten wir je zwei Anti-Übel-Pillen »Kinetosin«. Wolfgang, der am häufigsten erbrach, schielte grünlich in den eigens mitgeführten Topf und greinte: Das Auto stinkt! Vati mahnte, möglichst außenbords zu opfern. Überdies rieche er nichts, nur den Sommer. In der Hitze brutzelten die Plaste und Elaste. Hinter Kindelbrück/Thüringen dann höllisches Geknatter. Der Kfz-Notdienst monierte den Abgang von einem Meter Auspuffrohr sowie den Eintritt mortaler Gase in den Fahrgastbereich.

So erfreute uns Hummelchen bis zur Wende. Dann wurde es gestohlen. Zeit heilt, zumal die geilen Wessis sich in Trabimanie überboten. Sie preßten das Auto unseres Lebens an ihre postmodernen Hurenherzen und taten treu, für einen Tag. Thomas Gottschalk – nein, ich schweige; über Tote nur Gutes. Die Band U2 zerrte sogar einen Trabi mit auf Welttournee. Jetzt endigte er in Berlin, im Hard-Rock-Café.

Selbiges lud zur Übergabe des weitgereisten Stücks. Journaille ritt ein. Westmiezen popelten am Lack. Ein lärmiger Ami-Manager posierte mit Trabi fürs Poster, riß die Tür auf und fast ab und schmiß sich in die Pappe, den Arbeiterpanzer, das Ganzkörperkondom – ach, wer zählt die Namen der Liebe! Und ich hörte das traute Ächzen, sah auf dem Kühler das zerspellte S für »Sachsenring« und drinnen den Aufkleber »Notruf 115«, roch hinein und wußte: Hummelchen. Der Ami branzte, ein Christopher F. aus der Nähe von München habe U2 the vehicle verkauft, *for thousands of Dollars!* Qualität hat eben ihren Preis.

Ganz ruhig stelle ich vor meinem Leser und vor der deutschen Geschichte fest:

1. Die Wessis klauen unsere Autos.

2. Die letzte U2-Platte »Zooropa« ist Mist. Mein Leser kauft »Vierer Pack« von der besten DDR-Band, Pankow (über: BuschFunk, Rodenbergstr. 8, 10439 Berlin, Tel. 030/208 63 85).

3. Dem Hard-Rock-Café gebricht es völlig an DDR-Rock-Memorabilia. Ich biete: a) ein Stück Trikot des Stern-Combo-Meißen-Sängers Reinhard Fißler, ihm vom Leibe gerissen am 1. April 1974 im Kulturhaus von Brand-Erbisdorf; b) meinen linken Jesuslatschen, belatscht von Ten Years Afters Göttergitarristen Alvin Lee auf der Toilette des Palasts der Republik am 17. Januar 1988 (dem Tag der Liebknecht-Luxemburg-Demo!); c) eine Bulette (grün), am 19. Juni 1988 geworfen auf Katarina Witt, als sie beim FDJ-Friedenskonzert Bryan Adams ansagte (Brust-Abpraller).

Und Hummelchen? Mag fürderhin allen gehören. Geben, sagt der Einigungsvertrag, ist seliger denn nehmen. Go, Trabi, go! Leuchte in die Herzen! Denn es muß uns doch gelingen, daß die Sonne schön wie nie über Deutschland scheint.

April 1994

Das Salz der Erde und der Markt (I)

Der Tod von Bischofferode

9. Juli 1993

Manche sagen, ja, er wär ein Kasper, weil er dauernd lacht. Für meine Begriffe ist der Bernhard Vogel ehrlich. Ins Hinterstübchen kannste keinem reingucken, aber wie er gestern hier an meinem Bette stand, da hab ich ihm geglaubt, daß er gerne helfen möchte. Das hat ihn wohl gerührt hier, die ganzen hungernden Kumpels. Vielleicht war's auch das Kruzifix an der Wand, er ist ja auch katholisch. Jetzt redet er gegen die Kali-Fusion, bißchen spät. Hier zeigt der Kapitalismus seine Fratze, hat er gesagt. Machen kann er nichts. Was issn das für 'n Ministerpräsident, der bei der Wirtschaft bitte, bitte machen muß!

Aber der eine von dem Vogel seiner Mannschaft, das war ein ganz unwürdiger Mensch. Der hat zu den weinenden Frauen gesagt, ihr seid mal schön froh, ohne uns hättet ihr heute noch leere Regale. Dreh's mal um. Die sanieren mit uns die Westwirtschaft! Ich hab mal in der Schule gelernt, daß Kapitalisten brutal sind. Wollt ich nicht glauben, jetzt erfahr ich's. Pfui Deibel!

Nee, die Planwirtschaft will keiner wiederhaben, da sind wir uns wohl einig. Da wurden die Köppe gezählt, und jeder kriegte 'ne Schippe in die Hand, jetzt mal symbolisch gesprochen, also, 's gab sinnlose Jobs, bloß daß jeder einen hatte. Aber da sind wir lange runter, von 1 900 Leute auf 700. Und die Auftragsbücher sind voll. Frankreich, Belgien, Holland, Dänemark, Österreich, Skandinavien. Alles Westen, alles alte Kunden. Wir waren ja der DDR-Devisenbringer. Hier ist kein Ostmarkt zusammengebrochen. Das Bischofferöder Kali ist einzigartig, weil's nicht staubt, das muß nicht erst granulieren. Jetzt wird gelogen, wir hätten keine Marktchance, wir würden sowieso verdrängt. Verdrängen sich Apfel und Birne?

Na, Mutter, mach's Nest, wir sind vielleicht die Dummen, aber nicht bekloppt. Wir liefern nämlich an die Konkurrenz von BASF. Die BASF steht hinter Kali & Salz Kassel, mit denen soll unsere Mitteldeutsche Kali fusionieren. BASF hat ein anderes Aufbereitungsverfahren als die Konkurrenz, und deshalb machense uns dicht: damit den anderen der Rohstoff fehlt. »Marktbereinigung« heißt das bei den Wessis. Die nennen noch Scheiße Gold.

Das Drama Bischofferode ist eine Lehrpartie im deutschen Vereinigungsschach, dessen Ausgang regelmäßig lautet: W. zieht und gewinnt. Ja, W. bringt bisweilen Bauernopfer, so wahr die Kali & Salz AG im Zuge der Fusion auch zwei Schächte im Westen schließt – mit vielfach längerer Anlaufzeit, mit weitaus höheren Abfindungen für die gefallenen Figuren. Am Ende des »Abschmelzungsprozesses« sollen, »optimistisch betrachtet«, noch 7 500 Kumpel deutsches Kali schürfen, davon 4 000 im Westen. Allein in der DDR waren es früher 30 000. Was tun sie heute? Einige fanden Jobs, was im strukturschwachen Eichsfeld unter die Künste zählt. Der »Rest« verstärkt die Tausendschaften, die überall ringsum entlassen wurden. Und harrt des Großen Retters.

Der war schon einmal da. Der hat uns Eichsfelder damals gleich als erste besucht nach der Wende, der Herr Bundeskanzler. Das ist ja hier eine ganz christliche Ecke, das wußte er. Auch, daß die Partei hier nie so konnte, wie sie wollte. Die Eichsfelder standen zusammen gegen die roten Herren und gegen den Schlendrian. Bei uns war Ordnung, das siehste an den Dörfern. Wir können arbeiten. Wir wollen nichts geschenkt, das haben wir dem Herrn Bundeskanzler auch gesagt. Herr Bundeskanzler, haben wir gesagt, wir erwarten von der Einheit nichts, als daß wir uns mit unserer Hände Arbeit eine Existenz schaffen können.
  Da hat er genickt. Wenn wir alle anpacken, hat er gerufen, wenn wir gemeinsam die Ärmel hochkrempeln! Und wir haben ihn alle gewählt. – Ja, einmal und nie wieder! Die Hand, die mich schlägt, lecke ich nicht. Jetzt soll er uns persönlich sagen: April, April, ihr könnt die Ärmel wieder runterkrempeln. – Nein, so ist er nicht, der Herr Bundeskanzler. Der Doktor Kohl gehört zu den wirklich

großen Deutschen, wie Willy Brandt, Schmidt und Genscher. Er wird kommen, und dann hilft er auch. Die Bischöfe waren ja auch hier, der Herr Demke und der Herr Wanke. Die CDU hat doch das C im Namen, da wird der Herr Bundeskanzler nicht zulassen, daß die Lüge siegt und die Kali-Mafia. Wir brauchen nur drei Jahre, dann wären wir saniert. Wir haben ihm geschrieben, das geht ihm bestimmt unter die Haut. Vielleicht kommt er schon morgen zu unserer Kundgebung.

5 000 Eichsfelder standen zusammen im Regen. Es kamen Leid- und Solidaritätsgenossen aus vielen deutschen Landen: von den Seehäfen Rostock und Wismar, wo das Salz verschifft wird, vom Jagdwaffenwerk Suhl, vom Berliner Schiller-Theater, aus Göttingen, aus Deuna, Schwarze, Leinefelde. Aus Rheinhausen kam der Pfarrer Kelp, brachte 10 000 Mark Spende und schloß sich den vierzig Hungerstreikern an, wie der Thüringer PDS-Abgeordnete Hahnemann. Partei wurde egal. Gregor Gysi rief, unter Jubel, die Grenze trenne nicht mehr Ost und West, sondern oben und unten. Vor drei Jahren hätten sie ihn davongejagt als Vaterlandsbesudler, damals, als sie die CDU-Sticker an ihre Kauentüren klebten: »Wir sind ein Volk!« WIR SIND DAS VOLK! schrien sie jetzt wieder, daß die rote Halde bebte.

Es fehlte der Herr Bundeskanzler. Sein Herz für den Osten trieb ihn zu weit. Er tagte mit Jelzin »am Balalaika-See«, wie ein Westsender meldete. Die Ostler brüllten vor Trauer und Hohn. Es fehlte die IG Bergbau und Energie; sie unterstützt die Kali-Fusion, da ihre übergroße Klientel im Westen sitzt. Es fehlte der Betriebschef Friedhelm Teusch. Den haben sie rausgeschmissen aus dem Thomas-Müntzer-Schacht. Sein Konterfei pinnt an der Pförtnerbude, Reißzwecke durch die Stirn und um den Hals ein Seil. Keine Gewalt, jaja, ich bin erwachsen mit über fünfzig Jahren, überlegen kann ich auch, aber den Teusch, aber den Schucht von der Treuhand, diese Drecksäcke, Verbrecher, Seelenverkäufer, da hätte man wirklich, mit dem Knüppel vor den Kopp! Bloß, das kannste nicht bezahlen, da ist das eigene Leben gleich mit ruiniert.

Wir reisten nach Sondershausen, siebzig Kilometer durch

das wunderschöne Sommerland Thüringen, zum Sitz der Mitteldeutschen Kali AG. Friedhelm Teusch verschob sein Essener Wochenende um ein reichliches Stündchen und gab uns viele runde Worte. »Marktbereinigung« finde nicht statt. Alles habe betriebswirtschaftliche Gründe. Bischofferode sei »nicht wirtschaftlich zu fahren«; das könne auch Herr Peine nicht ändern, der treuhänderisch abgewiesene Interessent aus Westfalen.

Er sprach lange, hoch korrekt, mit viel a), b) und c). Von weltweiten Kali-Überbeständen hörten wir, von »stark rückläufiger Erlöstendenz«, von russischen Billigsalzen, von der »Substituierbarkeit jedweden Produkts«. Nicht sprach er vom Wiener Kali-Kartell, vom gigantischen Wachstumsmarkt Asien und davon, daß die GUS an Kali *Mangel* hat und sogar die Einfuhrsteuer strich. Doch im Eichsfeld, erfuhren wir, sei »das Humankapital aus den alten Strukturen abzuziehen«, was heißt, die Menschen müßten raus aus der Industrie. Die Großwirtschaft wohne nicht länger auf dem Dorf im Wald. Das marktwirtschaftliche Element schöpferischer Zerstörung! Flexibel sein, mobil! »Es braucht a) geistige und b) räumliche Mobilität, für Arbeitgeber und Arbeitnehmer. Dies ist kein deutsches Wirtschaftswunder wie nach dem Krieg, als der Bedarf dem Angebot davonlief.«

Er war aus Lack – und wieder nicht. Er predigte seine Logik und kannte ihre Schluchten. Die ewige Jagd nach Vorteil ist kein Glück. Der Kaufmann weiß, daß er auf Rädern lebt; die anderen haben den Boden und die Beine. Das Blasierte wich, je länger er sprach. »Ich muß gestehen, ich habe mir das anders vorgestellt. Ich dachte, das ökonomische Denken sei stärker in den Leuten drin. Der Kumpel empfindet, daß man ihm einen Tritt hinten rein gibt, und dann haut man ihm noch vor die Rübe.« Unten raunte der einarmige Pförtner: »Geht der Hungerstreik weiter? Die sind eisern, die Eichsfelder!«

Wir sahen es. Die geben nicht auf. Wir hörten sie toben, als die Wut sie packte, und träumen, als sie stille standen in der Kirche. »Das gebeugte Rohr wird Er nicht brechen und nicht löschen den glimmenden Docht. Ihr dachtet, es böse mit mir zu machen, aber Gott gedachte es gut zu machen, um zu tun, was jetzt am Tage ist, nämlich am Leben zu erhalten ein großes Volk.« Dann sangen sie: Glück auf, Glück auf, der Steiger kommt! und es schwammen die Augen: Salz der Erde.

Dann schlug die Glocke, und wir sausten in die Grube, wo die Frauen wachen statt ihrer Männer. »Der Schacht mußte sehr tief sein«, heißt es im alten Kinderbuch, »oder ihr Fall sehr langsam, denn Alice hatte genügend Zeit, um sich zu blicken und sich zu sorgen, was mit ihr geschehen würde.«

Teusch blickte auf: »Und was passiert, wenn der erste stirbt?«

Das Salz der Erde und der Markt (II)

31. Dezember 1993

Dann klarte es auf. Der Schnee, den der schwarze Mittags-
himmel wie von Sinnen ausgeschüttet hatte, floß zu Tal.
Die weiße Halde wurde wieder rot. Dem Thomas Müntzer
vor der Pförtnerbude schmolz der Hut, und das qualmende
Stumpenfeuer belebte sich in seinem eisernen Korb.

Da kamen sie. Zu Hunderten strömten die Kumpels
heran. Die Polizisten am Werkstor, biedere Wachtmeister,
harrten in Gleichmut.

Wir wollen hier rein.

Hier geht keiner rein.

Das ist heute immer noch unser Werk.

Dicht, hörste doch.

Sagt mal, spinnt ihr?

Drinne laufen kriminaltechnische Untersuchungen. Könnt
euch bei dem Vandalen bedanken, der heute nacht dem
Betriebsleiter sein Büro demoliert hat.

Und das waren wir, was? Kommt doch wieder wie gerufen für Kali & Salz. Is nischt Neues, Repse und Bombenle-
ger sollten wir auch schon sein, immer wennse verhandeln.

Sie verhandelten wieder seit Stunden, per Fax und Tele-
phon – hier auf dem Schacht der Betriebsrat, in Kassel die
Herren von Kali & Salz. Das Dudel-*Radio Brocken* plärrte
aus unerklärtem Grund, der Kampf der Kalikumpel sei beendet, ein Kompromiß perfekt. Betriebsrat Heiner Brod-
hun erschien am Tor: Es dauere noch lange.

Dann kam Walter Kunze, die Seele vom Widerstand, und
wischte sich die Augen. Ich kann nicht mehr. Ich bin fertig.
Wenn bis Mitternacht nichts unterschrieben ist, stehen
wir da ohne alles. Und als gemeine Kriminelle, falls wir die
Grube Montag wieder anfahren. Mensch, du faßt es nicht.
Ein Gesunder soll seinen Totenschein unterschreiben. Wir
haben Bedarfsmeldungen und für 47 Jahre Lagerstättenka-

pazität. Da könnten wir jahrelang Tag und Nacht fördern. Aber wir sterben, weil sich die BASF von der Treuhand den Markt gestalten läßt. Kann nicht Helmut Schmidt noch helfen? Den verehren wir, der ist doch sehr sozial.

Walter, denkt ihr immer noch, Deutschland wird von Politikern regiert?

Ach, ich hab schon zu Vogel gesagt: Herr Ministerpräsident, es tut mir als Thüringer weh, daß Ihre Kompetenzen dort enden, wo unsere Probleme anfangen. Mensch, es bringt einen um, daß man am Marktwettbewerb gar nicht erst teilnehmen darf. Ersatzarbeitsplätze: Gerede, nichts zu sehen. Johannes Peines Mittelstandskonzept: weggebügelt. Bisher bin ich abends heimgegangen und hatte was Sinnvolles getan. Über Geburtenmangel klagen die Flickschuster in Bonn. Wer soll denn hier in Zukunft Kinder kriegen und die Renten sichern? Wenn bloß das Geld regiert, stimmt's weder im Koppe noch im Herzen.

Da hob die Pastorin Christine Haas ihre Bibel wie des Moses Stab. Die Wache wich zurück. Das Tor schwang auf. Die Menge strömte aufs Werk, hin zur großen Kantine, wo die Hungerstreiker lagen. Dann saßen sie beieinander und schauten auf das große Kreuz und sprachen: HErr, erbarme dich unser und unserer Zeit, und dein Friede, der größer ist, als wir begreifen, bewahre uns vor jeglicher Gewalttätigkeit und führe uns zum Ziel, das keinen Abend kennt. Und sie sangen und sangen. *Wer ist hier, der vor dir besteht / der Mensch, sein Tag, sein Werk vergeht / nur du allein wirst bleiben / nur Gottes Jahr währt für und für / drum kehre jeden Tag zu dir / weil wir im Winde treiben.* Dann sangen sie das Eichsfeldlied. *Schlägt meine letzte Stunde / es sei auf Eichsfelds Grunde.* Und Werra und Leine rannen über die harten Gesichter.

Daß sie verloren hatten, wußten sie längst, bevor der Betriebsrat einzog und der Schlichter Ramelow dartat, was man unterschrieben hatte: ein verknotetes System von nachgebesserter Abfindung, Demontage-Jobs am Schacht und vier Wochen Bedenkzeit. Ein kleiner Sieg, verkündete der Gewerkschafts-Profi aus der Pfalz. Niederlage, sagte Kumpel Lothar Wedekind. Nun sind wir dort, wo wir nie hinwollten. Der Dampf war raus. Hundert Leute können nicht siebenhundert ziehen. Gerhard Jüttemann, der Spre-

cher, brüllte, ja, man habe Geld herausgehandelt, JUDAS-
LOHN, den kriegten nun auch jene, die ihn nicht verdien-
ten, weil sie um Mammon gezittert hätten statt um die
Grube.

Plötzlich ist Gregor Gysi da. Ihr habt alle gelernt, sagt
er. Ihr wißt jetzt, wie Politik funktioniert: daß Versprechen
nichts gelten, daß man Fusionsverträge nicht einsehen
darf, daß ein Bundestagsausschuß beurteilt, was er nicht
kennt. Ihr geht erhobenen Hauptes. Ihr habt nichts einge-
büßt, im Gegenteil, sie mußten draufzahlen. Auch im Westen können sie mit Belegschaften künftig nicht mehr so
umspringen wie bisher. In Bonn führt das Wort Bischofferode zu hysterischen Anfällen. Aber der Flächenbrand ist
ausgeblieben. Es gab Grußadressen und schöne Aktions-
tage, alles toll, doch den Kampf hat man weitgehend euch
überlassen. Wo stehen denn draußen die Tausende, die rufen: Macht weiter!?

Alles trottet an die Tische. Mann für Mann unterschreibt
die Kapitulation. Dann hockt nur noch einer in der Kantine, Hände vorm Gesicht, als dürfte man nicht heulen nach
24 Jahren auf dem Schacht. Das war's nu! Wie 'n dummen
Jungen sagen die dir: Das war's, ab, raus! Jetzt mach ich
heime und nehm de Wäscheleine.

Mensch, laß den Mist. Da jubeln die doch noch, die Verbrecher, da sparnse deine Abfindung. Los, kommste mit
runter in de Halle, zu Walter seine Feier.

Mir is nich nach feiern.

Isses kei'm, kannste annehmen, komm man mit.

Ich mach erst heime.

Aber laß den Mist.

Aber ich muß den Vogel füttern.

Aber denn kommste.

Langsam füllt sich der Dorfsaal. Die Propan-Kanone be-
feuert den kargen Raum und wärmt die müden Knochen.
Das Bier ist aus dem Osten, auch das Salatbüfett spendet
Trost, und die Wildecker Herzbuben, diese Ikonen des Hun-
gerstreiks, singen »Herzilein, du mußt nicht traurig sein«.
Wedekind verlangt nach Ernst Mosch, Kunze läßt seine
Frau den Schneewalzer spüren, Gysi schwenkt die Mütter.
Das war die niederträchtigste Ausrede von der Erfurter
CDU, sagt Kunze: Wir würden bei der PDS von Schoß zu

Schoß hutschen, für solche Leute täten sie nichts. Wer hier zu uns gekommen ist von den Politikern, der hat keine Parteipropaganda betrieben, der wollte helfen.

Jüttemann grinst, zu Beginn des Arbeitskampfes seien die evangelische Pastorin und der katholische Pfarrer fast schreiend davongerannt, als sie einander beim Segnen derselben Veranstaltung entdeckten. Konfession trennt längst nicht mehr, und falls sie ein Wahlbündnis »Bischofferode ist überall« gründen, würde das keine Ostpartei, denn, weißte, Deutschland ist ganz anders geteilt als in Ost und West. Über die Regierungsparteien zu Erfurt und Bonn läßt sich erfahren, sie hätten verwirkt bis zum Jüngsten Gericht; selbiges beginne 1994. Und behüt uns Gott vor den Rechten!

Dann ging es hart auf Mitternacht. Wedekind rief: Wer seiner Frau oder ihrem Mann noch was zu beichten hat, der tue das jetzt. So was schleppt man nicht mit. Und nun ein PROSIT NEUJAHR! Ein Hoch den Kalikumpeln von Bischofferode! Und sie stiegen auf die Bänke und brüllten, daß die Gläser sprangen: BISCHOFFERODE IST ÜBERALL, BRINGT DIE TREUHAND DOCH ZU FALL! Und obschon dies eine Lüge war, ist über die Zukunft nichts beschlossen, außer daß sie kommt.

Feiernd verpaßten sie Kanzlers Fernsehpredigt zum Altjahrsabend. Es sei ihnen also geschrieben, daß 1993 das stolzeste Jahr ihres Lebens war. Daß Größe kein bezahlter Adel ist, sondern die Beständigkeit des Herzens. Daß Menschen, die Wurst und Stulle mit den Fingern essen, ihre Hände häufig sauberer halten als die manikürten Trüffelspießer zu Häupten weißer Tische. Daß *die Wirtschaft* zwar nicht öffentlich diniert, aber auch nicht anonym. Daß Gewerkschaftsführer keine Hungerkumpel sind, sondern Aufsichtsräte der Arbeitsplatzbesitzer. Daß *die deutsche Einheit* am wenigsten von denen kommt, die sie am häufigsten im Munde führen. Daß auf *Nation* geschissen ist und das liebe *Vaterland* ein Furz, wenn die Heimat vor die Hunde geht. Es war in dieser kalten Neujahrsnacht kein wärmeres Fleckchen Deutschland zu finden als der Dorfsaal von Bischofferode.

Meines Kanzlers Land

Fünf Jahre Freiheit

Ich fuhr nach Erfurt, am 13. Oktober. Ich eilte, ein anderer Diederich Heßling, meinem Kanzler entgegen, ihn endlich auch einmal zu sehen und zu schmecken, denn es gibt im Leben ein Zuspät. Ich kam aus Ostberlin, er aus Rostock, Kassel und Frankfurt am Main, wo er in gottväterlicher Ubiquität Mahnung und Stärkung übers Volk gerufen hatte. Nun nahm er Erfurt, die alte Stadt der Glocken und der Türme. Die Severikirche und der Dom ragten zur Rechten und zur Linken der gewaltigen Treppe, darauf obszön die Großtribüne thronte. Volk strömte auf den Domplatz, schwenkte Luftballons von C & A, aß Bratwurst und schluckte Braugold-Pils, gemäß der Tageslosung über »Frank's Imbiß«: *Nur wer ißt und trinkt – überlebt!* Ein Alter sprach zu seinem Bier: Letztes Mal hab ich den Kohl gewählt, wegen dem Gelde. Diesmal wähl ich Sozis, wegen dem Sozialen. Aber nächstes Mal, da wähl ich Reps. Zum Aufräumen!

Die Dunkelheit kam schneller als der hohe Gast. Provinzpolitiker überschwatzten das Warten. Der lokale Ministerpräsident lachte ohne Unterlaß, lobte das Volk und bezifferte die 8 000 aufs Dreifache. Dann stand ER auf der Bühne. Milder Jubel wehte auf, nebst neun deutschen Fahnen. ER grüßte, gedachte der *Wende*, pries Geschaffenes, zürnte dem *marxistichen Gegner*, der auch in Erfurt unentwegt auf Trillerpfeifen lärmte; es handelte sich, wie ich, den Strolchen näher als mein Kanzler, an ihren Schöpfen erkannte, um grünlackierte Faschisten.

Kohl spricht schlecht. Es redet und redet. Die Topoi sind lahm in Reihe geschaltet. Wer auf Kohls demagogisches Geheimnis lauert, wird enttäuscht. Da ist nichts als der allvertraute Knödelklang vom Lohn des Fleißes. Kohl zielt auf Gemütlichkeit. Er macht's warm – nicht dir und mir, aber jenen, die es heizt, wenn ein Gewaltiger sie *normal* und seine Mehrheit nennt. Von solchen geht keiner. Die Schlichten und die Frommen, die Schnäuzer, Nackenrollen, Dauerwellen, die Alten mit den Hüten, Anoraks und Beulenhosen hören und harren. *Sie* spricht der Kanzler gerecht. *Ihnen* schenkt er Ablaß für die DDR und für vier Jahre Einheit Dank. Und nach Holland läßt er sie fahren oder nach Tirol, wo sie in einer *Kneipe* ortsansässige Senioren nach deren Rente fragen mögen, um zu finden: Deutschland meint es gut mit uns. – Wessen Deutschland? – *Unseres*, zur Hälfte seines glücklichsten Jahrzehnts. Kein schöner Land in dieser Zeit, da wir uns finden, zu singen das Lied aller Deutschen. Der örtliche Partei-Liturg stimmt an zum Schlußchoral: *Einigkeit und Recht und* der Lautsprecher grölt, und die Erfurter bleiben stumm. So was singt man doch nicht vor der Kirche.

Wie hat es Ihnen gefallen?

Sehr gut. Die Rede vom Herrn Bundeskanzler sprach mir aus dem Herzen.

Er sagt genau, was ich denke. Manchmal ist mir's, als ob er's eher wüßte als ich.

Er hat damals versprochen wiederzukommen. Er hat's gehalten, und das in einer Welt der Lüge.

Ich wähle ihn. Erst war ich ja 'n bissel sauer auf die ganze Politik, aber jetzt hat mir mein Kanzler sozusagen 'n Klaps hintendrauf gegeben. Der weiß schon, was ich manchmal brauche, der Helmut Kohl.

Bloß die Störer, da schämt man sich ja als Erfurter. Die gehn ja noch halb zur Schule, die haben doch noch gar kein Recht zur Demokratie!

Wenn ich Innenminister wär, gleich zehne uffjehangen, der Rest ab zu Wasser und Brot.

Die bunten Trillerpfeifen sagen: Man müßte sich ja als Erfurter schämen, wenn der Kohl hier *nicht* ausgepfiffen würde.

Was habt ihr denn gegen den Kohl?

Ähm, ähm. Kumpan des Großkapitals. Bischofferode. Ausländerfeind, beschimpft uns, flirtet mit rechts. Heute haben sie hier die Nazis freigesprochen, die im August in Buchenwald die KZ-Gedenkstätte vollgesaut haben. (Ein Trupp Blasmusik zieht ums Karree.) Da, das ist Kohls Politik! So 'n Deutschland will ich nicht.

Dann leert sich der Platz. Man kehrt zuhauf. Bierbecher knacken, an der Bühne klappert Demontage. An den Bierständen beglücken sich die letzten Zecher dieser klammen Nacht.

Meister, mach mal noch dreie!

Also, meine Kumpels auf'm Bau, die wählen den Scharping, weil der das Schlechtwettergeld weiterzahlen will. Ich wähle Kohl. Der paßt zu mir, der is meine Art, verstehste sowieso nicht mit deiner Brille ... na, der Kohl is ... ich bin ... sagt meine Frau auch immer ... irgendwie ... BERECHENBAR eben! Darf ich dir meinen Freund Alfons vorstellen? Da siehste mal zwei echte Schwarze auf einem Haufen. Wir sind deutsche Männer, national gesinnt sozusagen.

Alfons ist älter, vom Jahrgang 26, der größtenteils schon wieder *Staub zu Staube* sei. Der Krieg. Hatte so gehofft, ich muß nicht mehr. Dann hamse mich doch eingezogen, erst 'n halbes Jahr Dänemark, dann Ostfront. Wir fahren auf'm Zug mit der Pak Siebenfünf, und gleich den ersten Tag in der Ukraine kommt der Iwan mit Panzern. Der T 34, der hat zu Recht so geheißen. Von unserm Zug warn 34 Kameraden tot.

Auf dem Rückzug sollte Alfons einen Gefangenen erschießen. Den können wir doch mitnehmen, wandte Alfons ein. Mit kann er nicht, sagte der Oberleutnant. Alfons ging zum Russen in die Scheune. Der bat um Wasser und sollte doch sterben. Alfons machte ihn los, ballerte zweimal ins Heu und meldete: Befehl ausgeführt! Wo ist der Russe? fragte der Oberleutnant. Alfons sagte: weg. Der Oberleutnant: Gut gemacht! Der kannte mich, sagt Alfons. Ich kann doch keiner Fliege, ich bin doch 'n tränendes Herz. Wer im Krieg auf keinen Russen schießen kann, der hat nie im Leben starke Karten. So einem wie dem Kohl kannste das erzählen, obwohl er ja nicht gedient haben soll. Der Helmut ist ein deutscher Mensch, der macht Deutschland groß, nicht bloß Thüringen. Der Scharping is doch zum Kacken zu fein. Jetzt drehn die das Bier ab! Chef, noch dreie und drei Kümmerling! Haste Film in deiner Knipse? Mach mal 'n Bild von zwei deutschen Männern, aber schick mir's.

Alfons malt seine dörfliche Anschrift auf einen langen Aldi-Kassenbon: 4 Pizza, 1 Kugeledamer, Bananen, Eier Kl. B, Ananassaft ... 5 Tüten Lakritzkatzen.

Abende wie dieser lehren mich, was ich schon immer weiß: Es gibt keine linke Mehrheit. Das Volk ist Volk und ist es gern. Es läuft, das ist sein Wesen, immerdar der Mittelmasse zu: sich selbst, wie's ist, nicht wie es werden möge. Das war so, als die Mauer stand. Das war so, als die Mauer fiel. Ich sah meine Volksgenossen *demonstrieren* noch am 1. Mai 1989 in der Berliner Karl-Marx-Allee: wie sie trotteten und schlurften kilometerlang, wie sie elektrisch ruckten, winkten und quiekten, als es an Honecker vorüberging. So tun sie immer, wenn sie viele sind, und oben steht der Chef. Ein gutes halbes Jahr darauf besudelte das *Heldenvolk* seine frisch errungne Ehre und begrub die Revolution unter den Grabbeltischen von Hertie, schrieb verbittert Stefan Heym. Und Nietzsche: *Die Vaterlandsliebe nimmt ab, wenn das Vaterland aufhört, unglücklich zu sein.* Die tapfere Bärbel Bohley, im Osten heute längst verlacht, nannte den 9. November 1989 einen Konsumputsch. Welch wahres, gnadenloses Wort!

Ich konnte nicht heulen oder WAAAHNSINN!!! brüllen in jener Nacht von Jericho. Ich verpennte sie in Genf, zur Strafe für ein Reise-Privileg. Ich erschrak am Morgen und fürchtete mich aus der Ferne, weil nun gewiß die kleine Welt von gestern abgerissen werde und die schöne neue große dem Kleinen kein Heim .

So kam es, und so kam es nicht. Ein, zwei Jahre böllerten die deutschen Pyromanen und verbrannten ihre Schiffe, wie das Gesetz es befahl. Ich aber wollte Stege basteln über den Strom zwischen den Zeiten. Jetzt erledigt das eine Bier-Besinnlichkeit namens *Ostalgie*, die *unser Leben* nennt, was unser Urlaub war am Plattensee, unsere Cola, unsere Kati Witt, unsere Schwärtchenwurst im Glas aus Ballenstedt am Harz; und gibt's nicht gar eine ganze Partei, die sich viel spezieller auf den warmen Dunst des östlich Allgemeinen versteht als der rundreisende Vollversöhner Helmut Kohl? Kohl und Gysi möchten an dieselbe Krippe; auch Scharping trabt herzu – zum Verdruß meiner lieben pastoralen Freunde, die das Volk zur Einzelbeichte ermutigen wollten, auf daß es gestehe, sich besinne, von Vergebung höre und befreit von dannen ziehe mit geläutertem Gesang: *Mir ist Erbarmung widerfahren / Erbarmung, deren ich nicht wert / das zähl ich zu dem Wunderbaren / mein*

stolzes Herz hat's nie begehrt. / Nun weiß ich das und bin er-
freut / und rühme die Barmherzigkeit.

Politik geht anders. Kohl zieht einen Kreis, und wer hin-
eineilt, gehört dazu. Aber hütet euch, die Widersacher zu
bekehren, die wir brauchen, damit *nicht nur das Freund-*
bild stimmt, sondern auch das Feindbild, schrieb mir 1984
Karl-Eduard von Schnitzler. Die westdeutsche Restaura-
tion war ja der DDR ein Alibi, und noch heute profitiert
die PDS vom atavistischen Antikommunismus der Helden
Schäuble, Waigel und Kinkel, jenes bundesdeutschen Mar-
kus Wolf. Wie der Westen sich anhand des Ostens restau-
rierte, tat's und tut's der Osten umgekehrt: Es war nicht
alles schlecht. Wir haben keinem geschadet. Der Westen
nimmt uns aus.

Von der *schrecklichen Unschuld, die sich in einen Verfol-*
gungswahn wandelt, sobald sie mit dem Urteil einer mora-
lischen Welt konfrontiert wird, schrieb Hannah Arendt 1950
nach ihrem »Besuch in Deutschland«. Tatsachen vertusch-
ten die Nachkriegsdeutschen als Meinung. *Es gibt ein fast*
instinktives Bedürfnis, bei den Gedanken und Vorstellun-
gen Zuflucht zu suchen, die man hatte, bevor irgend etwas
Kompromittierendes geschehen war. Das gilt auch für die
Hinterbliebenen der DDR, nur daß, nach Manfred Stolpes
Wort, jenes Regime Leichenberge hinterließ und dieses
Aktenberge. Kohl aus seiner Äquidistanz erkennt da keinen Unterschied: alles Extremisten! Ich und du, wir fühlen anders, denn wir denken klein.

Nun aber schreiten wir zum Höhepunkt des heutigen
Textes und erfragen das Bekenntnis: Was empfindet der
Autor fünf Jahre nach dem Fall der Mauer?

Dankbarkeit.

Die DDR war zu falsch, um wahr zu sein. Und war es
doch. Mich schaudert, daß ich nicht sehen und nicht haben
könnte, was mir seit fünf Jahren widerfährt. Ich fand
Glück. Was mir an der neuen Zeit mißfällt, nennt mein alter Philosophielehrer Richard Schröder *die kleineren Nach-*
teile der größeren Vorteile. Ich verachte den allgemeinen
Tanz ums Goldene Kalb, die blökende Geilheit der Märkte.
Mich irritiert die Ziellosigkeit der Geschichte, wie ich sie
erfahre anhand der lethargischen Erfüllung des Westens,
wobei die geistige Verstörung die des Körpers übertrifft.

Ich genieße die kultivierten Milderungen des Kapitalsystems. Ich hasse, wie der Westen Besitz hofiert, als müßte nicht Eigentum sich geistig legitimieren und als soziale Pflicht. Ich schätze das Prinzip *Rückgabe vor Entschädigung* als Lizenz der kolonialen Gier. Empfohlen seien Daniela Dahns rororo-Band »Wir bleiben hier oder Wem gehört der Osten?« und Olaf Georg Kleins »Plötzlich war alles ganz anders« (Kiepenheuer & Witsch) dem, der wissen will, wie der deutsche Umbruch sich im Ostvolk biographisch eingetragen hat.

Seit seine Grenzen fielen, liebe ich mein Ostland, weil ich nicht mehr muß. Ich spüre seine Furcht und kenne seine Barbarei. Hier wohnt ein deprimiertes Volk – nicht ohne Hoffnungen, doch müde, schwer vom grauen Gift abgelebten Lebens, wie es ganz anders hätte laufen wollen. Und wie man allzulange lebt, so macht man eben weiter. Unendlich weit ist dieses Volk entfernt von den närrischen Diktaten der westlichen Image- und Designkultur, von Infotainment, friedenstiftenden Missionen, Scampi-Frühstück, Zinspolitik im gemeinsamen Haus Europa, Armani, Nina Ruge, Internet sowie der werbenden Gepflogenheit, Bier *eine Königin* zu nennen und einen Schokokeks *mmmmh, mein Frühstückchen*, obwohl eine lila Kuh sich fand in Ostberlin.

Es weiß jedoch mein Volk, daß man ehrlich reden soll statt *distinguiert*, daß der Westen Scheiße parfümiert, daß Jeans ewig halten und der schwarze Pulli noch sehr gut ist, daß Rory Gallagher und Little Feat den besten »Rockpalast« aller Zeiten gespielt haben, daß die meisten Asylanten auch nur arme Schweine sind und Senioren Rentner. Aber mein Volk wird alt. Ein anderes wächst nach, begabter zum Verkaufen und zur Macht. Papa, sagt Sophie (11), Papa, du lebst in einer anderen Welt. *Kein* Kind steht in der Straßenbahn für Omas auf. Es gibt aber noch Jungs, die keine Mädchen hauen.

Helmut Kohl nennt mein Volk: *die Menschen im Osten.* Wie sich die USA nach Nord und Süden unterscheiden, bleiben Deutschland-Ost und -West einander traulich fremd im selben Haus. Das eint. Uns Ostlern aber ist die Traumrolle des *beautiful loser* reserviert, so wie mein wunderbarer Fußballclub geschlagen aus den fremden Stadien zieht mit dem berühmten Thüringer Kopfschütteln und dem wehen, wunden Rufe: *Wir sind Jena und ihr nicht!*

Einmal bin ich als Junge in Erfurt gewesen, 1970, am 14. Juni. Die Stadt klingelte und sang, die Gloriosa läutete vom Dom, denn es war Kirchentag, und ich hatte das große Bibelquiz gewonnen. Dort, wo gestern der Kanzler stand, reckte ich allem Christenvolke meinen Preis entgegen: eine lederne Aktentasche. Auf der Heimfahrt erbrach ich vor Glück. Abends schlug die BRD in Mexiko England 3:2. Doch mein tiefster Erfurter Eindruck war damals im Dom der riesige Wandfries des heiligen Christophorus. Daß mein Namenspatron so groß wäre, bestürmte mich mit Freude. So was hatten sie nicht, die Helmute und Erichs.

Jetzt ist es noch ganz still im Dom. Die Kerzen brennen wie gefroren. Das erste Licht bricht hoch und leise durch die Fenster. *Morgenglanz der Ewigkeit / Licht vom unerschöpften Lichte / schick uns diese Morgenzeit / deine Strahlen zu Gesichte / und vertreib durch deine Macht / unsre Nacht.* Christophorus, der Ferge, stapft gesenkten Blickes durch den Strom.

Aber die Richtung stimmt. Er hat die Ärmel aufgekrempelt, übt Solidarität mit dem Schwächeren auf seiner Schulter, und wenn wir alle gemeinsam anpacken, liebe Mitbürgerinnen und Mitbürger, dann muß die Landschaft blühen, daß es nur so kracht. Denn die einen kommen und gehen in meines Kanzlers Land, und die anderen bleiben.

Oktober 1994

Die Mühen am Harz

Halberstadt baut endlich auf

Das mit Vati war Denunziation, sagt Onkel Armin. Die Russen wußten ja nicht, wer Nazi gewesen war. Da haben die Deutschen ihre persönlichen Sachen abgemacht. Alter Neid, Eifersucht – mancher wurde angezeigt und ging ab auf Nimmerwiedersehen. Vati ist ja nun beim Stahlhelm gewesen und Haupttruppführer bei der SA. Für uns brach ja 45 die Welt zusammen. Wir waren ja nicht hundert-, wir waren hundertachtzigprozentige Nazis. 24. August, den Tag vergeß ich nie. Die Russen hatten mich entlassen wegen meines Beins. Ich hab doch in Ostpreußen was abgekriegt bei der Verteidigung von Elbing. Ich kam heim. Keiner da. Ich wußte ja nicht mal, ob sie noch leben. Sie waren alle auf dem Friedhof, zur Beerdigung von Großmutter Nagel. Dort hat der Nachbar Meyer Vati noch zugeraunt, daß ihn die Russen suchen. Er gab Mutti seinen Trauring und die Armbanduhr. Zu Hause großes Hallo: Armin, Junge! Und dann wurde Vati abgeholt.

Er sollte wiederkommen, der Weltkriegsflieger, Stabhochspringer und Porzellankaufmann Wilhelm D. aus H., das ehedem ein »Rothenburg am Harz« geheißen hatte, bis es zugrunde ging binnen dreißig Minuten am Sonntag Quasimodogeniti des Jahres 1945. Bei Bedford im mittleren England stiegen die fliegenden Festungen auf. Staßfurt und Zerbst, die eigentlichen Ziele, verschleierte Dunst. Halberstadt lag frei. »Die Flugzeuge sollten rechtmäßige militärische Objekte angreifen«, teilte 1965 das US-Aerospace Studies Institute aus Alabama mit und nannte die Junkers-Werke und das RAW. »Wie jedoch so oft fielen nicht alle Bomben auf die militärischen Ziele, die für den Angriff ausgewählt wurden.«

Der Soldat Heine lag mit seiner Einheit in Thale. »11.20 Uhr tauchen, ziemlich niedrig fliegend, starke Bomberverbände auf. Sie funkeln wie Quecksilbertropfen in der Sonne. Es werden immer mehr ... Mir fließt alles Blut zum Herzen. Es ist vielleicht der fünfzigste Angriff, den ich miterlebe. Im Raum Frankfurt gehörte das zum festen Tagesprogramm. Aber diesmal ist's Halberstadt, meine Hände zittern, meine Stimme will nicht mehr recht gehorchen, als ich zu meinen Kameraden sage: Da machen sie meine Vaterstadt flach, meine ganze Familie ist drin!«

Zu Tausenden strömten sie den Spiegelsbergen zu, raus, fort aus der mit Flüchtlingen überfüllten Stadt. Es starben fast 2 000 unter Trümmern und im Feuersturm der Phosphorbomben. Im alten Hotel »Weißes Roß« verbrannte eine Hochzeitsgesellschaft. Der Wehrmachtsbericht vom 9. April bemerkte treffend »Schäden«. Die Altstadt war ein Flammenmeer. Hoch über dem Inferno loderten die gotischen Hauben der Martinikirche – der große Turm, worin der Wächter saß, und der andere, kleiner, damit des Türmers Rundschau nach dem Feinde nicht gehindert werde. Nun fiel der Feind vom Himmel. Walter Gemm, der Maler seiner Stadt, stand ihr auch zur Seite, als sie starb. Später erschuf er sie neu respektive alt, nach Photos und schmerzlich erinnerten Wünschen: ein biedermeierliches Idyll, aus Fachwerk gefügt, tummelig bevölkert von Roß und Wagen, Männern mit Bratenrock und Zylinder und sonstwie würdigen Passanten; deren jeder zweite ging am Stock. Den Holzmarkt malte er und was am Hohen Weg versank, und in das Fenster von Königs Hotel, dahinter 1867 die Mutter seines Freundes Wilhelm D. geboren worden war, setzte er Licht.

Wilhelm D. lag am 8. April mit dem Volkssturm im Harz. »Ihr Lieben Alle daheim!« schrieb er. »Noch weiß ich ja gar nicht, ob Ihr noch am Leben seid, denn wir wissen ja, daß dort ein Muni-Zug hochgegangen ist und schwere Schäden in der Stadt verursacht wurden. Und nun heute die Nachricht, daß Halberst. einen Bombenangriff größeren Stiles hatte. Der Melder ist noch nicht zurück ...« Die Siedlung mit der Trauteweinstraße blieb weitenteils verschont. Drei Tage später kamen die Amerikaner.

Wilhelm D. war *national, gottgläubig* und *ein Idealist*. Die Erinnerung beläßt ihm, was einem Großvater gebührt, der den Enkeln Krämerläden baut, Doppeldecker, Bauernhöfe und das unvergessene Indianerdorf (Palisaden: deutsche

Eiche, Wigwam-Polsterung: Karnickelfell). Das war Miniatur, aber im Garten machte er Ernst. Schon seit dem Krieg ragte ein efeugetarnter Bunker tief ins Erdreich hinab (sommers Omas Kühlschrank). Die Grotte und die Burgruine kamen hinzu, und über allem wucherte Germaniens wildes Grün.

Später baute Junggeselle Armin, der Martini-Türmer, die Grotte zur Festung aus, legte Schießscharten an und verrammelte den Zugang, Drachenloch geheißen, mit schwersten Balken. Frau Lindemann nahte, die alte Nachbarin – zartes Naturell, obschon sie gerne Boxen sah.

Huhu, Armin!

Halt! Stehenbleiben! Parole?

Armin, ich bin's, Frau Lindemann!

Parole?

Armin, ich bringe Bienenstich!

Erst Parole!

Gut Freund, Armin! Parole Gut Freund!

Armin entrammelte das Tor, ließ die ritterliche Dame ein, und es begab sich ein deutsches Kaffeetrinken.

Dem Landkind begann die Stadt bei normal. Was gebrach hier? Nichts. Halberstadt trug die Insignien der großen Welt: Straßenbahn, Theater, das Gefängnis, der Zeitungskiosk, wo man *Frösi* kaufen konnte und das *Mosaik*. Die riesigen Lücken? Stadtbild. Die Trümmer? Natur. Die Bomben? Sagenwelt wie Opas Erzählungen von August Binkebank, dem Trompeter in der Schlacht von Mars-la-Tour, vom Langen Matz und dem wüsten Ritter Eberhard von Assen, der, weil die liebliche Berta von Hug statt seiner ihren Pflegebruder Teutbold liebte, jenem jenes Schwert ins Gekröse rannte, das heute noch an der Liebfrauenkirche hängt. Darunter gedeiht keine Blume, kein Gras, und zu jedem Jahrestag der grausen Tat löst sich vom Schwert ein Tropfen Bluts. Der Abend kam. Oma trat vors Haus, unter die Kletterrosen, und schaute übers Feld, wo am Horizont die letzte Bahn nach Blankenburg die Dämmerung durcheilte; die nannte sie *mein Geisterzug*. Und Wilhelm nahm sie beim Arm und sagte: Na Matza, da fährt er hin und singt nicht mehr. So schönt sich Zeit, so wurde alles gut und selbst der Bischof Buko, der Wendenschlächter von 1068, zum St. Niklas der Harzer Mythologie.

Buko von Halberstadt,
bring doch unsem Kinneken wat! –
Wat shall ek em bringen? –
Rode scho mit ringen,
rode scho mit gold beslahn,
dar shall et op to danze gahn.

Aber sie tanzte nicht mehr, die alte Bischofsstadt. Dreimal wurde Halberstadt zerstört: 1179 durch Heinrich den Löwen, am 8. April 1945, dann in vierzig Jahren DDR. Ganze Viertel aus Fachwerk, von Bomben und Flammen verschont, verluderten bis zur Entvölkerung. Die SED half nach. Repariert, gar restauriert wurde nichts bis auf drei, vier Prestigeobjekte wie das »Haus Florian« (ursprünglich im Besitz der Familie Gebhard, die es mühevoll instandhielt, bis sie 1971 in den Westen ging. Der Staat griff zu und machte »Haus Florian« zum Hotel.). Es fehlten Geld und jeglicher Sinn, daß ein Stadtgefühl sich nicht per Neubau auf die Platte klotzen läßt, von Geschichte ganz zu schweigen. Vorsichtshalber galt Fachwerk als Abbild der *feudalkapitalistischen Ausbeutergesellschaft.* Und ist das jedermanns Sache gewesen, Decke 1,90 Meter, Kachelofen, draußen das Klo? Plattenbauten waren billig und bequem. Wer nicht umziehen mochte, wurde vergrault. Hernach erschienen Baukolonnen, vermauerten die Gassen und öffneten die Dächer: Abriß durch Regen und Ratten.

Anfang der achtziger Jahre brachte die *NBI,* größte Illustrierte der DDR, einen prächtigen Farbreport über das blühende Halberstadt: »Haus Florian« von allen Seiten. Einer Protest-*Eingabe* folgte die muntere Erwiderung des Redakteurs B.: Gewiß habe der Photograph die paar mürben Katen nicht entdeckt an seinem einzigen Tag in Halberstadt. – Eher brauchte es einen Tag, »Haus Florian« zu finden.

Es gab einen Fonds für Denkmalspflege, sagt Herbert Weber, der letzte SED-Bürgermeister. Aber was sind ein paar 100 000 Mark. Ich war ja selbst erschüttert, als ich nach Halberstadt kam, daß es hier aussah wie kurz nach dem Kriege. Bloß, gegen Parteidirektiven aufmucken, da wär' man ja als staatlicher Leiter *standgerichtlich erschossen* worden, bißchen übertrieben gesagt. Wohnungsbau ging vor. Es hieß: 1990 ist die Wohnungsfrage in der DDR als soziales Problem gelöst. 1988 wußte jeder: Das wird nichts. Das hätte man landesweit sagen müssen. Statt dessen wurde getrickst. Leute in erbärmlichsten Verhältnissen galten als *endversorgt*, solange sie irgendein Dach überm Kopf hatten.

Heute führt Weber ein Reisebüro in der Harmoniestraße und Halberstadt ein hochgeachtetes Regentenduo. Bürgermeister Matthias Gabriel (SPD) und Stadtparlamentspräsident Peter Hinz, der Kirchenökonom und der Metallkünstler, brachten zur Wendezeit das Neue Forum auf die Beine. Gegrummelt hatte Volkes Stimme längst – im Martini-Friedenskreis, bei Lesungen und Konzerten, zur Ausstellung »Wie fern ist uns China?«, wozu 20 000 Leute in die Martinikirche strömten. Dann war die Zeit erfüllt. Gewaltige Demonstrationen quollen durch die Stadt. Die SED in ihrer Not erfand den *Dialog*. Das Kulturhaus platzte aus den Nähten, als am Abend des 9. November die Genossen vom Rat des Bezirkes ihrem Volke Antwort standen. Der Polizeichef verschwand vom Podium und ging telephonieren. Kam zurück und verkündete *Reisefreiheit*. Große Heiterkeit ob dieses primitiven Ablenkungsmanövers.

Später haben wir Arbeitskreise gebildet, sagt Gabriel, und die Sorgen der Stadt auf den Tisch gepackt. *Wohlstand für alle!* – so was Plakatives haben wir nicht versprochen. Das waren Leute von drüben wie der Tandler von der CSU. Und der Rühe, der hat hier Bananen verteilt und einzeln verpackte Brotscheiben. Dagegen kamen wir nicht an. Wir wußten, was kommt. Zum Beispiel Effizienzdruck auf die Betriebe, Subventionsabbau, Arbeitslosigkeit. Das hörten die Leute nun wieder nicht so gern. Die Wahl gewonnen hat die CDU. Bloß von denen wollte keiner Bürgermeister werden. Am 1. Juni 1990 sind dann Hinz und ich hier einmarschiert und haben gesagt: Guten Tag, wir sind's. Lustiger Tag. Den alten Chargen sagten wir, ein, zwei Ränge tiefer wäre Mitarbeit möglich, wenn kein Stasi-Dreck am Stekken klebt. Die Leute müssen ja weiterleben. Leider haben sie uns alle belogen. Dann kamen die Akten. Gucken Sie mal, sag ich, hier steht's: Berichte geschrieben, Wanzen … Dann hieß es: Ja, aber mal muß doch Schluß sein und so weiter. Die hiesige PDS hat sich allerdings wirklich erneuert.

Ein kleiner Stolz ist geblieben, sagt Hinz, derweil der wohlgenährte Gabriel mächtig in die Kekse haut. Auch nach vier Jahren stimmen wir nicht nach Fraktion ab, sondern querbeet, nach Sachkoalitionen. Die Straßenbahn bleibt, obwohl ein Münchner Gutachten uns das ausreden wollte bei 47 000 Einwohnern. Westbesucher sagen: Mensch, wenn ihr's habt, haltet's bloß fest!

Sie hielten das Theater, Museen, Galerien. Sie holten cirka zwanzig überregionale Behörden in die Stadt. In der ostdeutschen Standort-Hitliste hält man nach Magdeburg, Chemnitz und Rostock Rang 4. Ein mächtiges Arbeitsamt wächst güldenen Zeiten entgegen. Halberstadt erduldet so ziemlich die höchste Arbeitslosigkeit Deutschlands. Es boomt lediglich die Wurstfabrik, ehem. Heines Würstchen. Gründer Friedrich H., 1929 verstorben, erhielt den Heineplatz zurück, den zur SED-Zeit der stadtbekannte Dichter Heinrich H. ins Patronat genommen hatte: Rückgabe vor Entschädigung. Viel Fördergeld floß in die *Modellstadt Sanierung Ost*. Man dachte damit schleunigst die Reste der Altstadt zu retten, stützte, mauerte und setzte Dächer auf. Alsdann kamen alte Westbesitzer oder deren Enkel, erklärten Anspruch und Mittellosigkeit und schoben wieder ab. Und der Wind streicht durch die Hallen.

Meine größte Enttäuschung, sagt Gabriel, ist die westliche Bürokratie. Herzlos, uneffektiv, teuer. Ein Stoß Anträge für 860 Mark Förderung und 'ne halbe Stunde zu fünft über ein Adjektiv im Vertragstext streiten, dafür geht's hier zu sprudelig zu. Und der kleine Mann findet die Stelle nicht, wo er sein Recht bekommt. Viele sind weggezogen. Aber es kommen auch welche. Sie müssen mit Sabine Klamroth reden.

Die erzählt uns ein Buch am Kamin. *Warmer Herd Harm er wehrt*. 1933 geboren, hier, im groß- und bildungsbürgerlichen Muthesius-Haus der Klamroths, Getreidehändler zu H. seit 1790. Den Vater Johann-Georg richteten die Nazis hin am 27. August 1944. Schwager Bernhard hatte Stauffenberg den Sprengstoff für das Attentat auf Hitler besorgt und den Schwiegervater eingeweiht. Ich hätte so gern noch gelebt, schrieb der Vater zum Abschied seiner Frau, und: Lehre die Kinder beten! Sie war Agnostikerin.

Nach dem Krieg ging die Familie aus betrieblichen Gründen in den Westen. Sabine Klamroth kam, wo immer sie lebte, jährlich nach Halberstadt zurück. Totalfixierung nennt sie das; am Revers schimmert ihr aus Perlmutt die Martinikirche. Das Haus? War nun »HO-Hotel Weißes Roß«. Nie, nie habe sie es umschlichen, niemals sich beraubt gefühlt. Sie trug das Haus als Kindheit in sich selbst. Zudem parierte sie Adenauers Restaurationspolitik mit dem trotzigen Wunschbild vom besseren Deutschland DDR. Das kam ihr jählings abhanden, als sie 1979 sah, wie die Fleischerei am Westendorf zum Republikgeburtstag ihr Schaufenster dekorierte: *30 Jahre sozialist. Wohlst. und Aufbau* hieß es da aus farbigem Schmalz, und ein totes Schwein mit einer roten Serviette im Arsch reckte jubelnd die Pfote. Sie lachte so, daß sie ihr Schlüsselbund verlor. Ein Schlüsselerlebnis.

Wende. Das Haus, heruntergewirtschaftet, aber nie enteignet, fiel ihr zu. Sie machte daraus ein nobles »Park-Hotel Unter den Linden«. Die Anwaltskanzlei in Heidelberg verkauft sie, um zu werden, was sie immer war: Halberstädterin. Für mich, sagt sie, war die Mauer die absolute Konsequenz auf Hitler, bloß daß ich nicht begriff, warum sechzehn Millionen Deutsche das allein ausbaden mußten. Die Heldenverehrung zum 20. Juli lag mir auch fern. Ich fand, das Attentat kam sehr spät, als hätten sie erst mal schön zugeguckt, was diese Verbrecher, ich lese gerade Kempowskis »Echolot«, Juden zu Seife, man wußte doch, man sah sie mit den Sternen auf der Straße.

»Es war der Sonntag nach Ostern 1942, der 12. April. An diesem Tage wurden alle Halberstädter Bürger jüdischer Herkunft ... zur Polizeiverwaltung auf dem Domplatz zitiert. Die etwa 160 Betroffenen hatten sich dort mit Handgepäck reisefertig einzufinden. Stundenlang standen die eingeschüchterten, verängstigten Menschen mit dem ›Judenstern‹ auf dem Domplatz, Männer, Frauen, Kinder ... Keiner von ihnen ist zurückgekommen. Und die Christen gingen an ihnen vorbei zum Gottesdienst des Sonntags Quasimodogeniti – wie die neugeborenen Kindlein. Und die Menge der nichtjüdischen Halberstädter, die dieses traurige Schauspiel begaffte, war auch keine kleine. Als man die Juden endlich in Richtung Bahnhof abführte, geschah dies unter dem Gejohle des Pöbels.« (Pfarrer Martin Gabriel, Matthias Gabriels Vater, 1985)

»... ein endlos lang erscheinender Zug schwarzgekleideter Gestalten mit Koffern, Taschen, auch prallgefüllten, geschulterten Decken oder Bettzeug. Dieser Zug bewegte sich in Dreier- oder Viererreihen eilends, stumm, ohnmächtig, hilflos. Eine unfaßbare, schreckliche Wirklichkeit war plötzlich auf uns hereingebrochen, wenn mir auch die ganze Wirklichkeit erst drei Jahre später offenbar wurde. Man glaubte ja 1942 noch an ›Arbeitslager‹. Als der Zug vorbei war, gingen wir stumm weiter, jeder mit seinem Schrekken und seiner Scham allein.« (Irmingard Achter, 1991)

Onkel Armin sagt: Wir wußten doch nichts. Das war doch streng geheim. Das deutsche Volk wäre doch dagegen gewesen. Wir haben uns nur gewundert, daß plötzlich keine Juden mehr da waren. – Die Namen Russo, Calm, Cohn, Ney, Simatzky, Ascher, Plant, Beverstein stehen nicht mehr im Halberstädter Telefonbuch, nur auf 35 gebrochenen Sandsteinstelen am Dom, dem Platz der Deportation. Fünfzig Jahre später, am 12. April 1992, wurden sie errichtet und waren nach neun Tagen sorgsamst mit Hakenkreuzen versaut.

Nach den wilden Straßenprügeleien von 1990/91 haben Rechte und Linke Burgfrieden geschlossen. Die »Zora« besuchten wir, ein quicklebendiges Jugendzentrum, das täglich jedermann willkommen heißt, der Gewalt und Drogen draußen läßt. Hausinstandbesetzer Harze Hartung, germanischer Rastafari, sprudelte uns beim Mitternachtsreggae die *Aktivitäten* vor: Fahrrad-, Film- und Photowerkstatt, Siebdruck, Buchbinderei, Theater- und Bandproben, Hilfe bei Rehabilitation, Job- und Wohnungssuche, Krippenspiel, Rommé für Senioren. Da war Kraft. Mit forschem Gruß und zagen Knien stürmten wir das Rollsportheim, den rechten Szenetreff. Die Unbehaarten, Gutbeschuhten schoben einen hippigen 66er vor, der sich erst als unsereins enttarnte, als es zu den Solinger Fragen kam. Ich arbeite mit jungen Menschen, sagt Gerald Vogler, nicht mit Rechten. Die Ideologie ist oft aufgestülpt. Man darf ihnen nicht den Boden wegziehen. Man muß ihnen von hinten durch die Brust ins Auge das Wasser abgraben. Der einzelne soll merken, daß er *authentisch* ist auch ohne die Gruppe.

Nur Mühen. Keine Wunder? Binnen drei Tagen erstand 1992 im Ortsteil Wehrstedt die völlig zerbombte St.-Laurentius-Kirche, im Rahmen der ARD-Aktionssendung »Jetzt oder nie!«. Seither tragen die Wehrstedter die Köpfe wieder oben und grüßen einander, erzählen Gisela Windel und Ernst Schmalian. Onkel Armin sammelt Unterschriften, wie vor einem Vierteljahrhundert, als dreieinhalbtausend Halberstädter angstmutig gegen die Sprengung der Paulskirche protestierten – vergeblich. Jetzt wünscht er das verschwundene Rathaus wiederaufgebaut. Wenn es die Bürger verlangen, dann müssen die Oberen es machen. So will's die neue Zeit, die freilich auch erlaubt, daß man in Berlin den Reichstag verpackt. Eine Verhohnepipelung des deutschen Volkes! Aber das Krankenhaus hat endlich den Dialyseapparat, dessen Onkel Armin zweimal wöchentlich bedarf. Da nimmt er seine Unterschriftsliste mit.

Ach, und Redakteur B. von der Illustrierten *NBI* lernten wir kennen nach der Wende. Der war zum *Magazin* gewechselt, der DDR-Postille für Körper und Kriminalität. B. bestellte ein Porträt des Bischofs Gottfried Forck, der, Witwer, jüngst sich wieder jung verehelicht hatte. Es möge in dem Text die Erotik nicht zu kurz kommen, wünschte B. Forck erbat zunächst ein Probeheft. Ihn rührte der Donner. Nein! rief er. Nein, nein, nein! Da komme ich ja voll in die Pornographie rein! Und letzten Sommer traf man B. in London am Themsestrand; gerade hatte ihn der Anblick von Westminster baulich erfrischt. Schwärmerisch empfahl er Bath: Aquae sulis, die römische Therme, der Circus, die Abbey – edelste Architektur! – Wie Halberstadt, was? – Er griente verlegen und fand, er habe damals in der DDR seinen *Krempel machen müssen wie wir alle*. – Und jetzt? – Die Menschen und die Leute, seufzte Oma von weither, das sind so Geschichten des Lebens, die falln im Tode nicht vor.

März 1994

Dresden klagt nicht an

Zum 13. Februar 1995

Hier draußen auf dem Heidefriedhof sind wir damals nicht gewesen. Und an der Ruine der Frauenkirche? Ach, Ruinen waren Landschaft, fast wie Bäume. Das *neue Dresden* sollten wir ja sehen, wie es *schöner denn je* aus seinen Trümmern erstünde. Wir stolperten, die ganze Klasse, am Hauptbahnhof aus dem Zug und *bewegten uns geschlossen* in Richtung Prager Straße. Prächtige Neubaublocks säumten den Boulevard. Lichte Geschäfte *luden zum Bummeln ein*. Wir aßen Eis. Im neuen Rundkino sahen wir den sowjetischen Kriegsfilm »Befreiung/Teil 1: Die Schlacht im Kursker Bogen«. Die Massenszenen kamen auf der riesigen Leinwand prima zur Geltung, auch durch den Stereoton. Daß die Deutschen verloren, war Geschichte: war gerecht, wie die Geschichte nun mal ist. Der Kummer der Besiegten hat unser Urteil nicht gefälscht.

Auch nach Buchenwald sind wir gefahren. Die Hände in den Taschen mit den klebrigen Drops, so standen wir auf dem Appellplatz und schauten vom Ettersberg, wie damals die Häftlinge schauten, weit ins Thüringer Land. Wir standen, wo der Galgen stand. Standen an den Öfen. Standen, wo man Thälmann erschossen hatte. Schrecklich, sagten die Mädchen. Die Jungen sagten nichts. Winfried steckte den Finger durch die Genickschußscharte und machte: Bumm. Total unreif, sagte Gundula.

Wo lebten wir denn? Im Frieden. Dem Krieg, der Nazideutschland hieß, waren wir glückhaft nachgeboren, aber knapp. Gar nicht viele Jahre hatte die Väterzeit zu sich addiert seit dem *Tag der Befreiung*. Daß *die drüben* im Westen unserem 8. Mai als Feiertag den 17. Juni gegenüberstellten, war offenkundig Russenhaß. Woher nahmen diese Mitgelaufenen Hitlers (falls sie nicht Schlimmeres waren) die Frechheit, schon 1953 von deutscher Freiheitsbrunst und russischer Knute zu salbadern? Wurde *drüben* nicht die Landser-Stuka-U-Boot-Propaganda frei verkauft? An welche deutschfreundlichen *Völker der Welt* wandte sich denn des Westberliner Bürgermeisters Brüllen *Schaut auf diese Stadt!* Der Schoß ist fruchtbar noch, aus dem das kroch, zitierte die Lehrerin Brecht, und wir sangen, so zwischen Aquarium und Ulbricht-Bild, das Lagerlied von Börgermoor: *Wohin auch das Auge blicket / Moor und Heide nur ringsum / Vogelsang uns nicht erquicket / Eichen stehen kahl und krumm.* Etwas leiser bitte! Getragen singen, nicht so schnell! *Wir sind die Moorsoldaten / und ziehen mit dem Spaten / ins Moor.*

Wir waren Antifaschisten, in einem schlichten Sinn. Wir wußten: Die Deutschen wählten Hitler. Der bekämpfte die Arbeitslosigkeit durch Rüstungsproduktion, deklarierte das besiegte Deutschvolk zum künftigen *Sieger der Geschichte*, ermordete Juden, Christen, Kommunisten und brach den Krieg vom Zaun. Der Krieg verbrannte und plünderte die Fremde; da gefiel er den Deutschen. Der Krieg kam heim; da mochten sie ihn nicht, weil nun sie fliehen mußten und hungern und sterben, so daß im Dorf die älteren Frauen bis ans Lebensende schwarze Kleider trugen und in der Kirche weinten, statt zu singen. Denn sie hatten kein Grab, daran zu weinen, nur daheim auf der Vitrine ein beflortes kleines Bild. Also sagten wir: Nie wieder Krieg! Nie wieder Faschismus!

Ein ganzes halbes Deutschland hat diesen schlichten Antifaschismus als staatstragenden Minimalkonsens akzeptiert oder, wie die deutsche Teilung, akzeptieren müssen. Als Doktrin der Zweistaatlichkeit war er schon verlogen, selbstgerecht und simulant, auch wenn im Westen Globke und Kiesinger residierten. Die Kirche in der DDR setzte für diesen Antifaschismus die Kriegsschuld-Sühne ein, die gleichfalls keine Intention der Teilung war, nur eine Belehnung mit Sinn, um mit ihr zu leben. Jetzt hat die Geschichte diese Überdeutungen vom Markt genommen. Der schlichte Antifaschismus ist geblieben. Für eine Relativierung der Nazibarbarei waren, sind und bleiben wir unzugänglich.

Aber mußte Dresden sterben? DDR-Taschenkalender vermerkten unter dem 13. Februar: 1945: *anglo-amerikanische*

Terrorbomber zerstören Dresden. Auch die Goebbels-Propaganda hatte die Luftkriegsopfer *Terrorgefallene* genannt. Auf die tückische Tour verlängerte die offizielle DDR-Formulierung die Front des Kalten Krieges zurück in alliierte Zeiten. Im Wortsinn kann man wohl von Terrorangriffen sprechen. Die erklärte (und seitens seiner Oberen umstrittene) Absicht des Oberkommandierenden der Royal Air Force, Arthur Harris, ist es gewesen, die Zivilbevölkerung zu treffen, um Hitlers Volk das Rückgrat zu brechen. Dresdens Rüstungsindustrie, seine große Garnison, seine Verkehrsanbindungen blieben fast unangetastet. Nicht als Zeugen, nicht als Kläger sagen wir: Dresdens Untergang war ein alliiertes Kriegsverbrechen, das von Hitlerdeutschland angestiftet wurde. Keinen Augenblick hätte Görings Luftwaffe gezögert, jedwede englische Stadt ebenso zu *coventrieren* wie Coventry 1940, hätte man es nur vermocht (siehe auch Hitlers mörderische, militärisch sinnlose V1- und V2-Angriffe auf Antwerpen bis zum 30. März 1945). Von keinem Tag zwischen 1939 und 1945 darf Deutschland behaupten, es habe einen Verteidigungskrieg geführt. Aber eben auch Deutschlands Befreier wateten im Blut. Soldaten sind Mörder; sonst könnte der Krieg sie nicht brauchen.

Wie Dresden starb, das bleibt uns Späteren hoffentlich ein Lebtag unbegriffen. Wir kennen die Daten: etwa 35 000 Tote (wem diese Zahl nicht reicht, dem ist nicht zu helfen). Wir haben Götz Berganders Buch »Dresden im Luftkrieg«. Wir sehen die Photos von Richard Peter und Heinz Kröbel, die Fremden einfach Kriegslandschaft bezeichnen, den Dresdnern ihre ganze Welt von gestern: Brandmauern, schwarze Höhlen, Baumstrünke, zerborstene Brunnen und Leichen und Leichen, teils verkohlt, teils wie Schlafende. So fand man die Erstickten in den Kellern nach dem Feuersturm.

Die Formulare des Untergangs: Die Hausratsliste »Mein Hab und Gut«, ab 1939 ausgegeben in Erwartung dessen, was kam. Die »Lebenszeichen«, rotgerandete Karten, »zugelassen höchstens 10 Worte Klartext, deutlich schreiben!« *Alle Drei leben, Stadt weg.* Die »Kennzettel für eine/n Tote/n (Ist sicher am Toten zu befestigen und verbleibt bis zur Beerdigung an ihm.)«. Auffindungszeit: 17. 4. 45, 17 Uhr. Name:

Dittrich. Vornamen: Ilse Helga. Geboren am: 28. 8. 1937 Dresden. Beruf: Kind. Der – die – Tote ist identifiziert auf Grund: der Angaben des Vaters Fritz Dittrich.

Die Briefe: *Dann kam der zweite Angriff, und wir gingen wieder in den Keller. Ich hatte meinen Sohn in den Armen und legte ihm ein nasses Tuch auf das Gesicht, wegen dem Rauch ... Ich weiß nicht, welche Stunde mein Kind tot war, auch meine Mutti. Und als ich dann wieder zu mir kam, lagen die Leichen bis oben auf meinem Körper ...*

Feldpostbrief Unteroffizier V. an Inge Rast, Dresden: *Jeden Tag warte ich auf ein paar Zeilen, jeden Tag nahm der Kummer und die Sorge um Dich, mein Mädel zu. Du wirst mich vielleicht für weichlich halten, was für unsere jetzige schwere Zeit nicht das Richtige ist. Aber Du wirst auch zugeben müssen, daß einem nicht leicht ums Herz sein kann, wenn man dauernd im Radio die furchtbaren Bombenangriffe auf Dresden zu hören bekommt ... Noch zu Weihnachten konnte sich diese saubere Stadt ihrer Schönheit erfreuen. Heute nun sind ihre Prachtbauten von geschichtlichem Wert zum größten Teil den Bomben zum Opfer gefallen.*

»Kurznachrichten für die vom Luftkrieg betroffene Bevölkerung«, Dresden, 14. Februar 1945: *Großer deutscher Abwehrerfolg zwischen Niederrhein und Maas. Die Briten richteten in der vergangenen Nacht Terrorangriffe gegen Dresden. Das Vergeltungsfeuer auf London wird fortgesetzt.*

Brief von Frida Mehnert (55): *Dresden d. 12.2.45. Liebes Lenel und Richard! ... Es geht noch alles zu Grunde. Nun ist schon Liegnitz besetzt und Görlitz wird geräumt. In Dresden wimmelt es von Flüchtlingen ... Daß es einmal so ein Ende nimmt, das hätte niemand gedacht ... Opitz Richard braucht nicht nach Kamerun. Das ist vorbei. Unser Hitler weiß schon, was er will. O Gott, in dieser Zeit muß man leben. Das geht jetzt ziemlich schnell mit dem Volkssturm ausbilden, dann heißt es ran an den Feind ... Die Kartoffeln von der Gertrud sind wie die Eier und schmecken prima, da können unsere nicht mithalten. Da bleibt gesund, seid herzlich gegrüßt von Eurer Frida und Karl.*

In der übernächsten Nacht erstickte das Ehepaar Mehnert im Keller der Marienstraße 42. Am 5. August schrieb der Nachbar Hans Schröter an die Tochter der Mehnerts: *... wir waren alle im Keller, wir in 38, Ihre Eltern mit Eulitz*

*in 42, hatten alle 2 Angriffe glücklich überstanden und
dachten nun lebend davonzukommen ... Ihre lieben Eltern
dachten vielleicht, wir halten es im Keller aus, hatten aber
nicht mit dem Sauerstoffmangel gerechnet. Wie ich nun
rauskam sah ich meine Frau und Sohn im Wachlokal Marienstraße 42 jetzt so hilflos stehen da ich aber noch eine
alte Tante aus Liegnitz hatte wollte ich auch sie raus holen
und sagte meiner Frau komme in 2 Minuten wieder als wir
nach dieser Zeit wieder kamen waren meine lieben verschwunden ... sie lagen auf der Straße vom Hause 38 so
friedlich als schlafen sie ... Stehe nun ganz alleine auf der
elenden Welt keinen Sinn und Zweck mehr für was soll ich
noch arbeiten, habe Familie und 7 Angehörige durch die
Wahnidee Hitlers eingebüst hätte nur der 20. Juli geklappt
... Sonnabends und Sonntags bin ich auf der Marienstraße
38–42 und in Gedanken bei meinen lieben hoffentlich erlößt
mich daß Schicksal bald mir fehlt nur Opium ...*

Paul von Hindenburg: *Aus dem Leid erwuchs immer des
deutschen Volkes größte Kraft.*

Wir finden auch die Erinnerungen jener Dresdnerin, de-
ren jüdische Mutter sich zwei Tage nach dem Inferno die
Halsschlagader *öffnete,* weil sie sich *melden* sollte zum
Transport. Hitlers Mordmaschine funktionierte bis zum
Schluß.

Wir können auch den Abschiedsbrief des Dresdner Ma-
lers Fritz Schulze lesen, den die Nazis am 5. Juni 1942 unters Fallbeil schickten. Morgen früh um 5.05 Uhr werde er
hingerichtet. Zum letzten Mal habe er Stullen, dick mit
Wurst belegt, und Schokolade bekommen. »Nun habe ich
eine Bitte. Das Leben ist stärker als der Tod. Findest Du in
Deinem späteren Leben einen Menschen, den Du lieb ge-
winnst, der Dir wert ist und der einen guten Lebenskame-
raden für Dich abgeben könnte, so verbinde Dich mit ihm.
Ich will und darf Dir nicht im Wege stehen, ich möchte,
daß Du in vollen Zügen Dein Leben genießen sollst ... über-
winde den Schmerz und denke immer an den Humor ...Leb
wohl mein Wack Ahoi.«

Es ist viele Jahre her, daß mir zum ersten Mal von Dresdens Tod berichtet wurde. Das war in einer Weihnachts-
nacht im Leipziger St.-Georgs-Krankenhaus. Wir saßen zu

zweit im Schwesternzimmer und wachten über einen Saal mit 34 Frauen – junge und ganz alte, die von ihren Kindern teils vor über einem Jahr hier eingeliefert worden waren, bis sie stürben. Was Menschen Menschen antun, sagte die Schwester. Auf einmal sprach sie über Dresden, ihre Kinderstadt, über das Heulen und Krachen der Bomben, über den Feuersturm, den Einsturz der Frauenkirche, die Leichenpyramiden auf dem Markt, wo man die Opfer verbrannte. Dieser süßliche Geruch... Sie selber sei im letzten Augenblick aus dem Keller gestürzt, wollte zurück, wollte die Freundin holen. Plötzlich habe der Engel des HErrn ihr den Weg verstellt: Du gehst! Sie bleibt!

Sie ging ins Wachzimmer, nachzusehen, *ob die Omi schon ihr Sterbchen machen will*. Kam wieder und wechselte das Thema: Das sei doch nicht schön, diese vielen schwarzen Praktikanten auf der Geburtenstation. Können die denn nicht an Negerpuppen üben?

Kein Gedicht nach Auschwitz? Zeit dichtet nicht; sie läuft. Seit Jahrzehnten ist selbst Dresden eine übliche Stadt, auch wenn sie ihr voriges Leben hütet. Alt-Dresden ziert die Wände in jedem zweiten Café, und in den Bücherläden kann man den Stadtplan der dreißiger Jahre kaufen. Die Semperoper prangt in altem Glanz. In der Hofkirche klingt Silbermanns letzte Orgel. Drüben in der Neustadt ragt, schwarzweiß gescheckt, der reparierte Turm der Dreikönigskirche, die ihren ausgeglühten Sandsteinaltar birgt. Noch dringender bestürzt den Besucher die riesige kahle Höhlung der Kreuzkirche: ein Keller, der gen Himmel will. Überm Altar hängt der feuerschwarze Mann am Kreuz. Im Zwinger umdrängeln die Touristen Raffaels »Sixtinische Madonna« und Bellottos venezianische Prospekte der barocken Residenz im Auenlicht der Elbe.

Das eigentliche Bild der Stadt ist in Dresden nicht zu finden, obschon ein halber Dresdner es gemalt hat: der aus Gera gebürtige Otto Dix, der 1914 freiwillig in den Weltkrieg zog mit Nietzsche und der Bibel im Tornister und herauskam als künftiger Maler gewesener Greuel, die er nicht ganz ohne ein penibles Wohlgefallen reproduzierte. *Ich habe doch nur Stilleben gemalt ... Alles was ich gesehen habe, ist schön*. Ihr glücklichen Augen: So überlebt Erinnerung. Aber 1939 schuf er Prophetie: »Lot und seine Töchter« nach 1. Mose 19. Weinselig lagert in bukolischer Flußlandschaft der alte Lot, betrunken gemacht von seinen süßen, geilen Töchtern. Die eine füllt ihm neuerlich das Glas und öffnet unterm Kleid die Schenkel. Die andere harrt schon nackt, daß der besinnungslose Vater ihr und ihrer Schwester Kinder schaffe, denn die Männer ihres Volkes sind ja alle tot. Hinter der Elbe brennen Sodom und Gomorrha: Frauenkirche, Rathaus, Brühlsche Terrasse. Das war Dix' Weissagung, als Hitlers Krieg begann. Und als er zu Ende war, dichtete ein anderer Dresdner ein bitteres Christuslied: *Zweitausend Jahre sind es fast / daß du die Welt verlassen hast / du starbst umsonst,* schrieb Erich Kästner, Kind der Königsbrücker Straße. *Die Menschen wurden nicht gescheit / am wenigsten die Christenheit …*

Doch, hierzulande schon. Erstmals seit Menschengedenken eint die meisten Deutschen ein Zivilkonsens, der sich nicht polemisch, nicht nationalistisch, nicht autoritär begründet. Wir sind Individuen geworden. Die Freiheit des einzelnen wird nicht mehr dem *Volkskörper* geopfert. Aber was trägt uns alle? Der Wohlstand: wackliges Eis. Was tragen wir? Wohin? Hitler hatte ja Erfolg, weil er nach Weimar der driftenden Republik neuen Sinn suggerierte. Heute leiden viele Ostdeutsche, durchaus Gegner ihrer seligen Republik, am Verlust jedweder Teleologie: Dieses Neue sei ja ohne Ziel und löse *kein einziges Weltproblem.* Daß die Marktgesellschaft derart sinnlos frißt und hurt und handelt, läßt auf Leute hören, *die in Deutschland noch an was glauben.* Woran glauben wir? Was ist uns ein Ziel? Sozialität, Friede, Erkenntnis; Demokratie als Medium all dessen. Nationalstolz? Zur Erweckung von Erektionen ist die Geschichte nicht befugt. Als Disziplin der Aufklärung bedarf sie lauteren Willens, so wie umgekehrt aller Relativierung deutscher Schuld die üble Entschlossenheit voranläuft, uns wieder eine emphatische Nationalgeschichte zu dichten: *Uns ist in alten maeren / gar wunders vil geseit / von heleden lobebaeren / von groszer arebeit …* Wir Nibelungen: Starke Rassen müssen eben schuldig werden.

Zehn Jahre ist es her, daß Richard von Weizsäcker versuchte, alle Deutschen mit der Wahrheit zu versöhnen, ohne ihre beispiellosen Verbrechen durch einen *Schluß-*

strich zu verzieren. Weizsäckers Rede vom 8. Mai 1985 gilt unverändert, nur wurde das Land ein anderes. Einheitsdeutschland hat nicht germanisch mobilgemacht; das nicht. Es verpaßte jedoch die Adaption der DDR zur deutschen Geschichte. Man hat deren vierzig Jahre abgehakt wie einen Verkehrsunfall (Ursache: Fahren bei Rot) – zur völligen Satisfaktion der Bundesrepublik, von der uns Enzensberger sagte, sie sei vor 1968 unbewohnbar gewesen, wegen Braunfäule.

Der Bankrott der DDR war keine Rechtfertigung des Nationalen, wie dessen fröhliche Wissenschaftler meinen. Ein stetiges Drängeln und Quengeln nach rechts (Vergebung: *nach vorn*) macht besorgt: dieses tölpige *Deutschland ist größer geworden*, diese schwäbelnd *gewachsene Verantwortung*, dieses forsche Tapsen *in Richtung Normalität*. Leben wir denn nicht erstaunlich normal? Daß keine Kollektivschuld existiere, hat man uns Nachgeborenen allzuoft gesagt. Doch wenn die Väter saure Trauben essen, werden den Söhnen die Zähne stumpf. Daß Erbe angetreten werden muß, sollen auch jene hören, die *Nation* mit Fug für Luft und Nebel halten. Nationen sind vage und gemischt, die Taten ihres Namens höchst konkret. Wer seine Abkunft von den Taten leugnet, überläßt das Deutsche den Restauratoren, die es durch Gebrauch mißbrauchen. *Jetzt wird sich zeigen, ob die Europäer von dem Weibe Lots abstammen und darauf beharren, mit rückwärts gewandtem Kopf Geschichte zu machen.* Das schrieb José Ortega y Gasset – 1930, neun Jahre, bevor Dix Sodom malte, fünfzehn Jahre, bevor es brannte. Es brennt nicht mehr. Keiner, der sich umschaut, wird versteinern. Aber Dresden darf kein Stilleben werden für Deutschlands Nationalgalerie. Ihre Bilder mit Geschichte zu verwechseln ist ein häufiger Fluch der späten Geburt.

Dresden klagt nicht an. Es rechnet sich nicht gegen Auschwitz hoch. Es sagt nicht: Wir sind quitt. Dresden bittet um Versöhnung. Zu seinen Partnerstädten zählen Coventry, Rotterdam und Wrocław, das wir endlich nicht mehr nur als Breslau kennen sollten. Mit allen deutschen Brüchen laufen, ohne die Krücken Schutzmacht und Ideologie, das wird kein *normaler* Gang. Siegermächte können amnestieren, die Geschichte nie.

Hier draußen auf dem Heidefriedhof sind wir damals nicht gewesen. *Wie viele starben? Wer kennt die Zahl? / An deinen Wunden sieht man die Qual / der Namenlosen, die hier verbrannt / im Hoellenfeuer aus Menschenhand.* Eisiger Regen stürzt in den Hain, prasselt im Kies, tränkt die Massengräber unter ihrem Teppich Heidekraut und trieft von den moosigen Steinen. Im Wald die Gräber bleiben trocken, auch das von Dipl. Ing. Pat. Erfinder Ernst Donath (23. 11. 1911 – 17. 1. 1979), der sich Jean Paul ins Kreuz geschnitzt hat: *Die Erinnerung ist das einzige Paradies, aus dem wir nicht vertrieben werden können.* Ein Grabspruch, auch für Nationen.

Schon klart der Himmel auf. Wasser gleißt und sickert in der Sonne. Jetzt fährt ein Wind in den Wald und schüttelt die Kronen. Unter Bäumen regnet es später.

Februar 1995

Unsere liebe Stadt

Skins, Nazis und Vertriebene besuchen Rudolstadt

An diesem Samstagnachmittag kreiste ein Hubschrauber über der Stadt. Erst stand er hoch über dem Markt. Dann kippte er, stürmte den Burgberg, tauchte hinter das mächtige Schloß und entfernte sich und seinen Lärm weit in das grüne Land. Plötzlich war er zurück. Ihn zu ignorieren, schien die Stadt zu klein. Wir schauten auf, da eilte einer an unseren Tisch draußen vor dem »Café Brömel« und sagte zum Lokalreporter Querengässer: Reini, die Nazis kommen.

Was? Wo?

Im »Deutschen Krug« machen die ein großes Skin-Konzert. Die kommen von überall.

Das gibt's doch nicht, sagte Querengässer. Elende Scheiße! Der Saal gehört der Stadt, wie können die den an Skins vermieten? Die haben wohl von 92 nichts gelernt!

Der 15. August 1992 ist ein traumatisches Datum für Rudolstadt. 2 000 kahle Pilger deutschen Morgenrots erkoren die Stadt zur Kulisse eines Gedenkaufmarschs für den bekannten Nationalhelden R. Heß. Das alte Residenzlein verschanzte sich in seinen Häusern, während draußen *Stärke* demonstrierte, die Landsknechtstrommel rollte und gerunte Fahnen schwang. Hinterher war der Jammer groß. Warum gerade hier, barmte die Bürgerschaft (abzüglich jener, die aus dem Fenster gewunken hatten). Wie konnte es geschehen, daß unser liebes Rudolstadt, wo Schiller Charlotte gefreit ..., und schrieb nicht hier oben im Schloß Gräfin Ämilie Juliane: *Wer weiß, wie nahe mir mein Ende* und *Bis hierher hat mich Gott gebracht*? Wahrlich, weit sind wir gekommen: bis in den Kreis der *browntowns* Hoyerswerda, Schwedt und Rostock-Lichtenhagen.

Zur Unschuld riet der Landrat von der CDU (Visitenkarte: »Dr. Werner Thomas. Landrat mit Herz und Verstand«). Beherzt verstand er, daß niemand für nichts könnte. Erst zwei Tage vor dem Marsch habe ein notorisch unbekannter Herr aus Saalfeld einen »Aufzug mit öffentlicher Kundgebung für mehr Gerechtigkeit« angekündigt. Von Nazis stand da nichts drin. Trotzdem erteilte das Ordnungsamt ein Verbot, das leider die Verbotenen zu spät erreichte, weil die doch den Bescheid selbst abholen wollten und dann einfach nicht kamen. Ein Glück auch, sonst hätten sich 300 Polizisten mit der siebenfachen Übermacht darum streiten müssen, was ein Rechts-Staat ist. Immerhin gaben die Stadtverordneten dem »Platz der Opfer des Faschismus«, den sie gerade erst in Bahnhofsplatz zurückgetauft hatten, nach der Nazi-Rallye einstimmig seinen nötigen Namen wieder, was in Thüringen eine Tat von Charakter war.

Ebendiesen Platz sperrt nun die Polizei, zieht Zäune und Geländer um den »Deutschen Krug« (vormals »Thälmannhaus«), und der Horvath, Chef vom Ordnungsamt, verheißt gemütlich fränkelnd, man sei auf alles wohl gefaßt. Ja, die Veranstaltung sei genehmigt, der Saal rechtens gemietet beim Karl Rasche. Der steht blaß dabei: Wohl isses ei'm nich, wohl isses ei'm nich. Aber 's bringt doch Miete für die Stadt, und Geburtstagsfeier mit Bands, was denkt sich eins, wenn so was angemeldet wird.

Von wem denn? fragt Querengässer.

Von 'nem jungen Mann namens Tino Brandt. Da steht er ja.

Igel, Stiefel, Krempeljeans und Hosenträger – alles stimmt. Du bist also der Tino Brandt, sagt Querengässer und setzt sein Windhundlächeln auf. Ich bin der Reinhard Querengässer von der *Ostthüringer Zeitung*. Nun sag mal, was geht denn hier eigentlich ab?

Och, 'n Konzert, sagt Tino, grient und blinzelt schlau hinter dicken Gläsern.

Und wer spielt?

Werd' ihr nich kennen, die Truppen.

Und was kommen so für Leute?

Na, so Freunde von außerhalb.

Laßt ihr uns rein? Sonst stehen in der Zeitung wieder die übelsten Gerüchte.

Tino spricht, man müsse sich bedenken; auch gehe es ja

erst in fünf Stunden los. Rückzug. Da haste dir ein schönes Wochenende ausgesucht, sagt Querengässer. Skin-Konzert, und auf der Bleichwiese feiert der Vertriebenenverband. Willste dir das antun?

Im Festzelt brennt der Böhmerwald bei Polka, Wurst und Bier. Alfred Herold schwingt sich aufs Podest, sudetendeutscher Landesobmann Hessen, und ächtet das Unrecht der Vertreibung in jener schicksalhaften Metaphorik, die von den Herzen nimmt, was sie den Hirnen vorenthält. Zu viele tun viel zuwenig! tönt Herolds Ruf. Wir wollen alle miteinander wirken, solange der Herrgott uns hienieden läßt und die Berge unsrer alten Heimat stehn. – Das kann dauern, darum Beifall, Kaffee, Tränen.

Liebes Mädchen, laß das Weinen,
liebes Mädchen, laß das Weinen sein.
Wenn die Rosen wieder blühen,
ja, dann kehr ich wieder bei dir ein.
Wir sehn uns wieder, mein Schlesierland,
wir sehn uns wieder am Oderstrand.

Da, jetzt geht der Dr. Franz ans Mikrophon, der Weizsäcker von Rudolstadt. Herr Herold! ruft er, und der silbergraue Angelus Silesius am Leitungstisch schaut auf, wer ihn da rühme. Nicht Vertreibung ist zuerst zu ächten, sagt Bürgermeister Franz, sondern der Krieg, der zur Vertreibung führt. 1944/45 kam der Krieg zurück aus dem Osten, wohin er zuvor aus Deutschland gezogen war. Hüten Sie sich, liebe Freunde, vor dem Mißbrauch Ihrer Erinnerungen durch jene, die sie für sehr eigennützige Ziele verwenden. Schicksal läßt sich nicht aufwiegen mit Entschädigung. Und ändert sich Erinnerung, wenn Sie das Geld in Händen halten?

Franz verläßt das Zelt und wischt sich die Stirne: Das ist eine der Veranstaltungen, die ich meiner Frau nicht zumuten kann. Nach der Wende schoß das hier hoch. Vierzig Jahre durften sie nicht und sahen mit Neid, was drüben tanzte und von alter Heimat sang.

Drinnen unterdes ist Landrat Thomas zu vernehmen. Ich meine, sagt er, wir können uns erst mal freuen, daß wir jetzt politische Verhältnisse haben, um so ungezwungen und locker einer Zeit zu gedenken, die fast fünfzig Jahre zurückliegt, die viele von Ihnen zwar erlebt haben, aber an die sich viele von Ihnen nicht erinnern können. Es gehört heute dazu, daß man ausspricht, was man für Leiden durchmachen mußte und was Ihnen ganz fest eingebrannt ist. – Herr Herold wirkt erholt, derweil Thomas sich als Prediger Salomo versucht, auf daß Europas Völker zueinander rufen: Wir können vergeben, wenn Ihr nicht vergeßt.

Und nun die Blasmusikanten vom Langen Berg! Es ist noch Bier da, als Herr Döpke zur musikalischen Rundreise durch Deutsch-Großvaterlande lädt. Unser Weg führt zunächst in den hohen Nordosten, ins Land zwischen Weichsel und Memel. Rominter Heide, dunkle Wälder und kristallne Seen. Pommern, Pomorje, wie der Pole nennt, was am Meere liegt. Und nun ins Vorfeld Berlins, nach Ostbrandenburg, da durch krasse Willkür und in langer Front Oder und Neiße deutsche Städte und Provinzen teilen. Und nun überschreiten wir die Grenze ins Sudetenland, denn der Böhmerwälder ist bayerisch nach Zunge, Sitte und Sinn, ein Schnitzer, Flößer, Bauer, und seht Ihr Eger dort, die alte Stauferstadt, wie Barbarossas Kaiserpfalz zu ihren Häupten wacht?

Wir sehen leider nur den kahlen Herrn Döpke und die dicken Backen der Blasmusik. Und Marga und Karl Zille, wie sie selig stille um den Käsekuchen schunkeln, er Thüringer, sie aber fernöstlichen Bluts, aus dem masurischen Mohrungen, Herders lieber Stadt an den drei Seen. Der Mohrungsee, das weiß ich noch, war sommers abgelassen, leer, und wie die Hitze flimmern tat schon am frühen Morgen! *Tag hat angefangen / über Haff und Moor / Licht ist aufgegangen / steigt im Ost empor.* Ja, denken Sie, ich war wieder dort, mit dem Bus, das war sehr schön, und die Störche, wie zur alten Zeit. Nun ja, es hat sich viel verändert, der Friedhof, nur polnische Gräber, doch daß da die Mutter liegt, das weiß ich immerfort.

Jawoll, aus Schlesien stammt er, elf war er im Jahre der Flucht und nahm sie als Abenteuer: Gottfried Völkerling, Chef der Vertriebenen von Saalfeld und Rudolstadt. Es sind fünfeinhalbtausend. Wolln wir mal ehrlich sein, sagt Völkerling. Das wird wieder weniger, wenn die Leute ihre 4 000 Mark gekriegt haben. Deshalb sind doch viele eingetreten. Gewalt und Vergeltung lehnen wir ab, steht schon in der Charta von 1950. Gibt aber welche, die bohren immer wieder. Der alte Herr Czaja: Die deutsche Einheit wär nicht abgeschlossen. Das ist natürlich 'n Unding. Wir wollen doch nicht Verhältnisse wie auf'm Balkan. Allerdings die Eigentumsfrage ...

Nein, die 30 000 Rudolstädter bevölkern kein reaktionäres Nest. Die SPD hat Tradition hier, in der Bannmeile der Schwarzburg-Rudolstädter Fürsten, die seit 1571 auf dem Zechsteinfelsen residierten und unter den Deutschländern ein grandioses Beispiel gaben, wie ein Zwergstaat sich als Reich präsentiert. Massig thront die gelbe Heidecksburg, 1737 nach einem Brand als Renaissanceschloß neu vollendet, über einer alten, verwinkelten Ackerbürgerstadt mit verspäteter Kleinindustrie, deren Insassen immer noch ein bißchen adlig fühlen. Fürst Günther Viktor dankte 1918 ab, übrigens mit Stil: Nach 1 200 Jahren Schwarzburger Fürstengeschlechts blieb seine Ehe pünktlich zur Demokratie-Einführung kinderlos.

All dies erfährt man vom Museologen Jens Henkel, der droben im Koloß 160 bücherverstopfte Quadratmeter bewohnt, das Schloß verwest, den kleinen Kunstverlag *burgart* betreibt und einen Ausblick hat bis ans liebliche Ende der Thüringer Welt. Und klagt: Bequem und provinziell sind sie, die Rudolstädter. Denken, die Burg allein wäre schon Kultur genug, als ob's nur einen bräuchte, der auf- und zusperrt und Touristen in die Filzpantoffeln schiebt. Riesenglück, Riesenlast, das Erbe. Diese Räume, diese Schätze, 170 000 Bücher Altbestand ... Es gibt eine kleine Bildungsbürgerschicht, die kann's allein nicht tragen. Überleben werden wir nur provokativ und überregional, mit Kunst gegen die barocke Gemütlichkeit – so, wie die Petra Rottschalk vom Kulturamt dieses heimattümelnde Tanzfest umgewidmet hat ins internationale Folkfest Rudolstadt. Da meckerten die Leute auch erst: Das ist doch nicht unsere Tradition!

Nach 1989 ereilte Rudolstadt unverzüglich Westdeutschlands kleinbürgerliche Vereinsstruktur. Die »Galerie Cotta« floriert nunmehr als »Jeans-Fritz«. Buchhändler Demuth, zur DDR-Zeit gut sortiert in literarisch-subversiver Konterbande, grossiert in Busen- und Landser-Prosa. Nu ja, spricht er, was eben jetzt so geht. Zum wichtigsten Haus von Rudolstadt erklärt der böse Dichter Biskupek den Bahnhof: Da kannste nämlich öfter rasch mal weg. – Wohl dieser Neigung halber beschnüffelte die Stasi Biskupek als Operativen Vorgang »Touristik«. Querengässer, bis 1979 in Berlin Redakteur der *Jungen Welt*, dann wegen Ekels tischlernder Aussteiger an Großvaters Leimofen, wurde von Mielkes reinen Geistern als »gewalttätiger Anarchist« observiert. Sein Obhüter ist ihm wohlbekannt. Gesteckt hat er's ihm noch nicht. Das kann warten.

Jeder kennt hier jeden. Der Kommunal-*Wahlkampf* bringt's wieder an den Tag. Die Häupter schweben über den Parteien. Bürgermeister Franz, Rudolstadts Moderator im heißen Herbst 89, gehört zum Demokratischen Aufbruch wie Pfarrer Diethelm Offhauß, der Stadtparlaments-Präsident. Die Liebesheirat von Eppelmanns Verein mit Kanzlers Geld- & Wendehals-Partei haben die Bürgerbewegten von Rudolstadt boykottiert. Daß ich parteilos bin, sagt Hartmut Franz, kommt meinem Amt zugute. Einflußversuche der Landesparteien, und die gibt's massiv, kann ich so besser abwimmeln. Abgestimmt wird im Rathaus querbeet. Unsere Politik ist von unseren Problemen diktiert: Altstadtsanierung, Theaterfusion mit Eisenach, Kultur festhalten, Leute auffangen, die damals keine Chance hatten und heute wieder resignieren, wegen Arbeitslosigkeit. Schwarza nebenan, das Chemiefaserkombinat, einst 6 000 Arbeitsplätze, davon schon 5 000 weg. – Die Treuhand verscherbelte das riesige Werk an ein indisches Gaunerpaar. Als die ruchlosen Brüder Dalmia enttarnt waren, weigerte sich die Staatsholding, die Faser AG zurückzunehmen. Und tief getroffen hat Rudolstadt, daß per 1. 7. 94 das »proletarische« Saalfeld zum Landratssitz des neuen Saale-Schwarza-Kreises bestimmt wurde.

Wer hier Bundesparteilinie predigt, macht sich zum Komiker, sagt Querengässer. Freund Stefan empfiehlt perspektivisch den Zusammenschluß von SPD und PDS. SPD-Genosse Querengässer grinst: Mußte mal dem Scharping sagen, da erschießt er sich. Nee, hier wird man gewählt, weil man gut ist und alter Rudolstädter. Wie der Dr. Franz: 1939 hier geboren, zwanzig Jahre Chemiker im Faserwerk, hier Fußball gespielt, Vater Kaufmann gewesen bei Spitzbarth, Markt 1, bis er fiel, und die Mutter Kindergärtnerin – das zählt. Und der Leumund der Familie. Wenn ich bei »Brö-

mel« besoffen hinknalle, da kann mein Bruder seine Land-
ratskandidatur vergessen.

Der Rudolstädter Binnenfriede währt bis Montag früh.
Dann wird Dr. Franz Prügel kriegen – von der Presse, von
flugs frontierenden Parteien, von ratlos erbosten Bürgern,
dafür, daß abermals die Stadt in braunen Ruf geriet. Er
wird sich wehren und erklären, daß hier keine Nazi-Szene
nistet (aber in Saalfeld), daß die Stadtverwaltung ausge-
trickst wurde mit dem Skin-Konzert, daß Kommunen struk-
turell naiver sind als bundesweit vernetzte Rechts-Kon-
spiranten mit Infotelefonen, codierter Taktik und juristischem Know-how. Am Bahnhof pult die Schalterfrau von
den Scheiben gelbe NPD-Aufkleber, die uns Deutsche ans
Schicksal der Indianer gemahnen: Erst lauter Fremde rein-
gelassen, heute Reservatshäftlinge im eigenen Land. Vor
dem »Deutschen Krug« steht ein Südländer neben einem
Truck und schreit in den sonnigen Morgen: Ruhdollestadt?
Deutschland? Ruhdollestadt? Ja, Mann deines Gottes, dies
ist Deutschland, dies ist Rudolstadt, wo der Mensch aus
Teheran Persisches abzuliefern hat beim VEB Lederwaren; gibt's den noch? Gegenüber im »Hotel Thüringer Hof«
sitzt Adolf Tegtmeier mit Mutter Beimer am Frühstücks-
tisch, und der reisende Ruhrpott-Vater liest der Gemahlin
die *Saale-Zeitung* vor.

Hier steht: Der Bäcker Ramming hat sich erhängt.

So was.

Ach, »Vor hundert Jahren«, das war schon.

Na, ein Glück. Die Brötchen sind doch gut.

Hier steht: Mit dem Beil ins Rockkonzert. 350 Skinheads
von 400 Polizisten abgeschirmt.

Das waren die drüben vom Samstag. Die haben ja kra-
keelt die halbe Nacht.

Hätt's bei Adolf nicht gegeben, also ehrlich.

Was aber gab's? Sie ließen uns ein, Germaniens tätowierte Zerberusse vor dem »Deutschen Krug«. Sie tasteten
uns ab. Einer knuffte, so zum deutschen Gruß. Haste bezahlt? Drück ab das Pfund, dann is okay. Kleiner Tip: Fall
nich auf. (Wie das mit Haar?) Drinnen raste der Sturm.
»Brutale Haie« hieß die Band, kam aus Erfurt, spielte
nicht Musik, aber was vermag Ästhetik über Energie? Hunderte soffen, sprangen halbnackt ihre Rempel-Pogos, tra-

ten, stürzten, droschen sich im Spaß, im Ernst um eine Braut. Der Boden schwamm von Bier und Blut. Später wischten sie das peinlich fort. Jetzt aber tobt Rausch und brandet an die Rampe, deren Stufen hüten hünige Paladine, reglos, die fleischernen Arme verschränkt. Oben der Sänger brüllt:

Die Besten sterben jung.
Dein Tod ist der Beweis.
Du gingst von uns in dieser Schicksalsnacht.
Nicht vergebens! Nicht vergebens!

Kamerad, wo ist dein Einsatzort? Berlin? Oioioi, ein hartes Brot. Aber laß man, Kamerad, Berlin kommt wieder. Wismut Gera, Wismut Gera! Hools von der Waterkant! SS, SA, Bavaria! Spitze hier, so was gibt's in Baden nicht.

Handeln sollst du, spricht auf einem T-Shirt Fichte in Fraktur, als hinge das Schicksal ab der deutschen Dinge von deinem Tun und die Verantwortung wäre dein. Meine Oma hat mich total kirchlich erzogen. Schreib keine Scheiße, Mann. Schreib, was du denkst. Hör auf die Texte. Hier sind 'n Haufen Wichser bei, die versauen das Bild, die brüllen Sieg Heil! mit drei Rechtschreibfehlern. Mein Name? Egal, verstanden? Rudolf Heß, das war ein deutscher Mann, den hat der Nigger nicht kleingekriegt. Die Rassen sollen sich nicht mischen. Peter bin ich, aus Bamberg; mein Bruder nennt mich Nazischwein. Lea heiß ich, »Schindlers Liste« guck ich mir nicht an, solange das Pflichtfilm ist. Auschwitz kann keiner beweisen. Immer soll's das deutsche Volk gewesen sein. Deutschlands Zinsknechtschaft muß ein Ende haben, 's gibt schon genügend Unrecht auf der Welt. Parteien? Kotz, eh, wegwischen, auch die Idioten-Opis von der DVU. Und die linken Zecken, CDU, die wollen Deutschland in die EG reinprügeln. Mensch, halt's Maul, der schmiert das in seine *Bild*-Zeitung rein.

Raus! brüllt Querengässer. Da kracht auch schon die Faust ins Kreuz. Wir türmen treppab, ins »Bogart«, wo Petra Rottschalk wartet. Komm wieder, sagt Petra. Komm zum Folkfest am ersten Juliwochenende, da spielt Bruce Cockburn auf dem Schloß, die Oyster-Band, Santiago Jimenez ... Dann fließt Guinness. Heimwärts wankend unterm Sternenzelt, kurvt Querengässer zur Schillerstraße 25, darin Goethe und Schiller am 7. September 1788 einander erst-

mals trafen und mißfielen. Die Jungs wollen reden, sagt
er. Abschreiben kannste die nicht.

Mai 1994

Die Welt im Heim

Rudolstadt erliegt dem Völkersturm

Lieb Vaterland, so gehst du hin? Nichts gegen ein, zwei Ausländer, doch was heuer in Deutsch-Thüringen geschah, das nennt der Nibelunge Hunnensturm. Wieder traf es Rudolstadt, die alte Residenz. Mongolen im Heine-Park, die Russen im Schloß, Mazedonier auf dem Boulevard und am Güntherbrunnen die Franzosen. Man floh zum Markt: die Koreaner. Man sprang, ein deutscher Asylant, ins Rathaus und rammte ein Regiment Marokkaner in Burnus und Fez, martialisch beschuht mit den Pantoffeln der Frau Ahavzi. Der Bürgermeister schwamm, arabisch hingemessert, längst in seinem Blut.

Aber nein, da spricht er ja, der Dr. Franz. Erklimmt die große Bühne auf dem Markt, heißt die Völker der Welt willkommen und erklärt die Invasion kurzerhand zum Tanz- und Folkfest Rudolstadt. Schon ziehen hinter ihrer Schachbrettfahne die Kroaten ein. Weich wimmern Mandolinen, zärtlich unkt der Baß, reine Maiden, bunte Burschen umreigen juchzend freies Bauernglück. Nährstands Mütter balancieren auf den grauen Häuptern Brot, Kuchen und ein splitternacktes Huhn, dessen Mord gewiß in einem deutschen Stall geschah: Sonst würde das doch schon unwahrscheinlich stinken, von Kroatien bis hier.

Schön sind se, die Kostüme.

War aber früher alles schöner, zu Ostzeiten, mehr Tanz, die ganzen Ensembles, die Tschechen, Polen, und wie sie de Sowjetunion noch hatten, so bunt, das war regelrecht 'ne Atmosphäre.

Und der Umzug aus den ganzen Dörfern, jedes Jahr 'ne Bauernhochzeit.

Soll aber nie gehalten haben mit den Paaren.

… so teuer geworden, überall fünf Mark, alles abgesperrt, nich mal mehr zum Fleischer konnt ich durch.

Sie haben wohl keinen Kühlschrank?

... nich mal zum Bäcker durchgelassen.

Da backen Se einmal im Jahr die Semmeln von gestern auf, wolln Se eine, is Mortadella drauf, war für meinen Jungen, der hatte aber schon 'ne Bratwurst gegessen.

... die ganze Jugend mit den Zelten im Heine-Park, frag nich nach Sonnenschein, alles keine Zucht.

Junger Mann, schreiben Sie bitte positiv auf: Wir Rudolstädter lieben unser Tanzfest, ich mach sogar Bilder von den ganzen Ausländern. Wir haben ja erst nach der Wende das Farbphoto entdeckt.

Und mehr. Das alte DDR-Tanzfest erfuhr eine Umwidmung zum größten Folkfestival Deutschlands. An jedem ersten Juliwochenende fluten Ströme bunten Volks in das Städtchen zu Füßen der Heidecksburg und erfüllen die 30 000 Einheimischen mit leicht entsetztem Stolz. Für 1994 verband sich Rudolstadt mit dem »Contemporary Folk Music Festival« der Europäischen Rundfunkunion, die Musiker und Tänzer aus 15 Ländern schickte. Die Rudolstädter (das heißt: ein Trupp folkverrückter Tag- und Nachtarbeiter unter Führung der Kulturdezernentin Petra Rottschalk) buchten ein eignes Programm dazu, erbettelten eine Million bei Stadt, Land und diversen Rundfunkhäusern und baten um gut Wetter. Sie wurden erhört.

60 000 Gäste, nonstop Musik auf zwölf Bühnen, 37 Grad im Schatten, doch den gab es nicht. Der Folkie ist ja variabel gewandet. Batikplünnen, Schlabberrock, Jesuslatschen, Fransenjeans, so wallt er durch die Welt. Wird's heiß, dann hupft er in Teiche und städtische Brunnen, Hirn, Füße und Gemächt zu kühlen, jungmütterlichenfalls auch den Busen, damit die Milch nicht kocht. Krebsrote Babys saugten überall. Lechzende Väter umlagerten die Schwarzbierstände, von denen Schmerzensschreie schrillten: Das Wechselgeld glühte. Der Hähnchenbrater (Firmenspruch: »Die Hähnchen von hier – wie auch wir!«) übertönte dies mit brünstigem Kikeriki vom Band. Das sei »symbolisch«, sprach der Mann. »Soll heißen: ganz frisch. Eben kräht er, und schon brät er.«

Verweile noch in Volkes Tümlichkeit! Flieh nicht gleich aufs Schloß zu den Deinen, zu Bruce Cockburn, Kopf-Rokkers treulichem Apostel, zu Penelope Houston, Seattles

Lorelei, zu Sally Barker, die uns ruppigen Deutschrittern sang, wo sich der Gral verbirgt: Folkie sein, das heißt Britannien mit der Seele suchen. *There's another train / there always is / maybe the next one is your's / climb up aboard.*

Sallys milder Ernst, vom Geist der toten Sandy Denny überweht, war *der* Oberton des Festivals: ein De profundis von den Hügeln, spöttisch streng, zur Vereinzelung befähigt und verdammt, denn zwei Parteien gab's in Rudolstadt: den Sucher und die Finder, den Dichter und die Deklamatoren, den Musiker und die Musikanten, die Stadtund die Bauerngesichter. Utla aus Norwegen, Den Fule aus Schweden: Städter mit Sehnsucht nach Land. Kurja Koza aus Slowenien, die kroatischen Bosiljak: Brauchtum hupt und fiedelt apfelrot sein Erntefest. Das Mecklenburg-Pommeraner Folkloreensemble: Hei, wie da beim Tanz den Mädels der Deibel in die Füße fuhr! Bloß die Burschen, nä, schmauchten erst mal ganz gemütlich ihre Pipn auf. Aber dann! Osterwasserspritzen, Besenhupf, Röckeschwenken, und wie's den Landmann doch so heftig amüsiert, wenn sich der Jungfer Blindekuh ein Jüngling naht.

Stüb stüb Osterei, gibst du mir kein Osterei, dann hau ich dir den Rock entzwei.

Kenn ick di? fragt die Marie.

Jau! sagt der Fischkopp.

Mog ick di?

Jau!

Bis du mein Fiete?

Nää!

Es war nämlich der Hein, ein ganz Zuwiderer. Die Marie riß sich das Tuch vom Gesicht und kreischte davon. Wir desgleichen, und endigten am Neumarkt bei der wundervollen Flamen-Band Kadril, die sich in männlich orgelnder Trauer Belgiens 2:3 gegen Deutschland von der Seele schrubbte. *We played like shit*, rief der Sänger Patrik Riguelle, was aber nur für Fußball galt. Kondolieren war sinnlos. Deutsche, die nicht für Deutschland halten, sind Ausländern noch unheimlicher als die anderen.

Weiter! Weiter! Man rannte von Bühne zu Bühne. Man war schon völlig breit und mußte nachts halb zwei unbedingt noch in den Heine-Park, den man zu beschreiten hatte wie der Storch im Salat. Folkfests Opfer, blau wie die

Nacht, schlummerten, wo immer es sie umgelegt hatte. Um halb drei plumpste die britische Oyster-Band von der Bühne. Selig erklomm man das Taxi, den Halbliterhumpen Guinness auf der Kralle. Rudolstadt schwelgte in Liberalität. Trinken Se mal 'n bissel ab, sprach der Bruder Chauffeur. Sonst schwabbern Se mir noch de Karre voll.

Einiges entging. Viele hörte man halb, eine bis zum letzten Ton: Bevor Penelope Houston auftrat, saßen wir im Park der Heidecksburg auf der Bank am Geländer. Unten tanzte und trommelte die Stadt. Abend kam. Penelope erzählte von Seattle. Nein, Nirvana und der Grunge-Boom hätten sie nicht überrascht; bei dem ewigen Mistwetter dort müßten die Bands so spielen. Sie selber war kein wildes Kind. Musikalisches Zuhause, Mutter am Cembalo, Kunstschule, Gesangsunterricht, Freunde, die statt Aerosmith Mose Allison und Pentangle hörten. *Rock'n'Roll did never save my life.* Dann Punk. Das ging vorbei.

Hast du dich geschämt, schön zu sein?

Nein, sagte die schönste Frau und schweifte über die Berge des süßen Thüringer Horizonts. Nein, aber nichts klang schöner als Zorn. *Musik* kam erst später, als die drei Punk-Akkorde öde wurden. Musik ist nichts für Teens. Die folgen ihren Cliquen und Trends und den Sounds von Modebands, nicht der inneren Stimme von Songs.

Mach jetzt kein Photo, sagte sie. Ich möchte vorher in den Spiegel schauen. Dann ging sie zurück ins Schloß und sang ihre kühlen Vokalisen, *Maybe love it's not the word I'm looking for* und *If it's a man's world I'm glad I'm a girl* und etliches mehr an Folk, das man nirgends finden wird als bei sich selbst. Penelope Houston: Sehr viel Ich und keines Brauchtums Erbin, denn was Brauch ist, kann, wer einzeln wandert, selten brauchen.

Folk ist jung, Folklore alt. Was mögen bloß die Alten an den bunten Prozessionen, den dörflichen Riten, der kollektiven Trachtentümelei? Waren sie denn nie am stärksten allein? Oder sind sie, heimwehmütige Kinder von Krieg und Flucht, nachbarlich gefeit gegen Hedonismus und Egomanie und suchen meins nicht ohne deins?

Wer sie sah, die Jungen wie die Alten, wie sie atemlos und stille auf dem proppenvollen Markt einer einzigen koreanischen Zitherspielerin lauschten, wie sie schunkelten und hopsten zu Trance-Trommeln aus Tanger, zu den Rückzugs- und Beerdigungsmärschen des mazedonischen Kocani-Orchestar, wie sie mongolische Oberton-Gesänge bestaunten und jauchzend ihre Hufe schmissen für die Klezmer-Jidden von Brooklyn's Brave Old World – wer all diesen Jubel der Welt in der Provinz erlebte, der hat Unglaubliches zu melden: Die Deutschen sind schön!

Juli 1994

Ein Aufstand alter Männer

Roads turn into sounds.

(The Walkabouts)

Rory Gallagher: Bullfrog Blues

Dann kamen die Bullen, gleich hinterm Kottbusser Tor. Fränki, Alfi und Uschi waren gerade so schön in Ekstase. Uschi knackte Bierchen wie ein Mann, Fränki hob das seine mit dem Ruf »Na denn!«, und Alfi gestand, was zu dieser späten Stunde in der U-Bahnlinie 2 jedes Randberliner Jeans-und-Kutten-Herz erfüllte: Rory ist der Größte!

War er *ümmer*, sagte Fränki.

Bleibt er ooch, sagte Uschi. Weeßte noch, Rockpalast? Hab ick damals noch bei Maiki in Leipzig jekuckt, janz beschissenet Bild.

Rockpalast bin ick abjefault, sagte Alfi. Seitdem war voll jebongt: Rory bringt's. Weeßte noch, die »Irish Tour«? Hab ick in Warschau schwarz jekooft, für zweihundert.

Ja, wir wissen noch. Wir kennen alle Platten und lieben sämtliche Rorytäten, seit uns vor zwanzig Jahren das Westradio einen Gitarrensturm in die Harzer Kammer blies. »Walk On Hot Coals« hieß das Werk, ein Bluesrock-Marathon, durchrast von einem irren Iren: Rory Gallagher. Vormals hatte er The Taste geführt, die irischen Cream. Und galt damals schon als Antistar und unser Kumpel in Irland, unbegabt zur Hybris des pompösen Rock'n'Roll nach Woodstock, wie er sich eitelte in Dekadenz, bis die Punker den Prunkern in die goldene Schüssel schissen.

Rory aß immer von der Pappe. Als Blueser tat er Schlichtheit dar: Turnschuhe, Jeans, Karohemden, Bier. Seine Gitarren waren alt, seine Helden älter. Mit Muddy Waters und Howling Wolf hat er 1972 bei den berühmten London Sessions noch selbst gespielt. Gallaghers Platten sind klassische Musik für Gitarre, Drums und Baß, rauh und reif, nicht erpicht auf das, was momentan die Welt verspricht. Statt sie zu erobern, hat Rory sie gesehen. Er tourte unentwegt, allein siebenundzwanzigmal durch die USA. Die ihn lieben,

lieben ihn sehr. Gallagher, erzürnt über das wuchernde *bootlegging,* beklaute seine Diebe und brachte 1992 weit unter Schwarzpreis »The G-Man-Bootleg-Series« (3 Live-CDs) auf den Markt.

Seither: Funkstille. In Westberlin ward Rory letztens 1987 gesichtet; da nahm das Ossi-Live-Ohr noch mit Monokel und Jürgen Kerth vorlieb. Rory weiß, wer nach ihm lechzt, und spielt jetzt in Leipzig und Erfurt, der DDR-Bluesmetropole. Der Himmel ist ihm dort gewiß. In Berlin hat er Schnupfen. Es ist kühl hier, sagt Rory. Frierst du auch? Liegt das an diesem Hotelzimmer? Man wird ja nicht gesünder mit den Jahren. Dauernd fliegen, die Ohren, klatschnaß aus dem Konzert, draußen Autogramme schreiben, die Leute qualmen, Asthma, ich bin ja kein grüner Fanatiker, aber wenigstens möchte ich *atmen.*

Dein Konzert gestern war so ein Kraftpaket. Wie macht man das – 45 sein und hungrig bleiben?

Genau so: hungrig bleiben. Ich esse nie vor Konzerten. Das macht die Nerven scharf. Drogen? Ich hab mein Lebtag nicht mal geraucht. Wenn du siehst, wie Freunde kaputtgehen, Paul Kossoff von den Free … Davor hatte ich Angst. Und diese mystischen Drogenbands klangen immer schlapp.

Er ist müde. Er hat heute frei. Er hing bis früh um sieben an der Bar. Seine Leute verschwanden beizeiten im Bett, da saß er mit den jungen Vorband-Iren von Energy Orchid zusammen. Die Gitarre ging herum, sie tranken und sangen. *Simple songs* sagt Rory, das war schön. In Amerika würdigen die Stars ihre *opener* keines Blicks. Idiotisch. Die müssen ja sehr unsicher sein. Ich war fünfzehn, da spielten wir in London vor den Byrds. David Crosby kam zu mir und fragte: Borgst du mir diese Gitarrenfigur? Das prägt dich. Ich hatte Vorbands, die sind heute so groß – nimm ZZ Top. So geht's eben. Ich bin gern populär, aber ich heule doch nicht wie die Kollegen, die umkommen, wenn sie nicht jede Nacht auf MTV erscheinen. Meine alten Helden konnten kaum je 'ne Platte aufnehmen, und daß ein Junge aus Irland mit Blues draußen Erfolg hat, war schon sehr unwahrscheinlich.

Der Kaffee kam. Das Hotel war wirklich kalt. Er hat viel erzählt an diesem Nachmittag – in langen Grübelsätzen, vom britischen Fußball, von Dylan, Cooder, Lindley, von Neil Youngs und Dennis Hoppers seltsamen Rechtsanwandlungen, von ruhmvergeßnen Größen wie Doug Sahm, John Hammond und Link Wray, von Elvis Costello, Randy Newman und ähnlichen Unheimlingen, die Songs aus dem Gegenteil ihrer wahren Gefühle machen.

Rory ist *straight* wie ein Labour-Aktivist. Ich spiele heute besser als vor zwanzig Jahren, sagte er. Das mußt du nicht hören, aber ich *weiß* es. Blues schaut in sich selbst. Rock'n'Roll ist Show; das kann man kalkulieren. Blues ist Religion. Ich bin jetzt weniger nervös mit mir. Ich denke nicht zynisch über die Kinder. Gut, sie wachsen anders auf. Sie haben nie erfahren, was ein Schwarzweißfernseher wert sein kann, ein Tape-Recorder. Aber junger Geist bleibt immer gleich. Jahrelang hab ich das Radio nicht angemacht. Die Zwei-Finger-Synthesizer-Bands ... Jetzt finde ich wieder gute neue Sachen, bloß oft schlecht produziert. Diese jungen Computeringenieure sagen dir: Okay, spiel deine Sachen, und geh nach Haus, ins Hotel, ich mixe das dann. Nein, sage ich, ich bleibe und kontrolliere alles bis zum letzten Ton. Und nimm die große Trommel bitte auf mit dem Hall der alten Sachen von Howling Wolf. Fragt der Typ doch glatt: Wer ist das?

Unten im Foyer sitzt seit sieben Stunden ein Rory-Altfan mit Plattenstapel und wartet auf den Meister. Wenn Rory Mensch ist, muß er kommen, gleichwie gestern abend zweitausend alte Bluesrock-Ritter zu Rory ritten – fünfhundert weniger, als theoretisch in »Huxley's Neuer Welt« an der Hasenheide Platz finden. Aber der Laden barst. Denn der Blues schreit nach Bier. Das formt die Leiber. Gallagher macht da keine Ausnahme. Da sprang statt des irenrot gelockten Jünglings ein gelebtes Leder auf die Bretter, daß man erschrak, bis Rory die Revival-Angst vertrieb, und die Slide-Gitarre sang und brüllte »Shadow Play« und »Tattoo'd Lady« und den »Bullfrog Blues«. Zweimal wird er wieder rausgetobt. »A Million Miles Away«, dann ist Schluß. Die Ritterschaft zieht ab im Stande des Heils. O Alter, diß is noch Musik!

Dann kamen die Bullen, gleich hinterm Kottbusser Tor. Fahrscheinkontrolle! Uschi hatte, Fränki keineswegs, Alfi desgleichen. Der Kontrolletti sprach: Dann also Ihre Per-

sonalausweise bitte! Wie war das Konzert? – Spitzenmä-
ßig, sagte Fränki. Alfi: Und billjer wie im Westen U-Bahn-
fahren. Und wieder Fränki, hinterrücks mit Uschis Fahrschein ausgestattet: Ick hab mein Fahrschein jefunden,
Herr Wachtmeister. Herr Wachtmeister hob die Braue, be-
äugte scharf die drei bumsfidel verwüsteten Gestalten,
und plötzlich fand er sich bestürzt von dem Gefühl, hier sei
sein Herz gefragt. Wär ja selber gern gegangen, sagte er
bekümmert. Hatte leider Dienst. Könnte mir in 'n Arm treten. Haut rein, Jungs. Tschö.

That's interesting, sagt Rory, als er die Geschichte hört. *I
mean: That's good.*

Dezember 1994

Rory Gallagher starb am 14. Juni 1995 in London an den
Folgen einer Lebertransplantation

Michael Hurley: Die Erscheinung des Wolfes

Hast du schon die *Snocko news* abonniert?

Nö, was steht denn da drin?

Meine Reisen und Konzerte. Was ich sehe, was ich denke –
boy, more than you need to know!

Etliches wußten wir. Daß Michael Hurley 1941 in Bucks
County/Pennsylvania das Licht der Welt willkommen hieß
und unverzüglich auf Autorücksitzen rastlose Beatnik-
Songs verfaßte. Daß er durch ein Outlaw-Leben wetzte, mit
Folk-*weirdos* wie den Holy Modal Rounders und Young-
bloods-Gründer Jesse Colin Young. Daß er Autos reparierte,
Brezeln verkaufte, auf Lastkähnen fronte, vor allem aber
ständig tat, was für uns, die Geiseln großer Städte, jedes
Hobo-Leben heiligt: Er verscholl.

Er verschwand im Golf von Mexiko. Er tauchte unter im
Mississippi-Delta. Er ging verloren im frostigen Vermont.
Die Musikwelt vergaß ihn, falls sie ihn je kannte. Uns
aber, die wir seiner seßhaft gedachten, wird er kennen,
der Ewige Tramp, wenn er wiederkommt an jenem Tag, da
die Werke gewogen und gelesen werden, und wird fragen, ob wir schrieben über Macht, Geilheit und Beton oder
über Wälder, Nacht und Mond. *The werwolf / comes step-*

pin' alone / he don't even break the branches / when he's gone.
Verschollen.

Erschienen, mitten in Berlin. Was soll ich gemacht haben? fragt Hurley. Jahrelang nachts in Boston Kinos ge-
wischt? Hotelteppiche versaut mit transportablen Bier-
brau-Apparaten? *No.* Ich wuchs auf in Pennsylvania. Wir
waren fünf Kinder. Wir reisten viel. Im einen Winter in-
szenierte Vater Operetten in Florida, das Jahr darauf vertrieb er Industriefilter in Kalifornien. Ich mochte die Rei-
serei. Schule? *Just the horror in the background.* Ich las Ke-
rouacs »On the Road« und wußte: Draußen vor dem Fenster
gibt's ein Leben ohne High-School-Abschluß. Mit siebzehn
trampte ich nach Mexiko. Ich kam heim und dachte: Jetzt
läßt du dich nieder. Du hast alles gesehen.

Heirat. Drei Kinder, aber Hummeln im Hintern. Malen,
Schreiben, Komponieren. Zwei kaum bemerkte Platten. Ich
brauchte Geld, sagt Hurley. Ich mußte Kinder füttern. Deshalb ging ich raus aus dem Musikgeschäft und in die Fa-
brik, immer so ein, zwei Monate, dann drei Wochen Urlaub. Nie hab ich dran gedacht, von Musik zu leben, eher
vom Stehlen. Wo sollte ich auftreten? Keiner kannte mich,
und die Folk-Cafés des Landes konntest du an einer Hand
aufzählen. Heute denkt alles, die Zeit damals sei ein einziges Folk- & Rockfestival gewesen. Ich hab nicht mal vom
summer of love was gemerkt.

Die Ehe besteht längst nicht mehr. Hurley hat sein Leben nicht auf Rädern zugebracht; er ist selbst ein Rad.
Längstens sechs Wochen hält es ihn an einem Ort, dann
muß er wieder los. Pflügt das Land, sieht, hört, knipst. Kehrt
heim, schreibt und malt. Seine Platten: skurrile Raritäten
von äußerster kommerzieller Marginalität. Seine Malerei:
prächtig colorierte Edel-Comics mit Mäusen und Wölfen,
die keine Kunst befördern außer der des kindlichen Ent-
zückens.

Bist du neidisch, wie heute halbe Kinder Superstar-Kar-
rieren starten mit eitlem Geschrei von erborgten Gefüh-
len, und du hast so viel erlebt, wovon keiner hören will?

Ich *war* neidisch. Meine Band daheim besteht aus lauter
Freunden. Kann Michael Jackson das von seiner behaupten?

Er ist so dankbar, sagt Peter Schneider, Hurleys junger

deutscher Produzent. Er ist zum ersten Mal in Europa und möchte am liebsten hierbleiben. Er findet die Menschen hier weniger zynisch als in Amerika.

Warum gibt es Zyniker, Michael?

Muß mit dem Essen zu tun haben. Fast food, Pestizide. Immer mehr Leute fressen Mist. Deshalb fühlen sie sich immer schlechter und kleiner und machen andere Leute schlecht und klein.

In Köln und in München hat Hurley vor sechzig Leuten gespielt, ganz begeistert, und hat sich nicht mal geärgert, als in Pfronten nur sechs Besoffene kamen. Es kann der Dichter dem Bauern das Land nicht vergolden, doch im Babel Berlin gelingt's, im »Lucky Strike« am Bahnhof Friedrichstraße, wo die S-Bahn alle fünf Minuten übers Gewölbe rumpelt wie der *Midnight Special*. Turnschuhe, Jeansanzug, so schleicht der alte Wolf sich unerkannt auf die Bühne; ein Kohlblatt von Mütze deckt das graublonde Haupt. Guten Tag, Berlin! – Berlin schaut auf vom Geplapper und den bunten Drinks. Draht klampft auf Holz. Hurley hebt zu singen an, schleppend wie ein müder Hund, aber unterm Rost flunkert Ironie. *I just want somebody / to say bye-bye to / but honey who / do you say goodbye to / if there ain't nobody?* Diese Gitarre, raunt Wanderers Nachtlied, diese alte Gitarre ist bei mir seit über zwanzig Jahren. Sie wurde mißbraucht, sie erfror, sie schwitzte, sie ertrug Tritte und Schläge. – Babel fühlt gerührt. Die Hure schluchzt ob solcher Treue: Das ist Sentiment.

So einer hätte kommen müssen in der Nacht zum 14. August, als wir bei Woodstock II *America* ermorden wollten für seine aggressive Blödheit, alles GREAT! zu nennen, dessen läppischer Lärm sich hunderttausendfach verstärken läßt. So einer hätte uns erretten können aus dem Schlamm an der Straße bei Saugerties, als wir halbnackt im Regen bibberten nachts um vier. Die Busfahrer streikten, Woodstock-Radio plärrte: GREAT! PERFECT! WORLD'S BIGGEST! Willig wären wir in Michael Hurleys schäbigen Van gestiegen, an dessen Heck es heißt: *Bring back the Republic of Vermont!*, und hätten uns entführen lassen und belehren, wie vor zweihundert Jahren die Union ihre Wahl- und Einigungsversprechen an Vermont im Dutzend brach, über Ahornsirup, alte Plymouth-Jeeps, die Ohnmacht der

Indianer und das Große im Kleinen, da wir die Kleinheit des Vergroßten so wütend empfanden.

Einmal aber begab es sich, daß die ordinäre große Welt in Michael Hurleys Universum drang. George Bush war ihm widerlich; der Golfkrieg sei doch völlig unnötig gewesen. Dann tauchte Clinton auf. Hurley war begeistert. Zwar bremsten ihn Freunde, *sleazy Bill* sei ein falscher Fuffziger, doch die Sonne an des Fuffzigers Seite blendete Michaels Seele. Als die Clintons zwecks Wahlkampf nach Chicago kamen, eilte Hurley seiner Königin entgegen. Ich hatte mein oranges Sackhemd an, entsinnt er sich, das mit den Riesentaschen, die waren total vollgestopft mit Büchern und Photozeug. Jedenfalls sah ich aus wie ein Mann, der ziemlich was bei sich hat. Ich drängelte und schubste. Auf einmal war ich umringt von lauter Football-Typen, die äußerst hektisch in Funkgeräte sprachen – über mich. *The suspect* kommt näher! riefen sie, jetzt ist *the suspect* fast bei Mrs. Clinton! Dann stand ich vor Hillary und sagte: Ich liebe dich. Ich glaube, du bist super. Hier, dieses Band habe ich besungen mit Worten, die ich jetzt nicht sagen kann.

Hilly, wie Hurley sie noch immer nennt, zog eine Flappe, dankte keineswegs, nahm die Kassette, reichte sie ihrer Begleitung und schob weiter. Die Footballer griffen Hurley und schleppten ihn zum Verhör. Nach Hinterlassung seiner Adresse durfte er gehen. Sehr deutlich dünkte ihn, er sei nicht für die Stars bestimmt, sondern für die Bars. Dort hing er ab, *totally pissed with government*, obzwar in ihm noch Hoffnung glomm.

Hillarys Anruf kam nie. Man möchte von Bewahrung sprechen. Miles Davis, der berühmteste aller Jazztrompeter, wurde einst ins Weiße Haus geladen und daselbst gelobt für »hübschen Gesang«. – Später, in Richmond, hat Michael Hilly wiedergesehen. Sein Herz blieb stumm.

Jetzt, nach dem Frühstück, muß er weiter nach Hamburg. Er freut sich immer noch auf jede neue Stadt und besonders, daß er heute nicht auftreten muß. Drei Tage hintereinander, das ist sein Maximum, denn, Mann, die Deutschen hören so genau zu, das zerrt dir ja die Seele aus dem Leib. Ein Päuschen, und dann wächst sie wieder – *like hair*.

There was nothing I wanted to say, sang Hobo Hurley vor

zehn Stunden uns zur guten Nacht, *I close my eyes*. Eine Lady enterte die Bühne und sprach: Dank, o danke, Fremder! Du erinnerst uns daran, daß die Gefühle leben und immer weitergehn auf ihrem Pfad. – Wenn in Berlin ein Weib zu solchen Worten greift, dann, Herz, sei aufs äußerste gefaßt.

Hast du schon die *Snocko news* abonniert? Schreib an Michael Hurley, 312 South Cherry Street, Richmond, VA 23220. Wenn's klingelt, könnte er vor deiner Türe stehn. Ich hab keinen CD-Player, sagte er stolz. Meine neue Platte laß ich mir von Freunden vorspielen. – Sie erscheint Ende September beim süddeutschen Kleinlabel Veracity (83623 Ascholding, Gartenstraße 10, Telefon 08171/273 16). »Wolfways« enthält mehr, als man vergessen kann in zehn werwölfischen Gesängen, die allesamt den Mond anheulen, daß der sich endlich erwärme und erbarme des Menschen. *I see only spotlights* sang vor vielen Jahren David Allan Coe, *spotlights see only me*.

September 1994

J. J. Cale: Der Schweiger von Oklahoma

Die Geschichte der Menschheit ist eine Auswanderung der Seele in die hergestellten Dinge. In der Popmusik hat sich diese Geschichte innerhalb von fünfzig Jahren zugetragen … Richtig, es ist an der Zeit, daß Opa wieder mal erklärt, was in seiner knatternden Jugend ein anständiger Song gewesen ist: Herzens Ode an ein Weib (nicht unbedingt Großmutter), mit minimaler Unterstützung durch die Industrie auch anderen Herzen zugetragen. Dagegen heute! Handwerksverachtung, geiler Haß! Ästhetische Fettsucht! MTV! Computerei! – Das schrieben wir schon oft? Meine Leserin: Du bist noch jung. Laß dir erzählen.

Einst lebte in Tulsa/Oklahoma ein alter Mann. Er war so alt, daß keiner ihn jemals jung genannt hatte, am wenigsten er selber. Er nannte gar nichts. Er war ein Schweiger. Wohl spielte er Gitarre und sang Folk und Blues, aber selbst das kam der Stille näher als jeder Musik. Er tupfte seine Saiten, schloß sie an einen sanften Strom, glitt stromauf und -ab, synkopierte köstlich und raunte rauh und warm, als schliefe nebenan ein Kind. Er vergaß sich nie. Bevor die Musik außer sich geraten konnte, hielt er inne und stoppte den Song. Das passierte meist nach zweieinhalb Minuten.

Es konnte ja nichts werden mit Jean Jacques Cale im schrillen Rock'n'Roll. Er tourte in den Fünfzigern als Western Swinger mit einer Band namens Johnnie Cale and the Valentines, zog nach Nashville und machte Country, probierte Los Angeles, wo er seine alten *Okie*-Kumpels Leon Russel und Carl Radle wußte, spielte in Bars und kehrte 1967 zurück nach Tulsa. Als Woodstock brünstig *Freedom!* schrie, war er schon späte Dreißig.

Und dann wurde eines Tages in seinem Garten eine Ölquelle gefunden. So jedenfalls hat J. J. Cale genannt, was ihm widerfuhr, als Eric Clapton seine alte Nummer »After Midnight« übernahm. Claptons mächtiger Sog zerrte auch J. J. an die Rampe. 1971 edierte er mit »Naturally« die erste eigene LP, 1972 »Really«, dann »Okie«, dann »Troubadour« mit »Cocain«, was Clapton abermals zum Welt-Hit adaptierte. Lynyrd Skynyrd machten aus Cales stillem Shuffle »Call Me The Breeze« eines der größten Gitarrenderbys des Southern Rock'n'Roll. Cale-Fan Mark Knopfler pumpte mit den Dire Straits den Understatement-Sound seines Idols auf Stadiongröße.

Cale schwieg dazu, genoß die Tantiemen und fand sich sehr erfreulich unterstützt in seinem Streben, möglichst wenig zu arbeiten. Er nahm weitere Alben auf, deren jedes wie das vorige klang, denn wer ihn liebte, zog die Konstanten des Lebens den Variablen vor. *Laid back* hieß, was er propagierte, und war doch mehr als Hängematten-Blues: Es verschwieg Dunkelheit. Clapton sagte, ihn fasziniere an Cale, was dieser *nicht* spiele. Eric Clapton konturiert, Cale wirft rasche Skizzen. Clapton ist pünktlich, Cale flüchtig. Clapton kommt, Cale geht.

Cale kommt! Unerhörte Ankündigung nach achtzehn Jahren hiesiger Abstinenz. Heftig beturtelt von seiner Plattenfirma, ließ der Alte sich herbei, den Käufern seines neuen Werks »Closer To You« ein wenig seiner kostbaren Seßhaftigkeit zu opfern. Und: Er wolle *reden!* Aber nur ein Viertelstündchen.

Herrje, das soll er sein? Nie war er ja auf seinen Platten

konterfeit. Ein alter Graukopf lehnt im Plastikstuhl. T-Shirt, Schmuddelparka, trauergerandete Finger und freundlicher Gruß, was wohltut in diesem räudigen Garderobenwagen hinterm Zelt des Berliner »Tempodrom«. Rattatta, der Schweiger schnattert los im rasenden Singsang des Südens, der sich noch verkompliziert, als eine liebe Hand ihm einen Teller Möhrensuppe reicht. Und so, mit vollem Mund ... Der Kaffeebecher kippt. *O shit! Sorry*, macht nichts, bist du trocken, *I'm okay.*

Hast du Kinder?

Mmmh, mmmh.

Wie alt sind sie?

Na, vielleicht so zwanzig, fünfundzwanzig.

Bewundern sie dich?

Weiß nicht. Ich seh sie nicht. Ich kann nur für mich sprechen.

Hast du das Woodstock II-Festival verfolgt?

Ja, ungefähr. Fand ich okay. Jeder weiß, 69 läßt sich nicht wiederholen, aber was Nostalgisches ist doch schön, damit die Kinder später auch was haben, um zurückzublicken.

Was ist der größte Unterschied zwischen damals und heute?

Ich kann nicht für die Kinder sprechen. Ich schaue nur so drauf. Ich bin kein politischer Mensch. Die Kinder scheinen bloß irgendwie so verzweifelt. Vielleicht denken sie, die Generation vor ihnen hat sie ausgenutzt. Und sie akzeptieren keine reine Musik. Sie gucken MTV: Fernseh-Musik. Wir hatten damals auch Bilder zur Musik, bloß entstanden die im eigenen Kopf.

Gibt es einen Fortschritt in deiner Musik?

Ich spiele, um mich zu unterhalten. Ich versuche, von Platte zu Platte ein bißchen was zu verändern, aber dann ... Wenn du den einen Leuten nachgibst und was veränderst, verlierst du die anderen, die's mögen, wie es ist.

Magst du das Klischee *laid back?*

Die Musik ist *laid back*, ich nicht, sonst wäre ich ja nicht so weit weg von zu Hause.

Was hat dich in den letzten drei Jahren schockiert?

In den letzten drei Jahren? Ähm ... Nichts.

Was war das letzte, was dich geschockt hat?

Als ich dachte, mein Flugzeug stürzt ab. Als ich beinahe

den Autounfall hatte. Wenn du lange lebst, kommst du auch in die Nähe des Todes. Jemand hielt mir eine Knarre ins Gesicht.

Schon war die Audienz beendet. Wir durften ihn wahrhaftig noch photographieren, aber nicht mehr fragen nach Haiti, O. J. Simpson, der Abtreibungsdebatte oder wenigstens nach Gott. Und warum er, Cale, nicht mehr mache aus seiner Himmelsgabe der akustischen Hypnose. J. J. Cale gleicht einem Arzt, der seinen Patienten in Trance versetzt und, derweil der Schläfer der Behandlung harrt, gemütlich eine rauchen geht. Vor Jahren gab es in Magdeburg einen gewaltigen Mittelstürmer namens Achim Streich, der schlurfte über den Acker wie ein Tagedieb. Das Trikot lodderte aus der Hose, die Stutzen sanken, und er traf, traf, traf. Die DDR-Presse druckte Briefe von empörten Bürgern: Streichs Aussehen gefährde die Jugend. Schorsch Buschner, unser unvergessener Auswahltrainer, nahm ihn stets in Schutz: Achim sei der typische Leck-mich-am-Arsch-Fußballer, und Besseres wäre einem Mittelstürmer nicht zu wünschen. O ja, sagt J. J. Cale, er habe viel Hippie-Idealismus, doch ein Häuschen und das Auto seien ihm allezeit wichtiger gewesen.

Da kommt er auf die Bühne, singt solo »After Midnight«, ruft seine Band: Trommler Jimmy Karstein, Rocky Frisco am Klavier, James Cruce an den Drums – einen neuen Mann pro Song, dann eine Lorelei: Christine Lakeland, nach Leib, Stimme und Gitarre purer Männermord. *I feel so bad*, raunt J. J., *like a ballgame on a rainy day*, und schraffiert den Regen vor die bunten Bäume und die Straße und den Zaun um das Haus des anderen Mannes. »Hard Love«, »13 Days«, und die Gitarre tropft und rauscht – »Call Me The Breeze« – durch die Krone der Kastanie, nein: des Dattelbaums. Dejà vu: Wo war das? Wann?

Am 30. September 1989 am Schwarzen Meer, an der Uferpromenade von Burgas/Bulgarien, wohin du getürmt warst, weil die Ehe und die DDR nicht länger sich ertragen ließen. Bunte Boote wiegte das Meer und schmatzte an die Mole. Von einer Plattform winkten Samstagskinder, und die in den Booten winkten wieder. Da eilte ein Altweibernebel übers Wasser, schluckte die Boote und die Stimmen, griff die Plattform, faßte nach der Mole wie ein Zeichen: Geh zu-

rück! An der Promenade gab es Eis. In der kleinen Box oben
auf der Bude spielten die Dire Straits »Brothers In Arms«,
einen rührend paradoxen Song: J. J. Cales Gitarrensound,
begattet mit der Allversöhnungs-Geilheit der Joan Baez.
Und plötzlich kapiertest du – gar nichts. Weichen Auges
flohst du heim nach Ostberlin, alles zu heilen. Aber DDR
und Ehe wünschten keineswegs, sich retten zu lassen.

Es geschieht ja nicht so oft, daß man Zeichen zu sich sprechen läßt, und wenn, sind's meist die falschen. Ein J. J.-
Cale-Song statt der Dire Straits hätte die Güte der Gleichmut befohlen. *Drinkin' Bourbon from a Dixie cup / hangin'
out 'til the sun comes up ...*

Das ist heute abend lange her, fünf Jahre minus einen
Tag. J. J. hat sich vorgespielt bis »Money Talks«. Die Menge
wogt beseligt hin und her. Und da, plötzlich, siehst du S.
Sie trägt jetzt Locken. Ihr zur Seite schunkelt ein Kerl mit
einem Schnäuzer. Wer ist der? Wie ist sie, heute? – Hallo!
und nicht ganz reinen Herzens drückst du ihr den kleinen
Recorder in die Hand: Halte mal, ich hole zu trinken.

Nachts daheim hörst du das Band: Lauschangriff leider
abgewehrt. Das war Christoph, sagt S. Dann Schweigen. J.
J. Cale beginnt »Cocaine«, und der Schnäuzer sagt: Das
war meine Jugend.

Oktober 1994

David Munyon: Der Sohn des Salomo

Wer Garth Brooks nicht kennt, der sei froh. Garth Brooks
ist der Phil Collins der Country-Musik. Unlängst lud der
Hamburger »Virgin Megastore« Brooks & Fans zur Auto-
gramm-Kundgebung. Es strömten Hunderte herbei, ge-
stiefelt und gespornt, vom Stetson behütet und vom Trap-
perhemd gewärmt – *yeah*, Mann, was Wild Bill Hickock so
trägt in Voscheraus Saloon. Und obgleich dieser Artikel
von David Munyon handelt, müssen wir erst noch hören,
was uns Brooks zu sagen hat.

Warm welcome Garth, röhrte der DJ von der Möncke-
bergstraße im besten Nashville-Platt. Garth, wie ist Deutschland?

Bißchen kühl. Gutes Essen.

Garth, Amerika ist weltweit berühmt für Hamburger. Machst du jetzt auch Country überall zur Nummer eins? Ähm, wir werden sehen. Wirklich, ich meine, wir werden sehen.

O Garth, wo kommt nur dein Wahnsinnserfolg her?

Garth verschenkte ein pumperlgesundes Lausbubenlächeln und tat kund, es gebräche ihm an einer coolen Antwort: Immer, wenn er die Leute brauche, seien sie eben da.

Wenn David Munyon sie braucht, fehlen sie. Sein Konzert im Hamburger »Knust« haben 23 Menschen gehört, minus 1, hätte nicht Elisa Kellner von Glitterhouse records (37688 Beverungen, Grüber Weg 25) Tage zuvor eine unerhörte Platte geschickt: Munyons spätes Debüt, mit erlesenen Musikern wie Allman-Brothers-Gitarrist Warren Haynes auf Freundschaftsbasis produziert. »Code Name: Jumper« (GRCD 307) enthält elf vollendete Songs aus der Rock-Abteilung Altern, völlig zeitlos, da an keine Zeit gewandt als an die innere Uhr. Da mitzuhalten, fehlt's den aktuellen Rüpeln von Postpunk und Grunge an Rheuma und Vergangenheit. Munyons milde Strenge eifert nicht. Sein Thema ist Abfindung. Seinesgleichen Meister – John Prine, Lee Clayton, Townes Van Zandt – *wollen* gar nichts; sie erzählen, was sie *wissen*: Die Welt bleibt die Welt. Wir wandern drüber hin. *The hometown boys are mostly still the same, only older.*

Sie haben sich die Därme zersoffen und die Venen zugedrückt. Sie liebten – alles tot. Sie waren in Vietnam, Cam Ranh Bay, Hamburger Hill, Saigon, *where the laughter and the wine / seemed to help in killing time.* Und wenn sie nicht gestorben sind und durch Fort Forever geistern, dann kamen sie heim und tun tagtäglich Werke besten Willens, als *Everyday American Heroes* nach dem Bilde David Munyons, des *Hindu-Christian-Jew*, dessen Alpträume die *Goddes of Democracy* in mildere Bilder wandelt: Freiheitsfahnen in China, Benny und die Beatles-Zeit, Dad's Chevy und, und, und über allem jenes Himmelskind, das *America* immer wieder *out of area* und zu sich selber ruft.

I saw a kid that looked Oriental
in a dream I had just last night.
He walked up an kissed me and said:
Thanks GI!

I slept like a baby the rest of my life.

Es fällt nicht leicht, eine Platte zu lieben, die Vietnam-Veteranen gewidmet ist. Hey Benny, die Nacht hat so 'ne Art, die Helden wieder kämpfen zu schicken. Abendlicht über dem Dschungel, neinnein, so was kommt nicht vor bei dem vollendeten Melodiker Munyon. Wen aber die Zeit geheilt hat, darf der sich überheben, er heile die Zeit?

Noch gähnte der Club vor Leere. In der Garderobe saß ein pockennarbiger Mann mit Baskenmütze, der lächelte zerfurcht und scheu. Neben ihm die Frau wirkte, als gäbe sie auf ihn acht. *Hi!* sagte sie und reichte resolut die Hand. Wir wissen, daß du kommst. Ich bin Dixie.

Ich bin 1952 geboren, sagte der Garderobier, in 'ner Navy-Familie. Meine Kindheit bestand aus Einpacken und Auspacken. Wir zogen von einer *airbase* zur nächsten. Dann war Vater bei der NASA, bis denen das Geld ausging, da flog er raus. Hatte dann 'ne Tankstelle in Florida.

Leben deine Eltern noch?

Vater ist Pensionär. Mutter starb 1971, erschossen. Die Nachbarskinder hatten mit Revolvern gespielt. Danach war ich fertig, hab nur noch gesoffen. Zu der Zeit versuchte ich gerade, in L.A. ins Rock'n'Roll-Geschäft zu kommen. Da trank jeder, heute keiner, komisch, wie sich das ändert. Mein Bruder diente bei der Army in Deutschland. Er sagte: Schreib dich ein, da kannst du was verdienen. So kam ich nach Vietnam.

Hast du damit gerechnet?

Ich bin ein Patriot. Ich mag, wofür Amerika steht. Wir helfen gern. Wir mischen uns nirgends ein, aber manchmal ist es nötig, das Böse zu stoppen, siehe Kuwait und Irak. Hätte man zusehen sollen, wie alles den Bach runtergeht? Es gibt in der Welt Kräfte, die wollen alles übernehmen.

Aber im Krieg wird der Mensch zum Vieh!

Die Menschheit ist eine Mischung aus Heiligen und Perversen, und die Erde ist das Testgelände (Im Hintergrund Musik: »Dollar Bill« von Townes Van Zandt, dem Großen Schmerzensmann fahrender Dichtung).

Hör mal, Townes.

Ja, Townes ist ein Testgelände in sich selbst.

Aber der Vietnamkrieg war ein Verbrechen.

Ich glaube fest an Reinkarnation. Ich fand die Antwort in der »Bhagawadgita«. Da wird Krischna gefragt: Kann man das Kämpfen nicht stoppen? Sinnlos, sagt Krischna. Dieselben Seelen kämpfen schon seit aller Zeit.

Er nahm die Gitarre, ging hinein und setzte sich vor die paar Leute ins Dämmerlicht. Beifall. *Thanx.* Dann spielte er und sang und orgelte sein Bluesorgan mit der choraligen Melodik weißen Folks. So hat er's tausendmal gemacht, in Kneipen, Taco-Bars, auf Parkplätzen – *wherever God provided gigs.* Die Platte mit Freunden war Luxus. Er ist ein *loner.* Wie er die Musik so zurückzog auf sich selbst, da merkte man, daß er sie behalten muß. Es war sehr still. Der Barkeeper hatte Pause. *Eat all you want / pay what you can.* Viel wird's nicht sein. David Munyon weiß wenig vom Zynismus romantischen Erfolgs, der öffentlich zu suchen vorgibt, was er längst verkauft.

Der Schluß stand fest. Für zehn Uhr war Disco angesetzt. David ging, die Menschheit kam. In Massen stürmte sie das »Knust« zur »Engtanz-Fete«, zwecks Balz. Wir flohen zum Chinesen. Das Essen ließ auf sich warten. Den Pflaumenwein schob David lächelnd weg.

Alkohol, das ist vorbei, was?

Ja, das ist vorbei.

Warst du zufrieden mit dem Konzert?

Ja. Oh, ja.

War bloß 'n bißchen leer, stimmt's?

Wünschte, wir hätten solche Clubs in Nashville. Nashville ist *mainstream.*

Er lächelt. Es ist zu hell zum Reden. Dixie schwatzt ein bißchen, wie toll es klingt, wenn David und Warren Haynes in der Küche sitzen und Gitarre spielen. Noch kein Essen.

David, kann ich dich was fragen zu Vietnam?

(Ende des Lächelns.)

Hast du in Vietnam je gekämpft?

Nein, und dafür bin ich sehr dankbar.

Wem?

Gott. ER hat mich beim Ohr genommen und mir mein Geschenk gezeigt. Und meinen Großeltern, die haben immer für mich gebetet.

Hast du gegen deinen Vater gekämpft?

Ich war ein *people pleaser.* Wollte es jedem recht machen. Ich machte, was man mir sagte: Zimmermann, Autoverkäufer, den Job in der Büchsenfabrik … Mein Geschenk habe ich erst später entdeckt.

Wer ist dein Held?

Salomo. Der hat Gott um Weisheit gebeten. Und der Herr sprach: Weil du nicht Reichtum erbatest, gebe ich dir Weisheit und Reichtum dazu. Ich bin auch reich, obwohl ich in einem Camper durch die Welt fahre. *Me and this old suitcase I guess we're saved by love*. Wir müssen die Waffen niederlegen.

Was ist dein Traumland?

Die Schweiz. Da gibt's weder Waffen noch eine Armee. Aber China, Mann, die ermorden ihre eigenen Leute. Vielleicht steckt denen das in den Genen.

(Das Essen kommt: Pilze, Bambussprosse und Reis. Kein Tier soll unter Davids Gabel sterben.)

Und die Weißen?

Ich finde, ich bin ein amerikanischer Indianer. Die meisten meiner Freunde sind schwarz. Ich war auf 'ner schwarzen High-School. Manche Leute haben eben ein bißchen mehr Farbstoff, *that's all*.

Dann gingen wir. Draußen pladderte der Regen. David eilte, die Gitarre in den Camper zu schaffen. Droben schwamm ein milchiger Mond. Der nasse Wind riß ihm die Wolken vom Leib, und da es von der Petrikirche just die zwölfte Stunde schlug, war es Zeit, auch noch das Letzte zu erfahren.

Wer ist Gott?

Ich bin ihm ein paarmal begegnet. Er ist sehr freundlich. Er zürnt nicht. Er heilt. Er ist wirklich ein Gentleman. Chris, wir sollten ihm danken für all die wunderbare Musik.

Oh ja, auch für Garth Brooks. Gelobt sei, was harthörig macht für die Echos der zynischen Welt. Kunst ist Schall, nicht Hall. Es hat seit Neil Young und »Ragged Glory« dem Rock'n'Roll-Folkie niemand so ans Herz gegrapscht wie David Munyon mit »Code Name: Jumper«. Nur kennt und hört den keiner. Die Nekrologen haben Konjunktur, *I hate myself and I want to die,* Chorus der Kinder des Grunge, die Phil Collins aus der Kanzlerschaft vertreiben wollen und nicht wissen, wer sie selber sind: die Statt-Partei des Rock'n'Roll.

Kurt Cobain ist tot. Sei ein Mann, und folge ihm nicht. Sag: *I ride alone*. Zieh deine Schlangenstiefel an, flüchte die Stadt, wandle übers nächtliche Meer, bis deine Insel aus den schwarzen Fluten steigt; die wandere entlang. Wenn du die Große Gabelung erreichst, wo das Hünengrab sich böse türmt, dann bete deinen Spruch und eile vorbei. Halte auf den Leuchtturm zu und bleibe ihm fern. Sorge dich, daß du zurück bist vor dem ersten Tageslicht, und du mußt schweigen, wo du warst. Mach kein Geräusch, wenn du heimkommst, aber schau, bevor du endlich schläfst, noch in die Kammer der Kinder.

April 1994

Der Garten Eden
Woodstock II: D-Day des Rock'n'Roll

Hier kommt nichts mehr. Die Nacht ist hin. Es geht schon auf halb vier. Der Regen drischt Blasen aus dem Schlamm. Die New York State Rangers wickeln sich in ihre roten Coats und treiben das nasse, nackte Jammervolk von der Straße. *No go! No go!* Busstreik! Kein Transport mit der roten Linie! Weit hinten, bei der Bühne, böllert Feuerwerk. Woodstock 94: *Two more days of peace and music.* Der erste ist vorbei.

Bruder, weißt du noch, wie wir das erste Mal von Woodstock hörten, der wunschverbotnen Gegenwelt zur deutschen Republik der Arbeiterkampfgruppen und Bauern, da Liebe Familienpolitik hieß und Frieden Partei? Wir dachten jenseits dieses Staats zu leben und spotteten aller Ideologie. Musik half fliegen. Weißt du noch, wie Muli aus Prag zurückkam mit dem Woodstock-Album, dreihundert Eier gelöhnt auf dem schwarzen Markt? Wir kopierten Jimi, Ten Years After und Joe Cocker auf ORWO-Band und fühlten sehr gewiß, daß wir das Salz der Erde wären und ein Schmuck der Welt, denn Gutes schafft, wer Schönes träumt. *No rain, no rain!* schrie und klatschte die halbe Million Blumenkinder auf Mulis Platte, und in den Wetterzauber hinein ratterte Santanas Band »Soul Sacrifice«. Und der Regen stoppte.

Ihr naht euch wieder, schwankende Gestalten, wie ihr da standet vor drei Tagen am Kennedy-Airport in New York, in Traumland Amerikas Dreck, Beton und Lärm. Woodstock II nach 25 Jahren sollte endlich unsres werden. *We are stardust / we are golden / and we got to get ourselves / back to the garden.* Bruder, glaubtest du, sie lassen dich mit diesem Bierbauch ins Paradies?

YEEEAAAAAHHH, folks, hier ist WPDH, *the home of classic rock.* Woodstock-Fieber, aber wo ist Johnny? Johnny, wo bist du? Hat irgend jemand Johnny Cash gesehen? Haha, huhu, er kommt nicht, er schmeißt Woodstock, und warum, das sagen euch Gary und Steve gleich nach diesen Botschaften. Bleibt dran!

Leben ohne *fun? No way, Sir!* Könnt ihr euch das vorstellen: Eiskaltes Bier, *crunchy* Snacks und ein paar nackte Süße, die's einander besorgen. Öl-Ringen, Boys! Ihr macht die Ladys feucht und dann ... *Don't miss the girls at »Dangerous Curves« in a hot oil-wrestling weekend!*

Folgt ein längeres Buhlen um schadhaft bezahnte Hörer, denen das Sanierungsprogramm »Perfect Smile« Liebesglück verspricht, knatternde Potenz und das ewige Leben. Da, *Gary is back and got news forya!* Hallo Woodstock, hallo Steve in Saugerties, wie geht's?

Cool, Gary! Ich bin vor der großen Bühne. Sie zerquetschen mich.

How is everything?

Great! It's just great! Schon über hunderttausend ... ich meine, es ist erst Freitag ... die Zelte ... die Bühne ... du kannst dir nicht denken ... es raubt dir den Verstand!

Phantastic, Steve, wer spielt gerade?

Keine Ahnung. Ich liebe sie!

Great! Was ist mit Johnny Cash?

Great, Gary, ich meine, *it's great out here!* Es ist einfach das, worauf wir alle unser ganzes Leben gewartet haben.

Johnny Cash?

Hat abgesagt. Er wollte nicht auf die kleine Südbühne. Die Superstars sind auf der Nordbühne.

Cool, Steve. Woodstock auf WPDH! Heute Vorprogramm, morgen, *high noon*, geht's los mit Joe Cocker.

Wir verlassen Gary und Steve und schalten den Fernseher ein. CNN: *I'm Larry King*, sagt Larry King, ein grauer Eitelkater, und ich habe Gäste: Tom Hayden vom California State Senate, Ex-Gatte von Jane Fonda, und in Washington Cal Thomas, Autor von »The Things That Matter Most«. Tom, Cal, was ist geblieben von Woodstock 69?

Es hat sich viel geändert, sagt Hayden, Typ des guten alten *bleeding-heart*-Demokraten, und überlegt live, was in TV-Amerika eine Todsünde ist, denn Thomas, Typ Großmutterverkäufer, schreit aus Washington von Drogen, promiskuitivem Sex und Wehrdienstverweigerung; diese Seuchen habe Woodstock über Gottes Land gebracht. Tom Hayden stottert, daß damals die Kids zwar in Vietnam sterben, nicht aber wählen durften und daß sie heute mehr artistisch denn politisch dächten. Demokratenhumbug! kreischt Thomas, alles längst entlarvt in »The Things That Matter Most«, was er Tom ja zugesandt habe.

Hab ich gelesen, Cal, sagt Tom.

Aber noch nicht bezahlt, har, har! *Come on, Tom, have fun, make money!*

Budweiser! Keiner schlägt den *King of beer*, weil O. J. Simpson nur zu retten scheint, wenn wir Treasure-Island-Möbel brauchen oder kaufen, denn Heinz' Ketchup gibt köstlichen Atem, was uns, mit Delta Airlines, Danny näher bringt, Lisa Marie Presleys erstem Gatten, wobei Astrologen wissen: Elvis' Tochter ist ein Sinnentier, und Michael Jackson, Lisas eheliches Neugespons, muß *lover* dulden, sonst platzt Woodstock, falls wir Infotainer Larry King nicht mißverstanden, bevor wir ihm den Hals umdrehten mit dem Rufe des Kanzlers: Gott schütze unser deutsches Vaterland!

Grausiger Fundamentalismus befiel uns in Kinderland Amerika. Abschied an die Lüge – dafür galt uns DDRlern ja Woodstock, das dachten wir ja zu finden in der schönen Neuen Welt. Was aber Lüge sei, was wahr, scheint vorgestrig gefragt im Lande des Goldenen Kalbs. Wenn alles Werbung wird, ist Werbung wahr, virtuelle Realität, gesteigert ins Ideal, zum Image geweiht mit den Runen der Marken. Der Markt: Exerzierplatz zivilen Militarismus, da gehorsamst Grinsen anbefohlen ist und superlativistisches Feldgeschrei – *Great! Great! World's biggest!* – Lügen also, was das Zeug hält.

Wir halten nicht. Uns schwante die Nachtigall angesichts der Pläne von Michael Lang und John Roberts, Veranstalter des Woodstock-Chaos von Bethel 69, die diesmal Waffen, Alkohol und Drogen bannen wollten, Kondome befahlen, alle Straßen nach Saugerties sperren ließen und im Radius von etwa 30 Kilometern sechs riesige Parkplätze anlegten, von denen nur noch Shuttle-Busse fuhren. Karten bloß im Vorverkauf, 250 000 à 135 Dollar (170 000 wurden sie los). Hauptsponsor Pepsi, Doppel-CD und Konzertfilm annonciert. Greedstock sagten die Verächter. Woodstock I hatte sich altruistisch und visionär gegeben. Das zusammengewürfelte Remake, bar jeglicher Idee, fand Ausblick in die Welt nicht mehr vonnöten, denn *the world ist watching US* (per Pay-TV, für 49,95 Dollar).

Hubschrauber kreisten. Straßensperren überall. Brüllende Hilfspolizistinnen: Halt! Umkehren! ICH SAGTE SOFORT!!! Irgendwie gelangten wir ins richtige Woodstock, possierlich kleine Künstlerstadt, die fälschlich und auf ewig Namenspatin spielt für ein Konzert, das nie hier stattgefunden hat. Wollt ihr ein *echtes* Festival erleben? fragte der Schmuckhändler und Alt-Hippie Ken Traub, der vor seinem Geschäftchen Spitzbauch und Pferdeschwanz der milchigen Sonne darbot und Regen prophezeite. Geht mal hier zur Bürgerversammlung. 6 000 Leute, 6 000 Meinungen. Wir können uns nicht mal einigen, wie wir ein Haus streichen wollen. Na, wenigstens haben wir Gehwege seit dem 69er Boom, und die Szene hier schwenkte mehr auf Musik ein als auf Malerei. Woodstock 94? *Just another party*, sagte Ken. *Evolution, not revolution.*

Indessen starb Leslie A. Kempa. Sie fuhr auf ihrem Motorrad zum Festival, als ein Truck sie überrollte. Wir reisten Samstag vormittag mit dem Shuttle nach Saugerties. Der gelbe Schulbus war gestopft mit jungen Hühnern, die gackerten von Kondomen und Bands, die ein reifer Mensch nicht kennt, zumal ja unser Joe Cocker eröffnen sollte, der Urschreier von Woodstock 69. Er tat's. Erst war's ein Zirpen, dann ein Grollen, als wir, ohne jegliche Kontrolle, kilometerweit durch Zelte stakten. Und dann röhrte der alte Hirsch »With A Little Help From My Friends«. Die Masse tobte wie der Ozean. Brüste blinkten. Fahnen flogen: Belgien, Brasilien, Israel. Mosher segelten übers Volk. *Moshing* ist ein Körper-Surfen auf Publikums gestreckten Armen. Trägt's ihn zur Bühne, ist das Moshers höchstes Glück. Stürzt er hinunter zu den hunderttausend Füßen, schließt sich über ihm das Menschenmeer, dann kann er sterben. Das geschah, sagten Ordner.

Pressekonferenz in einem reichlich derangierten Zelt. Cocker kam, rosig und grau, ein lustiger Greis mit Grübchen. Wir dokumentierten komplett: Joe, Joe, brüllte der Pulk. Joe, was war der Unterschied zu 69?

Moshing. Oh, *moshing!* Es war ein bißchen komisch da draußen wegen des Generationsunterschieds.

Joe, gurrte der polnische Kollege guttural. Wann kommst du nach Polen, Joe?

Hä, *please?*

Polen! Polen, ein kleines europäisches Land!

Oh, yeah, Polen, ja, kenne ich!

Jetzt sei es doch sehr spät geworden, sprach Cockers Betreuerin. Cocker winkte beglückt und ging. Ja, als Journalist erlebt man eben was.

Menschlicher ging's zu vor der Südbühne, wo Youssou N'Dour seine Afro-Reggae zelebrierte. Und dann kam der Regen, zunächst begrüßt wie ein Witz von vor 25 Jahren. *More rain, more rain!* Das ward erhört. Es goß. Es schwamm. Die ersten *mud people* tauchten auf, Nackte in moddriger Haut. Gern umarmten sie dich: Schlamm zu Schlamm. Ihr seid phantastisch! Jimi und Janis sind bei uns! rief von der Bühne Wavy Gravy, Ansager von *damals*. Frisch gebatikt war sein Kleid, ein Propeller drehte sich auf seinem grauen Haupt, als er die Kindlein zu sich kommen ließ, sie zärtlich Hippies nannte und ihnen das Mikrophon dartat, zwecks öffentlicher Herzensergießung.

Ich vermisse Kurt Cobain! rief ein Grunge-Girl.

Stop watchin' TV!

Rettet die Erde, tanzt und singt!

Ich liebe meinen Vater!

Ich will einen Joint!

Holt Jerry, holt die Grateful Dead!

Bob Weir, komm raus!

Dead-Gitarrist Bob Weir war als Gast von The Band annonciert. Als die dann endlich auf die Bühne … Ach herrje! Robbie Robertson fehlte, Richard Manuel hatte sich 1986 erhängt. Rick Danko hob das Hemd und zeigte stolz, was ihm inzwischen zugewachsen war: ein Bauch. Jubel! Doch er knödelte wie einst »It Makes No Difference« und »Stage Fright«; Levon Helm hackte die Drums und krächzte »The Weight«; Byrd Roger McGuinn schluchzte »Knockin' On Heaven's Door«; Jorma Kaukonen & Jack Casidy (Jefferson Airplane / Hot Tuna) und endlich Bob Weir machten die »Big-Pink-Revue« komplett. The Band – das ist Dorf mit Hirn, Jukebox, Schaukelstuhl und das Gelächter der Wälder.

Rückzug zur Nordbühne, durch Hecken und Schlamm,

über zappelnde Zelte, aus denen oft ein Arm sich reckte: *Hsssht, man, good stuff!* Wir bedurften keiner Arznei außer Crosby, Stills & Nash, die ein wunderbares Konzert spielten, weich gesungen, scharf geschnitten durch Stephen Stills synkopische Gitarre und die Orgelschreie von Michael Finnigan. »Carry On«, »Wooden Ships« – da war der Woodstock-Traum. Wir erwachten rasch, da es US-Rockfans beliebt, sich brüllend zu unterhalten, wenn die Musik nicht Gewalt anwendet. Dann schickte Graham Nash einen Greenpeace-Kumpel an die Rampe, der brüllte *Make love not waste!* und predigte den Kindern was von Plastik, Regenwäldern und vom Grünen Krieg. Das fanden sie aber langweilig.

Die Nacht kam und einer der Ihren, Trent Reznor, Rocks neuer Anti-Held, mit Nine Inch Nails aus Cleveland, die als Schlamm-Gang performierten. Drum-Computer wetterten, Reznor schrie von dunkler Pein: *I hurt myself today / to see if I still feel.* Das war pubertärer Baudelaire mit Theaterdonner, die Hoffart der Egomanie. Ach meine Qual! Kein Humor, kein Charme, keine Liebe, immer ich, ich, ich. Heftig klagt Trent Reznor, was ihm böse Horrorfilme angetan. Jimi Hendrix hat Grauen zitiert und überwunden. Heute will die Schickeria der *natural born killers* selbst das Grauen sein – siehe Metallica und was es sonst noch gab an als Motherfuckerei sich eitelnden Infantilitäten. In Metallicas Stahlschlachten erschien Woodstock 94 als Wallfahrt für tätowierte Bodybuilder, natürlich weiß, wie 99,9 Prozent der Gäste. Und wie es brüllte überall, wie es rasend tanzte in der Nacht, sich zu verlieren und das arme Ich ins Mächtige zu wuchten, daß, wer bei sich selber bleiben wollte, floh und las in einem feuchten Buch unter einer Lampe: *Wo man ist, da ist die Welt – ein enger Kreis zum Leben, Erfahren und Wirken; das übrige ist Nebel. Zwar haben immer wieder die Menschen getrachtet, ihren Lebenspunkt einmal zu verlegen, den gewohnten in den Nebel sinken zu lassen und in einen anderen Tag zu schauen,* so sprach die ferne Stimme Thomas Manns zu Joseph in Ägypten.

Und da liegen wir nun und dämmern im Schlamm. Viertel sechs. Es graut. Da, jetzt fahren Busse vor und über den gewaltigen Hudson-River, raus zum roten Shuttle-Punkt,

wo's heißen Kaffee gibt und ein Handtuch auf dem Klo. Es
gießt und gießt. Die halbe Gruppe hat die Schnauze voll.
Wir längst, und müßten doch zurück.

Kein Bus rein, sagt der Polizist. Wir fahren nur noch
raus. Mann, du ahnst nicht, was da drin los ist. Ruanda!
Vierte Welt!

Es gibt dann eine Sonderfahrt für ein paar Desperados.
Der Fahrer, Bullenhasser, rast wie ein Besengter. Zweimal Polizeistopp. Der zweite Ranger brüllt: Zurück, oder
ich schieße den ganzen Laden zusammen! Der Fahrer kennt
Schleichwege. Dann sind wir da. Es ist die vierte Welt. Ein
Schlammwurm von Zehntausenden wälzt sich der Straße
zu. Die Winston-Farm ist nur noch Sumpf und Müll.

Aber SIE spielen, die Allman Brothers. Die größte Band,
die je Amerika erstand, jagt die schwere, alte Kutsche des
Bluesrock über Land. Die Twin-Drums schaukeln, Dickey
Betts' und Warren Haynes' Gitarren heulen in eins, jagen
sich davon, steigen, stürzen, fangen einander und jauch-
zen, daß man schreien muß und schreit. »One Way Out«:
Solange es solche Bands gibt, ist Rock'n'Roll Musik und
nicht nur die Schlampe für den Quickfick brünstiger Ego-
manen, die vergessen, daß man Steine fressen muß für
Kunst und daß keiner Liebe findet, der ihr nichts entgegen-
trägt.

Dann Traffic – bißchen langweilig, aber Steve Winwood
gurgelte schön. Dann die Spin Doctors – gut, doch ist ihnen
alles viel zu groß. Dann Temperatursturz, stürmische
Böen. Weg von den Türmen! Rückt zusammen, wärmt einander! Da sagte das Mädchen neben mir: Guck mal, ein To-
ter!

Was? Wo!

Da, in der Emergency, hinterm Zaun.

Heiß und kalt. Dünne Stimme: Der ist bestimmt nur betrunken.

Nein, nein, ich arbeite da, hab nur gerade Pause. Wenn
die Leute noch leben, legen wir sie nie aufs Gesicht. Es
sind schon sechs gestorben, oder neun? Ein zehnjähriger
Junge sogar, hatte 'ne Überdosis.

Irgendwie, nach Stunden, kam ich raus. *Great! Great!*
Great! sabbelten die Medien. Die Organisation? *Just per-*
fect! Bob Dylan soll noch gut gewesen sein und war gewiß

ungleich besser im Juli in Dresden am sanften Ufer der Elbe vor 6 000 seligen Sachsen. Was größer wuchert, macht Musik kaputt. »Masters Of War« im Rock'n'Roll-Notstandsgebiet – danke für Obst! Gnade Gott, die 350 000 wären weniger friedlich gewesen.

Die Uhr tickt ja wieder. Der Paß läßt sich bügeln. Die Hose schleppt ein Kilo Woodstock-Lehm nach Haus, wie die Apollo-Astronauten Steine brachten von einem anderen unbewohnbaren Gestirn. Die Schuhe ruhen im Felde der Ehre. Der Schlafsack ist futsch. Woodstock desgleichen.

New York, August 1994

Time is on my side

I wish that I could talk to you
and you could talk to me
cause there's very few of us left my friend
from the days that used to be.

(Neil Young)

Junge, sprach Omi, die Witwe des Superintendenten. Junge, es wird Zeit. Sieh dir deine Brüder an. Michael ist im Posaunenchor. Wolfgang spielt Klavier. Was willst du spielen?

Darf ich's mir aussuchen?

Natürlich.

Versprochen?

Versprochen.

Torwart.

Bitte?

Ich will Torwart spielen. Fußballtorwart.

Das Jahrhundert hatte Omi manches angetan, aber kaum einen größeren Tort als jene Verkündung. Sie sah diesen Enkel zum Geiger bestimmt, da wollte der seine gottbegabten Finger von Ledergeschossen zerfetzen lassen. Hochaufgerichtet verließ sie den Raum. Auch ein Gespräch mit dem Schwiegersohn scheiterte, da Vater meinte, zur Musik gehöre Lust, und wenn der Junge doch partout nicht will…

Nein, ich wollte nicht. Denn was war Musik? Fräulein Bosses Orgelspiel im sonntäglichen Gottesdienst. Der schleppende Bauerngesang der Gemeinde. Das Weihnachtsoratorium vom Plattenteller, die Bach-Passionen ein viertel Kirchenjahr später, Mozart und Corelli an den endlosen Sonntagnachmittagen nach Trinitatis, während Vater Kaffee kochte und Mutter die Erdbeertorte unter Schlagfit begrub. Wolfgang tunkte Etüden im Christenlehreraum. Michael hupte »Nun danket alle Gott«, um demnächst das Kreismissionsfest zu beschallen. Ich donnerte im Hof den Ball ans Garagentor. Obermieter Geyer, in der Siesta gestört, brüllte aus dem Fenster: Ruheverdammichblöderbengel! Jeahlerdaßdewürschtedestodümmerdaßdewürschte!

Ich konnte nicht musizieren, weil, kurz gesagt, im elterlichen Pfarrhaus an Musik der Mangel gebrach. *Ernste Musik* umgab, intonierte und bestätigte das Wohlbekannte. Wer sie spielte, spielte nicht. Er arbeitete am Einklang mit der Liturgie des Lebens, wie sie fertig vorlag in klassisch christlicher Komposition. Musik war Affirmation. Die Revolution hieß Fußball. Der Torwart konnte fliegen und flog hoch hinaus, weit weit von daheim, ließ Dorf und Kirchturm unter sich, jagte an alle Enden der Welt, seinen Ball zu finden, erspähte ihn im Sturz, im Schlamm der Schlacht, unter hundert stollenstahlbewehrten Hufen, die dem Torwart die Stirne, die Schläfen zerrissen, auf daß er sein Blut gäbe für den gehaltenen Ball, zum Zeugnis, wie tödlich ernst es ihm wäre.

Mangel macht Sehnsucht, die Sehnsucht Liebe, die Liebe Überdruß, der Mangel ist an Sehnsucht nach Liebe; und es beginnt von vorn. Man kann das Fernweh nennen: Traumflucht in die Gegenwelt des Täglichen, wie feiertäglich es auch sei. Der wahre Fußball war sehr fern. Er kam von weither, jeden Samstagnachmittag per Mittelwellenradio. O zitternde Minuten kurz vor vier! Endlich, das Tanzorchester verstummte, das Zeitzeichen morste den Countdown, der Sprecher Herbert Küttner startete im Funkhaus zu Berlin *die Original-Konferenzschaltung der zweiten Halbzeiten aller sieben Oberliga-Begegnungen. Wir beginnen beim Spitzenreiter. Unser Reporter im Jenaer Ernst-Abbe-Sportfeld ist Wolfgang Hempel.* Hempel, der Richard Wagner der DDR-Sportreportage, der auch im Triumph den Schicksalsparzen seinen Donner lieh – Hempel also meldete aus Jena, jener märchenhaft benamten Zauberstadt hinter den Wäldern der Wünsche deren Erfüllung: drükken-de Jenaer Überlegenheit, endlich die Führung, da! der unverdiente Ausgleich für die lächerlichen Gäste, Kummer, Trotz, Wut, Sturmlauf, Orkanlauf, Pfostenhammer, Lattenkracher, Nachschuß, Lat-ten-un-ter-kan-te UND DA IST ER DRIN UND DA IST DIE NEUNZIGSTE MINUTE UND DA IST DIE MEISTERSCHAFT FÜR DIE BRA-VOURÖSE ELF AUS DEM JENAER PARADIES und das zitternde Kind – das jetzt in den Garten gerufen wurde, Erdbeeren zu pflücken, wo ihm doch das Herz barst und die Ohren tränten von Hempels überirdischem Gesang. Kind, du weinst ja, sagte Mutter, und das Kind sprach: Ich bin so glücklich. Und beschloß, nun doch ein Musiker zu werden: Sportreporter, um Jenas Siege zu besingen.

1970, im Jahr von Jenas dritter Meisterschaft, sandte Onkel Reinhold aus Stuttgart zur Konfirmation ein japanisches Kofferradio. Dessen Name übertraf recht unverschämt seine technische Kapazität, doch dank eines Ohrhörers eignete sich »Concertone Super Sensitive« zum heimlichen Empfang des Spätprogramms. Derweil die Eltern dachten, daß man züchtig träume, empfing der pubertär beunruhigte Sohn *Trivialmusik*-Sendungen aus dem nichtsozialistischen Ausland. Ungeduldig erwartete man mittwochs das »Schlagerderby« des Deutschlandfunks, eine liberale Hitparade, deren Moderator Carl-Ludwig Wolf Jimi Hendrix neben Roy Black präsentierte und die Rolling Stones neben der blonden Erektions-Sirene France Gall. Hendrix schien mir ein Gitarren-Terrorist. Roy Black aber verantwortet die erste Tonbandaufnahme meines Lebens:

Ich hab geträumt, das Glück kommt heut zu mir,
und mit dem Glück komm ich zu dir.
Vorbei die Nacht, die Hoffnung – sie gewinnt.
Siehst du? Ein nooooiier Tag begihihihihihinnt.
Ich hab geträumt vom Glück, das du mir schenkst,
daß du vor Liebe an mich nur denkst.
Wenn ich alt bin
und allein bin
weiß ich, wie schön Erinnerungen sind.

Dabei konnte es nicht bleiben; dafür sorgten die Kinks mit »Lola« und ein im Besitz von Vetter Thomas befindliches *Bravo*-Heft, das etliche Photos der gewaltig behaarten Band enthielt. Ich zeigte sie Mutter mit dem Hinweis, sie erblicke meine künftige Frisur. (Auch wurde auf derselben Seite die vaginale Einführung antikonzeptioneller Zäpfchen illustriert.) Schreiend stürzte Mutter zu Vater: Der Junge will so lange Haare haben die DIE KINKS! Diese waren Vater unbekannt, Erregung und Problem deswegen nichtig. Und meine Haare wuchsen. Mit ihnen sproßte eine derart heldenhafte Unbotmäßigkeit, daß der kleinstädtische Saustaat DDR um seinen Fortbestand zu zittern hatte.

Wie panisch reagierte doch *die Macht*, als Klassenhippie Horst vor dem HO-Fischgeschäft volle Heule Radio Luxemburg und »Lola« rausließ. Heißa, da kamen die Bullen! Verwarnung auf dem Revier, Benachrichtigung der mäßig erschütterten Eltern, Tadel vor der Klasse, der gegenüber Horst zu geloben hatte, nie wieder *Feindsender* zu hören. Und er schwor. Und er ging hin und sündigte erneut. Gütiger Vater Staat, der uns dies Geringste schon als Widerstand erfahren ließ.

Kürzlich hat mir John Hiatt erzählt, es sei seines Stiefsohns größter Kummer, daß er ihn, den Alten, niemals ärgern könne mit Musik. Ich mag, was er hört, sagte John. Diese Grunge-Bands – Nirvana, Screaming Trees, Dinosaur Jr. ... Ich sag dann: Tolles Zeug, Junge, mach mir mal 'ne Kassette davon fürs Auto. Neulich kam er mit einer Allman-Brothers-Platte heim. Irgendwann wird er also auch bei Elmore James und den alten Bluesleuten landen.

Man sei behutsam mit der ironischen Deutung dessen, was Jugend sich zum Soundtrack ihres Suchertums erwählt. Jede Jugendkultur ist codiert gegen die Lauschangriffe älterer Knacker. Der Ungemeinte soll sie nicht begreifen; fast allein dazu ist sie da. Ich aber suchte die Eltern vom Kunstwert des geliebten Lärms zu überzeugen. Nicht mal Ekseptions türkischer Mozart-Marsch und Keith Emersons sakrales Orgeln mit The Nice fanden irgend Anerkennung außer: Bitte etwas leiser!! Da überließ man die Alten ihrem Pleistozän und badete in heißem Drachenblut, in Deep Purples Härte, in Jimi Hendrix' nun begriffner Raserei, im sentimentalischen Rotz der Rolling Stones. Wir Trotzigen, nur Musik durfte uns übermannen mit schierem Gefühl. Was waren das für Siege, wenn man heimkam – angeschissen in der Schule, dümmliche Versammlung im Betrieb, Demütigung auf der Behörde – und schmiß im Flur den Krempel in die Ecke und legte das Band auf: *Time ist on my side*. Mochten Jagger & Richards im Westen längst als Unterhaltungspferdchen tanzen – im Osten versahen sie ernst ihr seelsorgerisches Amt.

Die Zähmung und Domestizierung der Rockmusik durch die Massen-Medien-Demokratie ist auch die Geschichte unserer jugendlichen Anarchie. Die wölfischen Punk-Ausbrüche machten wir schon nicht mehr mit. Punk war häß-

lich und der Nasenring kein Verlobungsutensil bräutlicher
Treue zu einer Gegenwelt, die wir uns immer nur romantisch dachten. Unser Protest war zeitlose Klage, war Gesang, Choral: ein *de profundis*, das am Ende der Bedrük-
kung danken mußte, weil ihm zur Beschwerde Grund gegeben ward und also Stimme für so schönen Blues. Es gab
viele Bluesfans in der DDR. Blues hören war wie Joseph
Roth lesen: Das Traurige wurde schön und also Trost. Ly-
risch befliß sich auch der hausgemachte DDR-Rock unserer siebziger Jahre. Er hat köstliche Peinlichkeiten hervorgebracht, halb- und viertelgares Zeug, Opportunismus
und dauerhafte Musik. Aber jeglicher Rock'n'Roll hängt an
der Zeitgenossenschaft derer, die mit ihm erwachsen. Er
vergeht mit ihrer Emanzipation, oder er wird ihre Kunst.
Den Klassizismus von Jimi, Janis, Al und Jim empfinden
nur wir. Nach uns die Ethnologen und die Bilderstürmer.
Die Techno-Kinder kennen Dylan nicht mehr. Kennen wir
Marusha und Sven Väth? – Das sind Vergleiche!

Sehr anders als im Westen ist Rockmusik in der DDR
nicht einfach Pop gewesen. Sie war mit weitaus mehr Ver-
heißung überladen. Die Dehnung der Adoleszenz bis weit
in die dreißiger Jahre der Biographien hat *Amerika* nach
Ost *und* West exportiert. Allerdings besaß die unterbe-
schäftigte Verspieltheit östlicher Jungmenschen wenig
vom atemlos modernen Amüsement ihrer westlichen Al-
tersgeschwister. Jugend in der DDR fühlte nicht saisonal,
sondern langsam und getreu. Im Westen wechselten, im
Osten sammelten sich die Jahre und Musiken. Dem Westen bedudelte die *road music* Rock'n'Roll die Mobilität,
dem schwermütig seßhaften Osten mußte sie die ganze
versagte Welt ersetzen – und vermochte das sogar zuwei-
len, weil wenigstens die Musik dort herkam, wohin man
nie durfte. Nie war im Osten Rock'n'Roll profan, spontan,
vulgäre Sinnlichkeit, immer Aura, Geschaffenes, Hymnus
der Aberwelt. Und an hohen Feiertagen, wenn's uns wieder überkam, verneigten wir uns gen Woodstock und nu-
delten »I'm Going Home« als wären wir nicht immerfort
daheim. So fielen in Musik Heimat und Fremde ineins. So
geriet uns ein nie benannter Internationalismus ins Blut.
Deutschtümler klingeln bei uns vergebens.

Warum sind Sie nicht auf unserer Seite? hat mich Joachim Gauck gefragt. – Das bin ich doch, wenngleich nicht als beamteter Gewinner. Man muß aus seiner Unschuld etwas Besseres machen als einen Sieg. Mir gibt freilich zu denken, daß ich die 89er Revolution nicht *lieben* konnte, obwohl ich dankbar bekenne: Sie hat mich erlöst. Also was hemmte den Jubel? Relativismus, Befangenheit in Abscheu vor Totalem. Meinesgleichen DDR-Generation hat die absoluten DDR-Depressionen inklusive des Prager Frühlings noch nicht politisch bewußt erlebt. Uns prägte dann der prüde und schon bald erwürgte Halb-Liberalismus der ersten Honeckerjahre – nicht wegen der Anerkennung, die der neue Fürst seinem Vasallenstaat im Ausland besorgte, sondern durch das, was er innen zu verbieten fortan unterließ: lange Haare, Rockmusik, ein spielerisch verklärtes Bildnis der Welt, die internationale Koexistenz jugendlicher Träume. Nicht zufällig fiel in diese Zeit die kulturpolitische Rehabilitation der Romantik. Wie ihre deutsche Ahnmutter war auch unsere Blaue Blume die Antwort auf allzu herrschende Rationalität.

Erkannten wir den Staat? – Uns war Erkenntnis keine Disziplin, nur ein Unterparagraph der Lust. Die DDR – damals nicht mehr ganz martialisch und noch nicht völlig zynisch – hat eine einzige freundliche Generation hervorgebracht: uns. Keiner war so harmlos guten Willens wie wir. Und niemand ist wie wir begabt und in Gefahr, DAMALS musisch zu vergolden mit einem Hauch von Combray. In Friedenszeiten kennen wir uns aus. Seelische Unversehrtheit galt uns dank Woodstock, Ghandi, Martin Luther King als individuelle Pflicht. *Klassenmoral* und sonstige Hammelfreuden der Vermassung lehnten wir ab. Kollektive Existenz war uns verächtlich. Unser Wir bestand aus einzelnen, die einander trafen, wo immer im Lande unsere Musik spielte. Wir teilten unterwegs die Jagdwurstbüchsen und das Zelt. Wir träumten gemeinsam vom Träumen. Wir machten uns schön. Wir waren nicht viele.

»Die Polen sind, wie sie sind, weil geschah, was geschah«, sagt Andrzej Szczypiorski in »Die schöne Frau Seidenmann«. Uns geschah nichts unerträglich Arges; das war Gnade, kein Verdienst. Aber hat das Unverdiente keine Pflichten, kein Talent? Als Oppositionelle haben wir versagt, als Sensualisten triumphiert. Man darf von uns Schönes erwarten, nicht Großes. Bis heute ist unser stärkster politischer Reflex die *Eingabe*, die Beschwerde, falls unser DAMALS von den Raffungen zugereister oder nachgeborener Ideologie zerpflückt werden soll. Finger weg von unserem Leben! rufen wir halbwegs entrüstet. So war's nicht! und öffnen die Kleinodienschachteln der Details. Ach, und vor den alten DEFA-Filmen sitzen wir, die uns DAMALS so mißfielen. Selig lächelnd erblicken wir – uns. Stilleben schaut Stilleben.

Wie ging's denn DAMALS weiter? Es schien, wir wurden immer mehr. *Time was on our side*, aber nur, falls wir nicht aus der Rolle fielen: der des Schwejk, der mit Don Quichottes Amulett als Sancho Pansa reitet. Nicht die politischen Arenen ritten wir an, sondern Orte, die Politik nicht kannte: Thüringens Strände und Meere, die Täler des Prenzlauer Bergs, die verschneiten Gipfel von Hiddensee. Dort schlugen wir unsere Zigeunerlager auf, hörten Musik, fabulierten, musisch überwaltet von der unabsichtlichen Welt, und waren *irgendwie gegen das System*.

Dieses *Irgendwie* hat sich als Generationsgefühl bis zur *Wende* und länger gehalten. Obwohl wir längst erwachsen waren und in das Walten des knöchernen Landes integriert, fühlten wir uns als seine künftigen Überwinder. Heute will *man* das wieder nicht honorieren und bestreitet uns die oppositionelle Vergangenheit. Denen zeigen wir's! – So durchwabert in quälerischem Zwiespalt der Gefühle jenes Irgendwie-dagegen-Sein auch *das neue System*. Daß dies Neue kein System ist wie das alte, obwohl es Machtstrukturen hat und Rituale, aber eben keine diktatorisch unfehlbare Staatsreligion, das können wir nur schwer – begreifen? verkraften? Seufzende Abstinenz vom Politischen geht um und klammheimliche Freude, wo immer *die Einheit* mißlingt. Das gekränkte Herz übt Vorbehalte wider das nüchterne Hirn. Unser Kopf kann keine Herzfunktionen übernehmen. Aber was *denken* wir?

Wir *fühlen*: Heimat ist Befangenheit in Herkunft. Man verfällt dem Land, an dem man teilgenommen hat. Die *Wende* raubte uns den Mangel. Jegliche Musik war nun zu kaufen und ihr Outlaw-Effekt dahin. *Time ist on my side* wurde jählings zum Oldie. Wir, die so duldsam Ungeduld bewiesen hatten (*Mit Gorbatschow verbanden wir immer SEHR große Hoffnungen ...*), sahen uns plötzlich zu Gestrigen erklärt (*... aber SO haben wir uns die Einheit nicht vorgestellt!*). Unser allgemaches Leben in der DDR hat uns immerhin betrachtende Tugenden zugeeignet und ein gutes Gedächtnis. Der 89er Zeitbruch strukturierte die lange Weile und erklärte sie zu Geschichte. Diese Geschichte sagt uns heute, ins Biographische übersetzt: Wir sind nicht mehr ganz jung. Wir standen vor, jetzt stehen wir hinter und inmitten; endlich müssen wir. Wer noch mit vierzig fremd ist in der Welt, der wird's wohl bleiben, egal in welchem *System*. Man lebt in keinem System. Man bewohnt sein Leben. Aber mit welcher Musik?

Nicht mit Techno, dem George-Orwell-Rattern für Autisten. Nicht mit schwarzem Ghetto-Gangsta-Rap (und auch das Baseball-Käppchen der New York Yankees verschone unser schlohes Haupt). Nicht mit Haßrock-Gebrüll: Drei, vier, fünf Gitarrengriffe sind zuwenig, wenn man *hören* will, anstatt zu naschen von den Exkrementen der scheißenden Zeit. Ich bin seit neuerem zum Folk-&-Country-Fan geworden; das meint nicht Musikantenstadeleien à la Truckstop und Garth Brooks, sondern *roots music*: Texas-Songs von der Veranda der Ewigkeit, Western Swing, mexikanische Balladen, Bluegrass, der *high and lonesome sound* der Appalachen mit Dobro, Standbaß, Mandolinen und der köstlichen Phrasierung zeitgegerbter Storyteller-Stimmen. *Don't wait for me at the Lynnville Train / cause I'm coming in with somebody else.* (Robert Earl Keen) Derlei zu hören wäre uns früher einem Messerformschnitt gleichgekommen. Leise Zeiten brauchen Krach, laute suchen Stille. Mein Bedarf nach Sensation hat rapide abgenommen. Mein heutiger Lärm bedarf der innigen Southern Cowpunk-&-drunk-Ironie, wie sie die Georgia Satellites, Jason & The Scorchers, die Beat Farmers auf die Brettertische krachen, die die Welt bedeuten. *Are you drinkin' with me Jesus? / I can't see you very clear / I know you can walk on the water / but can you walk on this much beer?* Haben nicht die großen Rockbands, die vor der Geschichte bestanden statt vor der Mode, sich an erdiger Musik besoffen, bevor sie noch den ersten Ton riskierten? Countryfolk ist weißer Blues: weltlich fromm, beschreibend sich bescheidend und die nächste Flasche köpfend statt die Bösen dieser Welt. Jim Morrison von den Doors brüllte 1968 noch den ganzen Globus zusammen: *We want the world and we want it NOOOOOWWW!!!* Und war am Ende doch ein armer Säufer, der sich sowenig zu beherrschen wußte wie seinen *Stoff*. Freiheit braucht Maß. Erst im Rahmen entgrenzt sich das Bild. Folk & Country ruhen als Genres und wandern als Erkenntnis. Moden und Ideologien machen es umgekehrt. Es gibt Begriffstäter und Geschichtenerzähler, schrieb der bekannte Country-Writer Gerhard Zwerenz.

Schöner neuer Rock'n'Roll: Pearl Jam heißen oder The Afghan Whigs, The Black Crowes, Sister Double Happiness, The Bottle Rockets, Big Head Todd & The Monsters, den Kolossus Rockgeschichte vor Ohren haben und trotzdem solche Platten machen wie »Vitalogy« und »Gentlemen«, »Amorica«, »Horsey Water«, »The Brooklyn Side«, »Sister Sweetly« – das verdient Achtung, weil diese jungen Kerle auf gewachsener Musik bestehen, weil sie Instant-Zynismen meiden und das beliebige Geflimmer, weil sie Geschichte nicht begründen wollen, sondern aus Geschichte stammen. Sie fummeln nicht am Trickbrett digitaler Tricks. Sie leben analog: linear zu ihrer Lebenszeit, in der rauhen Handwerkstradition ihres, meines Helden Neil Young. Musik ist Sprache, zum Kontext verpflichtet, zur Kommunikation bestimmt. Am Montmartre und auf der Karlsbrücke in Prag sitzen die Kinder mit billigen Gitarren und spielen und singen »Losing My Religion« von REM. Es gibt wieder Rockmusik, die gesungen werden will statt geglotzt, die *story* hat und damit *history*.

Wo die Geschichte verstummt, da blubbert nur noch Gegenwart, unverbunden allen anderen Zeiten, unbekannt mit jeder fremden Welt. WELT ist unsere Geschichte des Benennens und Begreifens von Zeit. *Yesterday is gone: too late*, singt Calvin Russel, der Hiob des Rock'n'Roll, *and tomorrow never comes: don't wait*, und zweihundert alte Lederjacken-Melancholiker lauschen im Ostberliner »Knaack«-Klub mit Andacht, wie der große Zorn des kleinen Mannes Russel ihren deutschen Midlife-Blues vertont. *THEY got everything / complete control / and all WE got / is our Rock'n'Roll*. Russel pumpt Jack Daniels, wir drängeln nach

Bier. Schwer umheult vom Moll der Slidegitarren, beichtet unser Mann aus Texas, was auch wir unverlierbar unterm Leder tragen: Vergangenheit. *Once I took off the heart of a woman / gave her nothing in return / I took her for granted / oh I had a lot to learn.* Das Leben ist grausam, durch Männer wie uns.

Dann hat John Hiatt noch gewarnt: Man dürfe sich nicht täuschen lassen von der Düsternis in den Musiken seines Stiefsohns. Rockmusik, sagte er, hat doch nicht mehr nur eine Attitüde wie damals den Protest. Die Musik differenziert sich, wie ja auch das Leben schwieriger geworden ist. Die heutigen *kids* singen viel über Frust und Tod, aber wenn du mit ihnen sprichst, wirken sie positiv, entschlossen und viel konzentrierter, als ich das war. Vielleicht sind sie Weise, *Blues people*, und singen sich vom Buckel runter, was sie drückt, damit sie leben können.

Ich habe sie gesehen, *by the time we went to Woodstock*, in endloser Karawane. Sie saßen in alten Cabriolets und auf Pickup-Trucks. Sie schwenkten ihre Hüte und Mützen im Fahrtwind und winkten denen zu, die ihnen winkten, aus hunderttausend anderen Rostlauben und oben von den Brücken übern Highway. *Exit to Saugerties!* Ab in den Schlamm! Die Kinder mußten das Festival lieben, so weit, wie sie gepilgert waren, aus Pennsylvania, Oklahoma, Idaho, aus Albuquerque und Neena/Wisconsin, aus Savannah und Seattle, *from sea to shining sea*, nicht bloß mal rasch rübergedüst von Berlin. Dies wurde ihr Woodstock, nicht meines. Sie tanzten im Morast wie ihre Eltern, sie bejauchzten ihre Stars und die von dunnemals, sofern die nicht gestorben waren im Vierteljahrhundert seit unserem Fest. Unserem? Liebe Seniorinnen und Senioren: Hunderttausende in Dreck, Sturm, Regen, Kälte, sanitäre Sauerei, übler Sound, ein paar tolle Bands und erklecklich viele Rammeltruppen – war das 69 oder 94? Vielleicht, womöglich und gewiß hätte das Hlg. Woodstock I uns in natura genauso abgestoßen wie sein Remake.

In diesem Buch ist unentwegt von Heimat die Rede. Das Wort hat wie die Sache Konjunktur. Wenn's fröstelt, heizt man Öfen. Aber draußen lauern *sie*, dein Häuschen abzureißen. Nimm doch Kredit auf, bau ein großes neues, zahle irgendwann! Das Kreditwesen ist der Inbegriff der neuen Zeit, die alle Gegenwart prahlerisch nach vorne reißt. Was bleibt? Schulden, Pump. Ja, früher … FRÜHER, glaubt man leider, koste nichts. Und fälscht sich die Geschichte nach Bedarf. – Ist Heimat, was oder weil sie war?

Links läßt von Heimat wenig hören; man ist mit ihrem ideologischen Verlust befaßt. Rechts überstülpt Heimat mit ahnerischem Wulst und Schwulst, ganz zu schweigen von der törichten Anbetung eines hundertjährigen Schriftstellers, der FRÜHER den Krieg als Natur besang, dann Käfer aufspießte, aber nie beleben konnte, nur Haltung *bewahren* und Stil. Auch mein jetziger Staat nährt sich von ethischen Substanzen, die er nicht mehr erschaffen kann, nur als Erbe zitieren und repräsentieren. Da die Technologie der menschlichen Kultur enteilt, erklären die Flotten Technik für Kultur. Die Bedächtigen suchen Heimat in technisch nichtkontaminierten Seelenmoränen. Beiderseits fehlen Güte und Selbstironie, ohne die Erkenntnis nicht zu haben ist. Man hüte sich vor Ideologien, betreffend *die* Welt. Man lebt in vielerlei Erfahrung. Wo einer die Welt zur Gänze bezeichnet, verhindere man, daß Unerfahrenes sich als Erfahrung aufspielt.

Daß ich mich in diesen großen Zeiten ins Thema Heimat verkrümele, bedeutet keinen Rückzug, sondern die Erkenntnis der universalen Komplexität des Vertrauten. Wo immer wir wohnen, ist die Mitte der Welt. In die gleichzeitigen Ungleichzeitigkeiten, ins Identitätssplitting der Postmoderne bin ich über mein Begreifen hinaus verstrickt. Ich selber fühle mich nicht postmodern. Ich bin ein Sammler meines Lebens und nicht außer mir. Mein Heim heißt Zeit.

Mehr weiß ich derzeit nicht. In unserem Bemühen, zu uns selbst zu finden, bringen wir auch, was von uns fortführt, unentwegt neu hervor. Wir sind im steten Wechsel zu Ausfahrt und Heimkehr bestimmt. Hebräer 13, 14: *Wir haben hier keine bleibende Stadt …*

Außer Jena.

März / Juni 1995

Quellenverzeichnis

Die Taten des treuen Heinrich
entstanden für dieses Buch im Frühjahr 1995

Das alte Nest im Kopf
Erstveröffentlichung in der ZEIT Nr.43 / 1993

Eine Liebe im Osten
Erstveröffentlichung in der ZEIT Nr. 40 / 1993
(ausgezeichnet mit dem Egon-Erwin-Kisch-Preis)

Das dreißigste Jahr
Erstveröffentlichung in der ZEIT Nr. 25 / 1994

Holetschek oder Die Kunst der Heimat
Erstveröffentlichung in der ZEIT Nr. 25 / 1995

Der Bundesadler auf dem Broiler-Grill
Erstveröffentlichung in der ZEIT Nr.30 / 1994

Der Schnee von gestern
Erstveröffentlichung in der ZEIT Nr. 50 / 1993

Weil der Trabi uns gehört
Erstveröffentlichung in der ZEIT Nr. 15 / 1994

Das Salz der Erde und der Markt (I)
Erstveröffentlichung in der ZEIT Nr.29 / 1993

Das Salz der Erde und der Markt (II)
Erstveröffentlichung in der ZEIT Nr.2 / 1994

Meines Kanzlers Land
Erstveröffentlichung im ZEITmagazin Nr.46 / 1994

Die Mühen am Harz
Erstveröffentlichung in der ZEIT Nr. 12 / 1994

Dresden klagt nicht an
Erstveröffentlichung in der ZEIT Nr. 7 / 1995

Unsere liebe Stadt
Erstveröffentlichung in der ZEIT Nr. 24 / 1994

Die Welt im Heim
Erstveröffentlichung in der ZEIT Nr. 29 / 1994

Rory Gallagher
Erstveröffentlichung in der ZEIT Nr.51 / 1994

Michael Hurley
Erstveröffentlichung in der ZEIT Nr.37 / 1994

J. J. Cale
Erstveröffentlichung in der ZEIT Nr. 41 / 1994

David Munyon
Erstveröffentlichung in der ZEIT Nr. 18 / 1994

Der Garten Eden
Erstveröffentlichung im FREITAG Nr. 35 / 1994

Time is on my side
entstanden für dieses Buch im Frühjahr 1995

Christoph Dieckmann
Oh! Great! Wonderful! Anfänger in Amerika

134 Seiten,
20 Farb- und 40 Schwarzweißfotos, 1 Karte
ISBN 3-86153-032-5, 14,80 DM

Nach dem Debüt »My Generation«, das von den Kritikern als das Buch zum Land DDR gefeiert wurde, könnte Christoph Dieckmanns zweites Werk das Buch zum Land USA werden.

Björn Wirth, »Berliner Zeitung«

Als gelungene Verschmelzung von empfindsamem Reisebericht, psychologischer Etnographie und kritischer Reportage ist »Oh! Great! Wonderful!« ein brillant formulierter und vergnüglich zu lesender Beitrag zur Amerikanistik der Gegenwart.

Ulrich Klenner, »Bayerischer Rundfunk«

Die unantastbaren Überzeugungen vieler Amerikaner unterhalb der äußeren Oberflächlichkeit reflektiert Dieckmann spannend und eigenwillig. Er schraffiert Themen und Orte so, daß ihm letztlich immer wieder ein Satz genügt, der so ganz nach dem Geschmack von Neil Young wäre: »Es steckt mehr in dem Bild, als deine Augen sehen.«

Ralph Stolle, »Junge Welt«

Dieckmann ist nicht der Versuchung erlegen, die ihm auf silbernen Tabletts kredenzten Versatzstücke zu einem Puzzle namens Amerika zu fügen. Er verfügt über Distanz, er zieht Parallelen.
Sein Buch ist eine ideale Balancierstange für alle Amerika-Entdecker.

Rainer Bratfisch, »Die Weltbühne«

Christoph Dieckmann

Die Zeit stand still, die Lebensuhren liefen

Geschichten aus der deutschen Murkelei

Ch. Links

180 Seiten, 6 Schwarzweißfotos
ISBN 3-86153-057-0, 24,80 DM

Dieckmann distanziert sich vom alltäglichen Investigationsjournalismus. Der, zu dem er sich bekennt und den er meisterlich beherrscht, ist ein aufklärerischer Journalismus, dem es um Erkenntnis, nicht um sensationelle Aufdeckung, um den Menschen und nicht um die Sensation geht.

Cornelia Staudacher, »Stuttgarter Zeitung«

Es sind Alltagsbeobachtungen mit Hintersinn aus den wirren Jahren seit der Vereinigung, »Geschichten aus der Murkelei«. Darunter sind lebensberstende genaue Reflexionen, die den unterschiedlichen Erfahrungen der Ostdeutschen mit ihrem Hang zur Verdrängung und Verklärung seit der Wende unverstellt Raum geben. Durch die Menschlichkeit des Autors werden sie nicht überheblich verurteilt, sondern mit heiterer Souveränität bloßgestellt.

Dunja Welke, »Berliner Zeitung«

Allein damit so einer richtig losschreiben konnte, allein dafür hat sich der Abgang der DDR schon gelohnt. Er schreibt vertrauensvoll und vertrauensweckend, ohne zu schrecken und ohne zu protzen, schreibt mit mildem Witz, unaufdringlich, aber bestimmt das vorbringend, was er weiß und vertreten kann. Ihm, wahrlich keiner der Seßhaftigkeitssiftel, eher heimatfühlig (so wie man wetterfühlig ist), nimmt man ab, »daß andere Länder auch nur Heimatländer sind, daß man nicht tauschen kann, aber glühen vor Trotz«.

Erhard Schütz, »Freitag«

Dieckmann gibt in seinen Geschichten Einblicke in den untergegangenen DDR-Staat und zeigt Zusammenhänge auf, die für ein tieferes Verständnis unverzichtbar sind.

Iris Wieg, »Radio Brandenburg«